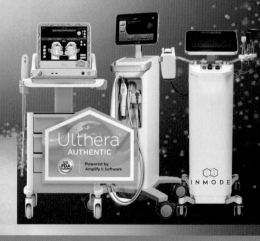

e y e j o a

m o n - s a t   1 0 a m - 6 p m
s u n d a y   c l o s e d

2 5 5 0 p l e a s a n t h i l l r d .
s u i t e 1 1 4 d u l u t h , g a 3 0 0 9 6

6 7 8 . 4 1 7 . 0 1 1 0

아 이 조 아

정직과 신뢰, 그리고 편안함으로
고객 만족을 드립니다.
보험과 융자 한 곳에서 상담하세요

 보험 / INSURANCE

자동차/집
비지니스/워커스 컴
생명보험/의료보험
Auto/Home
Business/Workers compensation
Life/Health

 은행 / BANK

주택융자/재융자
체킹/세이빙 어카운트
크레딧 카드/CD
자동차/보트/개인 융자
Mortgage/Refinancing
Checking/Saving Account
Credit Card/CD
Auto/Boat/Personal Loan

 은퇴 및 재정설계 / RETIREMENT FINANCIAL PLAN

생명보험 Life
　　　　IRA/401(k)/Annuity

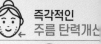

www.AtlantaTalkTalk.com

Sear

아틀란타 한인 종합정보 사이트!

www.AtlantaTalkTalk.com

맛집정보 / 구인 구직 / 삽니다 / 팝니다 / 자유게시판
광고 / 부동산 거래 / 묻고 답하기

매일 만나고 싶은 톡톡한 친구

애틀랜타 톡톡.com

나의 작은 참여가
행복한 이웃을 만들어요

전등사

- 일요법회: 매주 일요일 11시
- 신중기도: 매월 첫째 일·월·화
- 합창: 일요일 2시
- 난타: 일요일 2시
- 명상: 매주 토요일 오후 5시

신도 회장: 한길자
신도 부회장 :이종철, 안철회

대한불교 조계종 전등사 주지 수인 합장

770.923.5375
678.977.3369

900 Beaver Ruin Rd. Lilburn, GA 30047

원불교
WON-BUDDHISM
애틀란타 교당
원기 109년(2024)

다 같이
다 함께

🌐 wonbuddhismat.org
📍 677 Eva Kennedy Rd. Suwanee, GA 30024

문의 | 678.395.1445

여러분의 재정적 미래를 위해 최선을 다하겠습니다.

MassMutual Perimeter 는 저희 사업 분야에서, 재무 건전성이 최고로 평가 되는 회사 중 하나인 MassMutual® 의 계열사입니다. MassMutual과 함께함 으로써 다양한 상품과 서비스 그리고 고객에 맞는 맞춤형 재정 플래닝으로 귀하 의 재정적 목표 달성에 큰 힘이 되어 드릴 수 있습니다.

상품:
- 장애 소득 보험
- 고정형 개인 연금
- 개인 생명 보험
- 투자 상품1
- 장기 간호 보험
- 은퇴 / 401 (k) 계획 서비스
- 완납형 즉시 지급 연금

서비스:
- 비즈니스 플래닝
- 자선 계획
- 대학 등록금 계획
- 사후 상속 계획2
- 이사급 혜택 플래닝
- 개인 재무 설계
- 소셜 시큐리티 계획
- 신탁3

여러분이 믿을 수 있는 지식이 풍부한 재정 전문가와 함께 일하십시오. 지금 바로 전화하셔 서 여러분의 재정 상태가 잘 정비되어 있는지 부담 없이 확인 하십시오. MassMutual 보험 상품들과 서비스에 대해 지금 바로 알아보십시오.

Erin Chun, Kenneth Chun
Special Care Planner
Registered Representative
Erin Chun: 678-777-7844
Kenneth Chun: 678-362-7788

보험. 은퇴. 재무 설계

Hyun Hair Salon
현 헤어 & Make Up

여자의 변신은 필수요 필수!

펌&칼라			남자컷		여자컷		웨딩	매직
•셋팅펌	•밴디볼륨펌	•레귤러펌	•밴디컷	•비대칭컷	•허쉬컷	•모즈컷	•신부화장 올림머리	•볼륨 매직
•셰도우펌	•소프트 모시칸펌	•염색 칼라	•리젠드컷	•비투블럭컷	•레이어드컷	•슬릭컷	•혼주화장 올림머리	•셋팅 매직

편안한 분위기로 한분 한분 소중하게 모시겠습니다.
Hyun Hair Salon
전화예약 **770-495-8800**
678-733-1568
1299 Old Peachtree Rd NW #107, Suwanee, GA 30024
영업시간 : 10am~7pm (수/주일은 쉽니다)

Hyun Hair Salon
현 헤어 살롱

Buford Hwy. | assi 스와니 아씨 | 현 헤어 살롱 | •유약국 | Satellite Blvd. | N | 85 Exit 109 | S
Old Peachtree Rd.

스와니 아씨몰 앞,유약국 옆에 있습니다.

라이프케어 파트너

Lifecare
PARTNERS,INC.

www.lifecarepartners.c

인생의
모든 순간을
라이프케어가
함께 합니다.

확/장/이/전

라이프케어는 조지아 주정부 라이센스를 가지고
SOURCE와 CCSP를 통한 간병서비스를 해드리고 있습니다.
전문교육을 이수한 간병인들이 여러분의 필요에 맞는 보살핌을 드리겠습니다.

개인 간병 서비스
- 목욕 및 위생관리
- 옷 갈아입기 도움
- 거동 불편하신 분 이동보조
- 식사준비 및 식사보조
- 청소·세탁 등 간단 가사도움

필요에 따른 부가서비스
- 가정에서 병원까지 교통편의제공
- 병원예약 및 에스코트
- 24시간 응급상황 응답
- 간단한 심부름

데이케어 센터
- 균형잡힌 영양식-아침/점심 제공
- 함께하는 아침체조
- 쾌적하고 넓은 공간
- 재활 / 건강프로그램
- 차량지원 서비스

Lifecare
SENIOR CENTER
라이프케어 시니어센터

3430

직통 770. 800. 8181   팩스 706. 400. 4407
Email : admin@lifecarepartners.org
주소 : 3430 Duluth Park Ln. Duluth, GA 30096

"가장 가까운 믿음직한 파트너"
SBA LOAN 최강자,
뉴밀레니엄뱅크

▶ Up to 25 year terms, with no balloon payments
▶ Lower equity injection requirements
▶ Loan closing costs may be financed
▶ Maximum up to $5,000,000*
    * For SBA 7(a) Loans

Achieve Together

SBA EXPRESS

SBA 7(a) LOAN

678.266.6269
지금 바로 전화하세요!

New Millennium BANK

NJ / NY Branches

FORT LEE HQ
222 Bridge Plaza South, Ste 400
Fort Lee NJ 07024
201.585.6090

FORT LEE Branch
1625 Lemoine Ave
Fort Lee NJ 07024
201.944.1110

CLOSTER
570 Piermont Road Unit A-2
Closter, NJ 07624
551.303.5125

MANHATTAN
312 Fifth Avenue 3rd Floor,
New York, NY 10001
212.239.1023

NEW BRUNSWICK
350 Handy Street
New Brunswick, NJ 08901
732.729.1100

PALISADES PARK
136 Broad Avenue,
Palisades Park, NJ 07650
201.944.1983

BAYSIDE
209-25 Northern Blvd.,
Bayside, NY 11361
347.836.4914

FLUSHING
141-28 Northern Blvd.,
Flushing, NY 11354
718.888.1895

GA Branch
Duluth Branch
3350 Steve Reynolds Blvd.,Unit 106
Duluth, GA 30096
678.266.6269

LPO OFFICES
SEATTLE LPO
16329 Cascadian Way
Bothell, WA 98012
425.478.4136

DALLAS LPO
15305 Dallas Parkway 11th Floor Suite 1146
Addison Texas 75001
469.237.1608

LA LPO
2970 Olympic Blvd Suite 305
Los Angeles CA 90006
213.216.5184

소명교회 SMC 담임목사_김세환

- **SCRIPTURE** / 성경중심의 교회
- **MISSION** / 사명중심의 교회
- **COMMUNITY** / 지역사회를 섬기도록 부르심을 받은 교회

- **예배안내**

1부 예배 : 오전 9시 2부 예배 : 오전 11시		예배장소
유아부/유초등부/중고등부 예배 : 오전 11시		Theator, North Gwinnett High School
장애우 예배 : 오전 11시		

웹사이트	www.1smc.org
이메일	thesomyungchurch@gmail.com
문의전화	678.576.1382
쉼터주소	4993 W Price Rd. Suwanee, GA 30024
예배장소	QR Code를 스캔하면 정확한 예배장소를 확인할 수 있습니다.
	20 Level Creek Rd NW. Suwanee, GA 30024

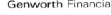   

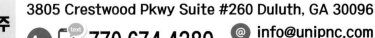

실력과 신뢰로 전문적인 서비스를 제공합니다

20년간의 회계 및 세무 실무 경험을 바탕으로 전문적이고
정직한 서비스 제공을 고객 여러분께 약속드립니다.

주요업무

· 개인 세금 보고
· 사업체 세금 보고
· 기타 세금 보고
· Bookkeeping
· Payroll Services

· 은퇴 계획 및 재정 설계 자문
· 경영 진단 및 자문
· 회계부서 체계 정립
· 법인 설립
· 해외 금융 자산 신고

UNI
Tax Services

임빈학 공인 회계사

조지아 2024
애틀랜타 | 백과 |

"당신이 몰랐던 남부 제국의 모든 것"
(The Empire State of the South)

이종호 엮음

The JoongAng
애틀랜타 중앙일보

머리말 *Introduction*

조지아주가 뜨고 있습니다. 경제적으로나 정치적으로나 미국의 새로운 성장 동력이 되고 있습니다. 인구 증가세도 가파릅니다. 다양한 업종의 기업들이 일자리를 창출하고, 인종과 문화 다양성, 교통·물류 허브로서의 장점 등이 어우러져 인구 유입을 촉진하고 있습니다. 메트로 애틀랜타 지역은 인구로서도 이미 미국의 6대 도시가 되었습니다.

한국과의 관계도 밀접합니다. 기아차, 현대차를 위시하여 SK, 한화 등 150개 이상 굴지의 한국 기업들이 조지아주에 진출해 있습니다. 하루 2편의 직항을 통해 한국에서 직접 애틀랜타를 찾는 사람만 연간 20만 명이 넘습니다.

한인사회 성장은 더 눈부십니다. 주재원, 유학생은 물론 뉴욕, 시카고, LA, 워싱턴, 플로리다 한인들의 이주가 끊이지 않습니다. 한국 식당, 한국 병원, 한인 마켓, 한인 은행 등 없는 것이 없습니다. 애틀랜타는 이제 LA, 뉴욕과 함께 명실상부 미국의 3대 한인 거주 도시가 되었습니다.

애틀랜타가 이렇게 각광받게 된 것은 이유가 있습니다. 탁월한 비즈니스 환경과 친기업 정책에 힘입어 끊임없이 새로운 일자리가 생겨나기 때문입니다. 미국의 다른 대도시에 비해 상대적으로 저렴한 물가와 주거비, 생활비는 무엇보다 큰 매력입니다. 도시 전체를 뒤덮고 있는 숲과 나무, 산과 호수, 사계절이 있으면서도 연중 온화한 날씨, 자연 재해 없는 기후 또한 천혜의 축복입니다.

그럼에도 한국에서, 혹은 타주에서 보기에 조지아는 여전히 낯설고 머나먼 변방이라 여기는 것 같습니다. 애틀랜타에 간다고 하면 아직도 미국 남부 어느 시골 동네로 가는구나 생각하는 사람이 많습니다. 조지아주 전반에 대한 이해를 돕는 안내서나 정보 서적마저 드뭅니다. 몇몇 유튜브 채널에서 애틀랜타를 소개하기도 하지만 단편적인 수준에 머물고 있습니다.

이 책은 조지아주에 대한 그런 편견과 이해 부족을 덜어보고자 기획했습니다. 먼저 애틀랜타중앙일보가 매년 발간해 온 여러 조지아주 가이드북에서 각 지역별 특징, 교육 및 학군, 부동산, 여행, 한인 커뮤니티 등 유용한 생활 정보들을 추려 업데이트 했습니다. 조지아주에 관한 최신 자료와 신문 기사도 따로 모아 내용을 보충하고 필요한 부분은 새로 추가해 넣었습니다.

미국 조지아주에 대한 한글 입문서로 이만한 정보를 담은 책은 없으리라 자부합니다. 모쪼록 이 책이 애틀랜타, 조지아주에서 새로운 삶을 시작하는 이민자나 이주자, 유학생, 주재원 모두에게 조금이나마 도움이 되기를 기대합니다. 감사합니다.

2024년 5월 30일

애틀랜타중앙일보 대표

엮은이 이 종호

■ 엮은이 약력

서울대 동양사학과, 연세대 언론홍보대학원 졸업. 한국 중앙일보에서 일하다 2001년 미국에 왔다. 이후 뉴욕중앙일보 편집부장, LA중앙일보 논설실장, 편집국장을 역임했으며 2021년부터 애틀랜타중앙일보 대표를 맡고 있다. 저서로 에세이집 『그래도 한국이 좋아』(2012), 『나를 일으켜 세운 한마디』(2013), 역사 교양서 『세계인이 놀라는 한국사 7장면』(2016), 『시민권 미국 역사』(2023), 하이킹 가이드 『조지아, 그곳이 걷고 싶다』(2023) 등이 있다.

목차
CONTENTS

Welcome to Georgia, USA

<일러두기>
● 이 책에 수록된 내용은 그동안 애틀랜타중앙일보에 실렸던 기사와, 애틀랜타 중앙일보가 매년 발간해 온 여러 단행본에서 필요한 부분을 모아 수정 가필한 것이며, 일부는 다시 집필했습니다. ● 이 책에 언급된 숫자와 주소, 전화번호 등은 2022~2024년 사이 관련 기관이나 단체, 업소 등이 제공 또는 일반 공개된 정보를 사용하였습니다. ● 이 책에 실린 사진과 이미지는 대부분 애틀랜타 중앙일보가 직접 촬영했거나 제작한 것이며, 일부는 적법하게 구입 또는 무료 공개된 것들입니다.

Book

신간

조지아주 최초의 **한글 하이킹** 안내서

그곳이 걷고 싶다

애틀랜타 중앙일보가 기획한 조지아 최초의 한글 하이킹 가이드, 『**GO, GEORGIA! 그곳이 걷고 싶다**』가 출간되었습니다.

이 책은 언론인이자 여행 전문가인 저자가 지난 2년간 주립공원, 사적지, 바다, 섬 등 조지아 일대 걷기 좋은 명소들을 직접 찾아다니며 기록한 실전 하이킹 가이드입니다. 여느 여행안내서와 달리 단순한 지역 소개에 머물지 않고 생생한 현장 사진과 함께 역사와 풍물, 지역 사람들 일상까지 담아낸 종합 견문록이자 인문지리서라는 점도 특별합니다.

애틀랜타 도심 근교 명소들을 일목요연하게 소개한 권말 부록 '애틀랜타 100배 즐기기'와 '한눈에 보는 조지아 48개 주립공원' 역시 조지아를 더 잘 알고자 하는 한인들에겐 요긴한 여행 정보가 될 것입니다. (변형 잡지 판형 190mm × 260mm / 344 페이지 / 전면 컬러)

The JoongAng

구입 문의

미주 판매 :

개별 소장을 원하는 분은 **애틀랜타 중앙일보** (주소: 2400 Pleasant Hill Rd. #210, Duluth, GA 30096)에서 구입 가능합니다.

(권당 20달러, PICK UP ONLY)
문의 : 770-242-0099 (Ext.2013)

한국 판매 :

교보문고나 예스24 등 한국 온라인 서점을 통해서 구입 가능합니다. (한국 정가 : 종이책 25,000원 / 전자책 (e북) 15,000원)

애틀랜타 중앙일보 이종호 대표 지음

저자 이종호 :
서울대 동양사학과, 연세대 언론홍보대학원에서 공부했다. 한국 중앙일보 편집부 기자로 근무하다 2001년 도미, 뉴욕 중앙일보 편집본부장, LA 중앙일보 출판본부장, 논설실장, 편집국장으로 일했다. 현재 애틀랜타 중앙일보 대표. 저서로 논설 에세이집 『그래도 한국이 좋아』(2012), 명언 에세이집 『나를 일으켜 세운 한마디』(2013), 역사 교양서 『세계인이 놀라는 한국사 7장면』(2016)이 있다. 또 『미국 여행가이드』(2011), 캘리포니아 오렌지카운티 가이드 『OC 라이프』(2017), 애틀랜타 부동산 가이드 『그곳에 살고 싶다』(2021) 등 미주중앙일보가 발행한 다수의 가이드북을 편찬했다.

1

About Georgia

왜 조지아인가

1. 조지아주 개요

조지아주는 1733년 영국의 신대륙 13개 식민지 중 마지막으로 식민지가 된 주다. 하지만 1788년 연방헌법에 4번째로 서명함으로써 미합중국에는 4번째로 가입했다. 초창기 수도는 사바나였지만 1868년 애틀랜타가 주도가 되었다. 이후 애틀랜타는 조지아뿐 아니라 미국 동남부의 중심 도시가 되었으며 1960년대 미국에서 가장 뜨거웠던 민권운동의 중심지이기도 했다.

조지아주는 1996년 제26회 애틀랜타 올림픽 게임으로 세계에 널리 알려졌다. 지난 2009년 조지아 남부의 웨스트포인트 시에 기아자동차 공장이 본격 양산을 시작하면서 한국과의 교류도 깊어졌다. 지금은 현대, SK, LG, 한화 등 유수의 한국 기업과 협력업체들이 잇따라 진출하면서 한국은 조지아주의 5번째 교역 상대국이 되었다.

조지아주는 뉴욕, 워싱턴DC, 플로리다 등과 같은 동부시간대에 속한다. 2024년 현재 조지아주 인구는 1100만 명에 육박하며, 플로리다와 텍사스와 함께 미국에서 가장 빠르게 인구가 늘어나는 주로 꼽히고 있다.

주요 기업으로는 코카콜라, 홈디포, AT&T, UPS, 칙필레, 델타항공 등이 조지아에 본사를 두고 있으며 CNN, 록히드마틴, 뉴웰-러버매이드 등도 조지아에 본사를 두고 있다.

애틀랜타를 비롯한 조지아 연고의 프로 스포츠 팀으로는 프로야구(MLB)의 애틀랜타 브레이브스, 프로풋볼(NFL) 애틀랜타 팰컨스, 프로농구(NBA) 애틀랜타 호크스, 프로축구(MLS) 애틀랜타 유나이티드, 프로아이스하키(NHL) 애틀랜타 스래셔스 등이 있다.

조지아 출신 유명 인사로는 39대 미국 대통령 지미 카터 전 대통령을 비롯해 전설의 야구 영웅 행크 애런, 골프 영웅 바비 존스, 민권운동가 마틴 루터 킹 목사, '바람과 함께 사라지다'의 작가 마가렛 미첼, 영화배우 줄리아 로버츠, CNN 창립자 테드 터너, UN 첫 흑인 대사 앤드루 영 등이 있다. ●

2. 자연 및 기후

조지아는 기후적으로나 지리적으로 미국에서 최적의 주라 할 수 있다. 사계절이 뚜렷하고, 허리케인이나 폭설, 지진, 토네이도, 폭염, 혹한 같은 심각한 자연재해가 거의 없기 때문이다. 눈 구경은 몇 년에 겨우 한 번 할 수 있을까 말까 할 정도로 드물다.

조지아주는 남쪽으로 플로리다, 동쪽은 사우스 캐롤라이나, 노스 캐롤라이나, 서쪽과 북쪽으로는 앨라배마와 테네시주와 접하고 있다. 조지아 북부를 빼면 높은 산은 없지만 조지아엔 나무가 워낙 많아 오리건에 이은 미국 최대 목재 생산지이기도 하다.

조지아 최대의 강은 채터후치강이다. 한인밀집 지역인 뷰포드, 스와니, 존스 크릭, 샌디스프링스 거쳐 애틀랜타를 지나며 인근 주민들의 식수원이자 레저, 휴양지 역할을 한다.

조지아는 사계절이 뚜렷하지만 겨울은 대체로 온화해 뉴욕이나 시카고 같은 혹한의 날씨는 없는 편이다. 여름은 덥고 습기가 많은 편이지만 봄가을은 쾌적해서 생활하기에 아주 좋다. 한여름인 7~8월의 낮 평균기온이 화씨 86.4도이고, 90도 이상 올라가는 날도 적지 않다. 가장 추운 때는 1월로, 평균 최저 기온이 화씨 34도까지 떨어지지만 평균 기온은 43도 정도로 온화한 편이다. 다만 온난전선의 영향을 받아 한겨울에도 간혹 초봄 같은 날씨가 이어지기도 한다. 연평균 강우량은 50.2인치이며 북부 산간지대를 중심으로 눈도 내리는데 연평균 강설량은 2.1인치다. ⑪

조지아주 이모저모			2024년 3월 기준
별 명	복숭아주 (Peach State) 남부의 황제주 (Empire State of the South)	행정구역	카운티 (county) 159개, 시(city or town) 536개
모 토	지혜 (Wisdom), 정의 (Justice), 중용 (Moderation)	인 구	10,90만명 (2023년, 미국 50개 주 중 8위)
주 도	애틀랜타	미합중국 연방가입	1788년 1월 2일 (4번째)
주 기		주지사	브라이언 켐프(공화당)
주이름	1733년 식민지 설립 당시 영국 왕 조지 2세에서 유래	연방 상원의원	라파엘 워녹 (민주당), 존 오소프 (민주당)
주나무	라이브 오크 (Live oak)	연방 하원의원	총 14석 중 공화당 9석, 민주당 5석
주과일	복숭아	주상원	공화당 33석, 민주당 23석
주 꽃	체로키 로즈 (Cherokee Rose)	주하원	공화당 101석, 민주당 79석
주동물	흰꼬리 사슴 (White-tailed Deer)		

조지아주 상징들

조지아 주기

Georgia USA 20c
Brown Thrasher G
조지아 주 우표

조지아 동전

Brown Thrasher

White Tail Deer

Cherokee Rose

Live oak

Peach

- Historic High Country
- Northeast GA Mountain
- Atlanta Metro
- Presidential Pathways
- Historic Heartland
- Classic South
- Plantation Trace
- Magnolia Midlands
- Georgia's Coast

미국 시간대 지도

미국은 2007년 새로운 에너지 관련법의 시행에 따라 3월 둘째 주 일요일 오전 2시(동부시각 기준)부터 시작해 11월 첫번째 일요일 오전 2시까지 서머타임제를 운영하고 있다. 서머타임을 시행하지 않는 애리조나, 하와이, 미국령 푸에르토리코, 사모아, 괌, 버진아일랜드 등은 시간 조정의 적용 대상에서 제외된다. 서머타임제는 낮시간을 활용해 에너지를 절약하고 경제활동을 촉진한다는 취지에 따라 시행되고 있다.

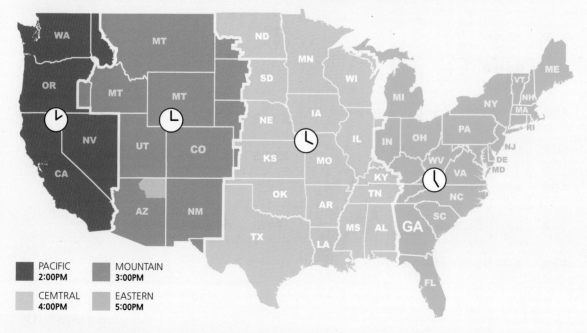

PACIFIC
2:00PM

MOUNTAIN
3:00PM

CEMTRAL
4:00PM

EASTERN
5:00PM

3. 역사 및 특징

■ 피치트리 스테이트 (Peachtree State)

조지아주의 애칭은 복숭아주, 피치 스테이트(The Peach State)다. 복숭아가 많이 나서이기도 하지만 유래는 따로 있다. '피치트리 스탠딩'(Peachtree Standing)은 수백 년 전 체로키 인디언들이 썼던 지역 명칭이다. 현재의 대큘라 인근 지역이다. '피치트리 스탠딩'은 소나무라고 믿어지던 커다란 나무의 이름을 따서 붙여진 것인데, 처음 조지아에 진출한 백인 개척자들이 송진(Pitch)이라는 단어를 복숭아(Peach)로 잘못 알아듣고 붙인 이름이다. 이 명칭은 지금까지도 살아남아 조지아주를 부르는 애칭으로 사용되고 있다. 현재 조지아 곳곳의 도로에 피치트리(Peachtree)라는 이름이 붙은 것도 이 때문이다.

■ 원주민의 땅

미국 여러 지역이 대부분 그랬듯 조지아도 원래는 '인디언'으로 불렸던 아메리카 원주민들의 땅이었다. 조지아에는 북쪽을 중심으로 체로키 부족이 살고 있었다. 이들은 북미 대륙 원주민 중 가장 인구가 많고 자체 문자를 가지고 있을 정도로 문명화된 부족이었다. 사는 지역도 조지아 북부를 중심으로 주변 테네시, 앨라배마, 노스&사우스 캐롤라이나에 광범위하게 퍼져 살았다. 당시 동남부 일대에는 체로키 외에도 촉토(Choctaw), 세미놀(Seminole), 크리크(Creek), 치카소(Chicksaw) 부족도 있었다. 하지만 백인들이 몰려오면서 운명이 달라졌다. 1830년 제정된 인디언 이주법(Indian Removal Act)에 따라 원주민들은 대대로 살던 땅을 버리고 멀리 오클라호마 '인디언 보호구역'으로 옮겨 가야만 했다. 체로키 부족은 1만 7000명이 넘는 인원이 4개월이 넘는 기간 동안 12000마일의 거리를 이동했다. 그 과정에서 질병과 추위, 굶주림으로 4000명 이상이 목숨을 잃었다. 그들이 걸어간 길은 '눈물의 길(Trail of Tears)'이라고 해서 지금도 조지아주 곳곳에 남아있다.

■ 애틀랜타의 성장

1837년 철로 기술자인 스테판 롱은 새로운 철길의 남쪽 끝 지점(zero mile)을 현재 애틀랜타 다운타운 지역의 파이브 포인트(Five Points)로 정했다. 이를 기념하는 명판이 언더그라운드 애틀랜타에 남아있다. 애틀랜타라는 지명이 '아틀란티카'와 '퍼시피카' 노선 종착역의 줄인 말에서 왔다는 설이 있을 정도로 철도 건설은 애틀랜타 일대를 상업지역으로 성장하게 하는 데 중요한 역할을 했다. 새 교통수단인 비행기가 등장하자 애틀랜타는 또 한 번 성장의 계기를 맞았다. 발 빠르게 공항 건설에 들어간 애틀랜타는 철도와 함께 물류의 중심지로 발전했다. 당시 시장의 이름을 딴 하츠필드-잭슨 국제공항은 미국 남부 물류의 상당 부분을 처리하고 있으며, 해마다 전 세계에서 가장 붐비는 공항으로 선정되고 있다.

조지아주 주요 연표	
1733년	영국인 제임스 에드워드 오글소프가 사바나에 정착촌 건설
1788년	조지아주, 미합중국 연방헌법 승인. 4번째 주로 연방 가입 확정
1793년	엘리 휘트니의 사바나에서 조면기 발명. 면화 재배 급증
1828년	달로네가 금광 발견으로 체로키족 인디언 강제 이주 시작
1837년	조지아 관통 철로 끝 지점을 현재의 애틀랜타 다운타운으로 지정
1847년	애틀랜타 도시로 승격
1861년	남북전쟁 발발, 조지아 연방 탈퇴, 남부연합 중심 주로 부상
1864년	북군 윌리엄 테쿰세 셔먼 장군에 애틀랜타 함락
1868년	조지아 주도로 애틀랜타 지정
1946년	애틀랜타에 연방질병통제예방센터(CDC) 설립
1955년	마틴 루터 킹 목사, 인종차별에 항거, 몽고메리 버스 보이콧 운동 등 민권운동 본격화
1968년	마틴 루터 킹 목사 멤피스에서 연설 중 피살
1972년	앤드루 영, 흑인 최초로 연방하원의원 당선
1973년	메이너드 잭슨, 애틀랜타 최초의 흑인 시장으로 당선
1976년	전 조지아 주지사 지미 카터, 미국 대통령 당선
1996년	애틀랜타 하계 올림픽 개최
2001년	인종차별 청산 위해 조지아 주기 교체
2004년	조지아 씨 아일랜드(Sea Island)에서 G-8 세계정상회담 개최

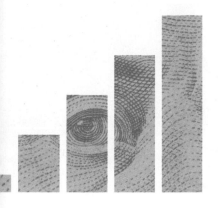

■ 남북전쟁의 상흔

1861년 남북전쟁이 발발하자 조지아주는 버지니아주와 함께 남부연합을 이끄는 핵심 지역이 됐다. 특히 애틀랜타는 남군의 중요한 보급기지 역할을 했다. 하지만 치열한 항전 끝에 결국 애틀랜타는 1864년 북군의 윌리엄 셔먼 장군에게 함락되었다. 셔먼 장군은 모든 주민들을 도시 밖으로 강제 이주시켰고 일부 교회와 병원을 제외한 애틀랜타의 모든 건물은 초토화되었다.

남북전쟁이 끝난 후 1867년부터 새로운 도시계획에 의해 본격적인 복구가 시작되었고, 1868년에는 조지아 주의 주도로 확정됐다. 제2차 세계대전 기간 동안 마리에타에 대규모 전투기 조립공장이 가동되면서 인구가 급증했고, 전쟁 직후 질병통제예방센터(Centers for Disease Control and Prevention, CDC)가 들어섰다.

또 1996년 하계 올림픽이 열리면서 다시 한번 도약을 이루며 미국 10대 도시로 올라섰다. 2000년대 이후에는 한국 등 해외 기업의 투자 유치를 적극적으로 받아들이면서 일자리가 계속 늘면서 미국에서도 인구 유입 및 경제 성장이 가장 빠른 주로 자리매김 하고 있다.

■ 인종차별과 마틴 루터 킹

1930년대 대공황이 미국을 강타했다. 조지아주도 예외가 아니었다. 그러나 루스벨트 대통령의 뉴딜정책으로 위기를 극복하고, 제2차 세계대전 당시 군수산업 기지로 성장하면서 다시 한 번 도약할 수 있었다. 그러나 남부의 뿌리 깊은 인종차별 정책이 성장의 발목을 잡았다. 식당이나 버스 좌석은 물론 거주지까지 철저하게 분리되는 수모를 겪으며 살아야 했던 남부 흑인들은 1960년대부터 본격적인 민권 운동에 나섰다. 그 중심에 마틴 루터 킹 목사가 있었다. 애틀랜타 다운타운 출신의 킹 목사는 강력한 흑백차별법인 '짐크로법(Jim Crow Law)' 폐지에 앞장서며 1964년 노벨평화상을 수상했다. 그러나 반전 운동이 한창이던 1968년 4월 4일 테네시주 멤피스에서 연설 도중 암살당하고 말았다. 하지만 그의 정신은 많은 미국인들에게 감명을 주었고 결국 피부색에 따른 차별 없는 세상을 한 큰 발걸음을 미국은 내디딜 수 있게 됐다. 또한 미국은 킹 목사의 정신을 기리기 위해 그의 생일인 1월 15일과 가까운 월요일(1월 셋째 월요일)을 연방공휴일로 지정해 지키고 있다. ❶

4. 교통

미국의 도시들이 대부분 그렇듯 조지아도 대중교통은 불편하다. 애틀랜타의 경우 전철이나 버스 노선이 좀 더 많이 있지만 개인승용차에 비할 수는 없다. 교외에서 애틀랜타 시내로 출퇴근할 경우 마르타(Marta) 전철 노선이 있다면 이용하면 되고, 전철역까지는 마르타 버스나 개인 승용차를 이용해야 한다.

애틀랜타는 동남부 교통의 요충지로 모두 17개의 고속도로가 거쳐 간다. 주간 고속도로 I-85, I-75, I-285, I-575, I-985, I-675가 있고, 조지아 국도인 조지아 400, 조지아 141, 조지아 316, US 78, SR 166 등이 스파게티 국수처럼 얼키설키 얽혀 있는 각종 인터체인지를 통해 이어진다. 하지만 조지아 인구가 가파르게 늘면서 교통 체증도 심해지고 있는 추세다.

다운타운 북쪽에서는 고속도로 I-75와 I-85가 서로 합쳐졌다가 레이크우드 프리웨이(Lakewood Freeway)에서 다시 갈라진다. 이 구간을 지나는 차량은 하루 평균 30만대 이상을 기록, 미국 내에서도 혼잡하기로 유명하다. 특히, 출퇴근 시간이면 다운타운에서 I-85를 중심으로 길게 늘어선 차량 정체 때문에 교통지옥 도시라는 오명을 쓰고 있다. 따라서 방문자나 여행객이라면 가급적 출·퇴근 시간을 피해 도심을 둘러보는 것이 좋다.

애틀랜타의 하늘 길도 번잡하기는 마찬가지다. 하츠필드-잭슨 국제공항은 미국은 물론, 세계에서 가장 붐비는 공항이다. 연간 1억 명 이상이 이용하면서 거의 매년 '전세계 가장 붐비는 10대 공항' 랭킹에서 매년 1위를 차지한다. 공항 위치는 애틀랜타 다운타운에서 남쪽으로 10마일 가량 떨어져 있으며 둘루스나 스와니에 갈 경우 교통 체증을 감안해 1시간 이상은 잡아야 한다. 한국과는 대한항공과 델타항공이 매일 직항편을 운항하고 있다. ❶

애틀랜타 전철(Marta) 노선도

Atlanta Marta Map

5. 인구

조지아주 면적은 대한민국의 1.5배 정도로 넓다. 인구는 2024년 현재 미국에서 8번째 많은 1,100만명이 넘는다. 연방 센서스국 2022~2023년 인구 추계에 따르면 애틀랜타를 중심으로 한 메트로 애틀랜타 인구가 지난 해 1% 이상 늘어난 630만명으로 워싱턴DC와 필라델피아를 제치고 미국에서 6번째로 인구 많은 지역으로 올라섰다. 증가된 인구는 약 6만9000명으로 텍사스주 휴스턴, 댈러스-포트워스 지역 다음으로 많았다.

특히 조지아 북부의 도슨 카운티와 SK배터리 공장이 있는 잭슨 카운티 인구 증가가 두드러져 모두 2만명 이상 늘어났다. 또 조지아 북부 지역과 함께 현대 전기차 공장이 건설되고 있는 사바나 인근 지역 인구도 눈에 띄게 늘었다. 도시별로는 주도이자 조지아 최대 도시인 애틀랜타가 가장 많아서 50만 명 가까이 살고 있다. 두 번째로 인구가 많은 도시는 서남부의 콜럼버스로 20만 명이 조금 넘는다. 이들 두 도시를 포함해 조지아에는 인구 10만 명이 넘는 도시(City)가 7개 있다. 또 1만 명에서 10만 명 사이인 시티는 90개에 이른다. 미국엔 시(city) 위의 행정단위이자 주(state) 아래에 있는 행정단위로 카운티(ciunty)가 있다. 조지아에는 모두 159개 카운티가 있다. 이는 텍사스(254개) 다음으로 많다. 2023년 기준으로 조지아에서 인구가 가장 많은 카운티는 풀턴카운티(Fulton)로 약 108만 명이 산다. 남북으로 길게 뻗어 있는 풀턴카운티는 북쪽은 존스크릭, 샌디스프링스, 라즈웰 등 부촌들이 많고 남쪽은 애틀랜타 시 주변이다. 한인들이 가장 많이 사는 귀넷(Gwinnett)카운티 인구는 조지아 두 번째로 98만3526명, 100만 명 돌파를 눈앞에 두고 있다. 한인들이 많이 사는 둘루스, 스와니, 뷰포드, 로렌스빌, 노크로스 등이 모두 귀넷 카운티 도시들이다. 인구 수로 세 번 째는 캅(Cobb, 776,743명)이며 근소한 차이로 디캅(DeKalb, 762,992명)카운티가 네번 째를 기록했다. 이들 4개 카운티는 조지아 최대 도시 애틀랜타 주변에 있는 카운티로 흔히 메트로 애틀랜타 '빅4'로 불린다. 다섯 번째는 30만이 조금 넘는 클레이턴(Clayton) 카운티다. 그 뒤를 20만명 대의 채텀(Chatham), 체로키(Cherokee), 포사이스(Forsyth), 헨리(Henry), 홀(Hall) 카운티가 뒤따른다. 도시 집중화가 계속 되면서 주민이 1만 명이 채 안 되는 카운티도 30개가 넘는다. 가장 적은 곳은 애틀랜타와 어거스타 중간에 위치한 탈리페로(Taliaferro) 카운티로 1300명에 불과하다.

한인들 많이 사는 조지아 카운티 및 주요 도시	두꺼운 표기는 한인 선호 도시
귀넷카운티(Gwinnett)	**Duluth**, **Buford**, **Lawrenceville**, **Norcross**, Sugar Hill, **Suwanee**
풀턴카운티(Fulton)	**Alpharetta**, Atlanta, College Park, East Point, Hapeville, **Johns Creek**, Milton, **Roswell**, **Sandy Springs**, South Fulton
디캅카운티(DeKalb)	Atlanta(part), **Brookhaven**, **Chamblee**, Clarkston, **Decatur**, **Doraville**, **Dunwoody**, Lithonia, Pine Lake
캅카운티(Cobb)	Acworth, Austell, **Kennesaw**, **Marietta**, Powder Springs, Smyrna
포사이스카운티(Forsyth)	**Cumming**, Unincorporated communities, Alpharetta, Ball Ground, Cumming, Duluth, Gainesville, Suwanee

한편 2022년 연방 센서스 기준 한 조지아주 공식 한인 인구는 71,877명이다.
이는 지난 2020년 5만8,334명에 비해 23.2%(1만3,543명) 증가한 수치다. ❺

조지아 인구 톱20 도시	(2024년 1월 기준)
01 애틀랜타(Atlanta) 487,203명	11 알파레타(Alpharetta) 66,606명
02 콜럼버스(Columbus) 201,640명	12 마리에타(Marietta) 63,198명
03 어거스타(Augusta) 199,2465명	13 발도스타(Valdosta) 55,865명
04 사바나(Savannah) 145,265명	14 스미나(Smyrna) 55,835명
05 애슨스(Athens) 128.011명	15 던우디(Dunwoody) 49,034명
06 샌디 스프링스 (Sandy springs) 104,258명	16 게인스빌(Gainesville) 46,165명
07 라즈웰(Roswell) 91,167명	17 뉴난(Newnan) 45,228명
08 워너 로빈스(Warner Robins) 84,370명	18 밀턴(Milton) 40,835명'
09 존스크릭 (Johns Creek) 80,507명	19 피치트리시티(Peachtree City) 40,285명
10 알바니(Albany) 67,751명	20 우드스탁(Woodstock) 39,685명

※ 위표의 인구 수는 2020년 센서스 이후 증감률에 따른 추정 수치이며 각 도시 주변 메트로 지역은 제외했다.

6. 경제·산업

■ 유명 기업 본사 밀집

조지아주는 기업 친화적 주로 알려져 있다. 이는 2023년 발표된 포춘지 선정
미국 500대 기업에 조지아 기업 19개가 포함된 것으로도 증명이 된다.
애틀랜타를 대표하는 코카콜라, 세계 최대의 주택개량 자재 업체 홈디포, 운
송·물류업체 UPS 등이 샌디스프링스(Sandy Springs) 인근에 자리잡고 있다.
또 생활용품 전문회사 뉴웰 러버메이드, 햄버거 체인점 아비스(Arby's), 패
스트푸드 체인점 칙필레(Chick-Fil-A), 인터넷회사 어스링크(Earthlink),
3대 신용조사회사 중 하나인 에퀴팩스(Equifax), 제지회사 조지아-퍼시픽
(George-Pacific), 전기회사 서던 컴퍼니(Southern Company), 선트러스 뱅
크(SunTrust Banks), 그리고 24시간 식당체인 와플하우스(Waffle House) 등
도 조지아를 대표하는 유명 기업들이다. 2000년대 들어서는 메르세데스 벤
츠 북미본사, 보험사인 스테이트팜 등 굴지의 대기업들이 속속 애틀랜타 주
변으로 이전하면서 새롭게 각광받고 있다.

■ 물류의 중심

하츠필드-잭슨 국제공항과 사바나 항을 중심으로 움직이는 물류산업은 1950
년대 이후 애틀랜타 경제성장의 원동력으로 작용했다. 델타항공은 애틀랜타
하츠필드-잭슨 국제공항을 허브공항으로 삼고, 지역 주민 수천여 명에게 일자
리를 제공하고 있다. 하츠필드-잭슨 국제공항은 연간 1억 명 이상이 이용하는
세계에서 가장 바쁜 공항으로 유명하다. 금융업도 나날이 발전하고 있다. 애틀

랜타시 피치트리 스트릿에 본점을 두고 있는 선트러스트 은행은 미국 유수의 은행으로 성장하고 있고, 미국 12개 연방준비은행 중 하나인 애틀랜타 연방준비은행도 미드타운 피치트리 스트리트(1000 Peachtree St NE)에 있으며, 조지아, 앨라배마, 플로리다 등 남동부 지역의 금융시장을 관할하고 있다.

■ 농업, 임업
조지아는 농장 지대가 전체 면적의 약 25%를 차지하고 있다. 가장 많이 생산되는 품목은 달걀과 닭이다. 육우와 돼지, 우유도 많이 생산된다. 남쪽으로 가면 목화밭이 끝없이 펼쳐지는데 이곳에서 생산되는 면화는 전통적으로 조지아 주의 대표적인 작물이었다. 그밖에 땅콩, 호두, 양파, 담배의 생산도 활발하다. 조지아주의 상징인 복숭아도 대표적인 작물이다. 그러나 총 생산량은 캘리포니아와 노스캐롤라이나에 이어 전국 3위다. 한편 나무가 많은 조지아 주는 목재 생산에 있어서도 오리건주에 이어 전국 2위권을 유지하고 있다.

■ 영화, 엔터테인먼트
조지아는 첨단 엔터테인먼트 산업의 중심지로도 도약하고 있다. 그 중심에 영화산업이 있다. 조지아주는 제2의 할리우드로 불릴 만큼 영화, 드라마 등의 촬영지로 각광을 받고 있으며 주정부 역시 영화산업 유치를 위해 세금 혜택 등 다양한 인센티브를 제공하고 있다. 현재 조지아에서 촬영되고 있는 영화와 드라마는 한 해 평균 300편이 넘는 것으로 알려져 있다. 조지아주 전역에서는 인기 영화와 TV 쇼의 배경이 된 익숙한 장소들을 찾아볼 수 있다.

레이 찰스(Ray Charles), 제임스 브라운(James Brown), 올맨 브라더스 밴드(The Allman Brothers Band), R.E.M. 등 원조 인플루언서 뮤지션들이 모두 조지아에서 빛을 발했고, 이들이 닦은 토대 위에서 아웃캐스트(Outkast), 릴 나스 엑스(Lil' Nas X), 잭 브라운 밴드(Zac Brown Band), 미고스(Migos)와 같은 조지아주 출신 스타들이 탄생했다.

애틀랜타는 대형 미디어기업 CNN의 본사가 있으며 케이블TV 업체인 콕스커뮤니케이션, 일간지 애틀랜타 저널 컨스티튜션(The Atlanta Journal-Constitution), 남부 최초의 AM 라디오 방송국으로 콕스 라디오의 본사인 WSB 등도 애틀랜타를 대표하는 미디어 기업들이다.

■ 한국과의 교류

한국은 조지아주의 5번째 교역상대국이다. 중국-멕시코-독일-캐나다 다음이 한국으로 일본(6위)보다 많다. 2023년 기준으로 대한수출은 11억 달러이며, 수입은 10배가 넘는 148억 달러에 이르렀다. 조지아에 진출해 있는 한국 기업은 현대, 기아, SK, 한화 등 모두 150여 개나 된다. 특히 2009년 기아자동차는 조지아주 웨스트 포인트(West Point)에 진출하면서 단숨에 조지아주를 자동차산업의 허브로 격상시켰다. 기아차 진출과 함께 금호타이어를 비롯한 관련 한국 기업들도 속속 진출했다. 2023년부터 사바나 인근에 본격 건설 중인 현대자동차 전기차 공장은 조지아 경제의 새로운 활력이 될 것으로 기대를 모으고 있다. 현재 조지아에 들어와 있는 굵직한 한국기업은 기아자동차, 현대자동차, 금호타이어, SKC, SK C&C, LG하우시스, 현대중공업, 현대글로비스, 현대모비스, 두산인프라코어, LS전선, 코오롱, 한일이화, 한화 L&C, 다산기공, 대한한공, 신한은행 등이 있다. ●

조지아주와 한국간 자매결연 지역		
애틀랜타	1981년 11월	대구시
리버티카운티	1997년 2월	경기 김포시
캅카운티	2007년 10월	서울 성동구
귀넷카운티	2009년 6월	서울 강남구

7. 투자 환경 및 지원 정책

물류·인력·인프라 우수 … 친기업 정책 '성장 견인'

조지아주는 미국에서 가장 역동적으로 성장하는 지역 중 하나로 꼽힌다. 기업들이 조지아주를 선호하는 이유는 남부 지역의 물류 중심지로서 북미 전체 시장으로의 접근성이 좋고, 노동력 확보도 비교적 용이하기 때문이다. 북미 지역에서 4번째로 큰 사바나 항만과 세계에서 이용객이 가장 많은 하츠필드–잭슨 국제공항 등은 조지아주가 물류와 유통의 허브 지역으로 성장하는데 디딤돌 역할을 해오고 있다. 또한 조지아주는 주 전역에 깔려있는 광섬유 케이블 덕분에 통신이 원활하고, 항공, 해상, 육상 모든 분야에서 효율적인 물류 운송 네트워크와 인프라를 구축하고 있다. 글로벌 시장 접근성과 인프라 시설 측면에서 미국 내 최상위권으로 평가되고 있다. 그에 따라 조지아주는 이미 한국을 비롯한 수많은 다국적 대기업들이 잇따라 진출하고 있으며 향후 미국에서 새로운 융·복합 비즈니스 모델을 창출할 수 있는 가장 유망한 주로 평가받고 있다.

물류 수송

■ 항만-사바나 & 브런스윅

사바나항은 뉴욕·뉴저지항 다음으로 동부에서 컨테이너 수송량이 많은 항만이며 미국 전체로는 3~4위를 다투는 항만이다.
특히 사바나항의 가든시티(Garden City) 터미널은 북미지역에서 가장 큰 단일 컨테이너 터미널로 두 개의 1등급 전용철도노선(CSX, Norfolk Southern)

이 터미널 내에 위치해 있어 터미널로 유입되는 컨테이너를 바로 철도로 환적할 수 있는 유일한 항만이다. 조지아주 제2의 항만인 브런스윅항은 국내 자동차 수입이 가장 활발한 해양 항만으로서, 21개의 국내·외 자동차 생산업체를 위한 화물 수송을 담당하고 있다.

■ 항공-애틀랜타 국제공항

애틀랜타 다운타운에서 20분 이내(10mile) 거리에 있는 하츠필드-잭슨(Hartsfield -Jackson) 애틀랜타 국제공항은 여객수송 세계 1위의 공항이다. 2015년 이용승객 1억명을 돌파한 이래로, 이용승객 수는 지금도 계속 증가하고 있다. 세계 50개국 70여 개 이상의 국제선 직항편이 취항하고 있으며, 국내선은 미국 내 80% 지역을 2시간 이내 비행으로 연결해주고 있다.

애틀랜타 국제공항은 북미에서 10번째로 큰 항공화물 허브로서, 16개 화물전용 항공기의 본거지이며, 2백만 평방피트에 달하는 화물창고를 보유하고 있다.한국과는 대한항공과 델타항공이 매일 직항편을 운행하고 있다.

■ 육상교통

조지아주는 미국 남동부 지역에서 철도 시스템이 가장 광범위하게 발달된 주다. 철도선은 총 5,000마일(8,047km)에 이르며 1등급 노선 2개(CSX, Norfolk Southern)에 단선 철도운송회사도 24개가 운영 중이다.

조지아주 6개의 주간 고속도로(Interstate High way)는 트럭운전으로 이틀 만에 미국 80% 지역과 연결이 가능하다. I-95, I-75, I-20, I-85, I-16, I-59는 조지아주 및 15개주 연결된다. 조지아내 주간 고속도로는 총 1200마일(1,931km)에 이르며 연방 및 주 고속도로는 2만마일(32,186km)이 넘는다.

세제 혜택

조지아주 정부 역시 전통산업과 차세대 산업이 동시에 발전할 수 있도록 적극적인 친기업 정책을 추진해오고 있다. 외국인 투자기업에 대해 과감한 투자 인센티브를 제공함으로써, 다양한 산업이 고르게 발전하는 데 일조하고 있다.

■ 법인세 경감

조지아주는 1인당 주 조세부담이 미국 내에서 낮기로 유명하다. 특히, 조지아주는 기업들이 타 주로부터 얻는 수입에 대해 소득세를 납부하지 않도록 하는 '단일요소 총수입 배분공식(Single Factor Gross Receipts apportionment formula)'을 적용하여 기업들에 대한 법인세를 경감시켜 주고 있다. 조지아와 사우스캐롤라이나 등 미국 내에서 20개 주만이 이러한 방식을 사용하고 있다.

■ 세액 공제 (Tax Credit)

조지아주는 기업들이 세금을 경감 받을 수 있도록 다음과 같은 다양한 항목의 세액공제 혜택을 제공한다. ● 고용 세액공제 (Job Tax Credit) ● 우수 고용 세액공제 (Quality Jobs Tax Credit) ● 대규모 프로젝트 세액공제 (Mega Project Tax Credit) ● 항만이용 추가 세액공제 (Port Tax Credit Bonus) ● 투자 세액공제 (Investment Tax Credit) ● 연구개발 세액공제 (Research & Development Tax Credit) ● 재교육 세액공제 (Retraining Tax Credit) ● 육아 세액공제 (Child Care Tax Credit) ● 영화, TV, 연예사업 세액공제 (Georgia Film, Television and Interactive Entertainment Tax Credit)

■ 면세 혜택 (Tax Exemption)

또한 기업들에게 다양한 면세 혜택을 제공함으로써 사업비용을 절감할 수 있도록 돕는다. 면세가 적용되는 물품은 다음과 같다. ● 제조기계 및 장비 ● 사업기계 수리부품 ● 원자재 및 포장재 ● 제조에 사용되는 에너지 ● 장비 사용에 필요한 주요 재료 ● 오염 관리 장비 ● 하이테크 기업을 위한 컴퓨터 하드웨어 및 소프트웨어 ● 무균실 장비 ● 상하수도 ● 전기통신 서비스(장거리 통화)

기업 지원 기관

■ 조지아 경제개발부 (GDEcD)

조지아경제개발부(Georgia Department of Economic Development) 프로젝트 매니저를 통해 다양한 서비스 혜택을 받을 수 있다. 부지선정, 건물 및 토목 관련 업체 물색에서부터 유틸리티 및 교통기반 시설 기관과의 연결이 가능하며, 글로벌 네트워킹을 위해 경제개발부 뿐 아니라, 각국 상공회의소, 외교 대표단 등을 소개 받을 수 있다. 또 연구개발을 위한 대학, 조지아 혁신센터, 조지아연구연합회, 고용 및 교육을 위한 노동부, 기술대학 및 4년제 대학 등과 연계해 도움을 받을 수 있다. Ⓙ

▶웹사이트 : www.georgia.org ▶전화 : 404-962-4000

■ 기타 노동 관련 조지아주 주요 기관

조지아주정부(The State of Georgia)

▶웹사이트 : www.georgia.gov ▶전화 : 800-436-7442

조지아주지사 사무실(Office of the Governor ofState of Georgia)

▶웹사이트 : www.gov.georgia.gov ▶전화 : 404-656-1776

조지아노동부(Georgia Department of Labor)

▶웹사이트 : www.dol.georgia.gov ▶전화 : 404-232-7300

조지아세무국(Georgia Department of Revenue)

▶웹사이트 : www.dor.georgia.gov ▶전화 : 877-423-6711

조지아 커뮤니티 개발부(Georgia Deparment of Community Affairs)

▶웹사이트 : www.dca.ga.gov ▶전화 : 404-679-4940

8. 종교 및 스포츠

기독교 바이블 벨트

조지아주는 '바이블 벨트'(Bible Belt)의 중심 지역으로 꼽힌다. 바이블 벨트란 1920년대 초 저널리스트이자 시사평론가로 유명했던 헨리 루이스 멩켄이 만들어 낸 말로 복음주의적 보수 성향이 강한 근본주의 개신교가 퍼져있는 지역을 의미한다. 텍사스를 비롯해 아칸소, 루이지애나, 미시시피, 앨라배마, 플로리다, 조지아 주 등이 이에 속한다. 이들 남부 주들과 그 주변은 남부 침례교협의회의 영향력이 가장 큰 지역이기도 하다. 조지아주는 바이블 벨트의 대표 격이고, 주도인 애틀랜타 시내에만 1천 여 곳개 이상의 교회가 산재해 있다. 특히 애틀랜타는 흑인 민권운동 지도자 마틴 루터 킹 목사의 고향으로 흑인들에겐 정신적 본향이라 해도 과언이 아니다. 초대형 교회인 메가처치가 많다는 것도 조지아주의 특징이다. 라소니아에 있는 초대형 흑인 교회인 뉴 버스 미셔너리 침례교회(New Birth Missionary Baptist Church)와 월드 체인저스 미니스트리스(World Changers Ministries)의 본부가 애틀랜타에 있다.

'노스포인트 미니스트리'(Northpoint Ministry)는 애틀랜타는 물론 전국에서도 가장 큰 교회 중 하나다. 앤디 스탠리 목사가 1995년 창립한 이 교회는 알파레타, 벅헤드, 디케이터 등 8개 캠퍼스에 주일 평균 3만 3000여명이 출석한다.

유대교 회당, 무슬림·힌두교 사원

애틀랜타는 또한 유대인 커뮤니티 규모가 큰 도시이기도 하다. 애틀랜타의 유대인 인구는 20여 만명으로, 미국에서 9번째로 큰 규모다. 유대인들은 라즈웰, 알파레타, 존스크릭, 마리에타, 케네소, 그랜트 파크, 토코 힐스, 샌디 스프링스, 던우디, 벅헤드, 브룩헤이븐 등의 부촌을 중심으로 거주하고 있으며 회당(Synagogue)을 중심으로 모인다.

메트로 애틀랜타 지역의 무슬림 인구는 7만5000명으로 추산되며 이는 미국에서 6번째로 많은 무슬림 거주 지역이다. 따라서 무슬림 사원도 35곳에 달한다. 가장 큰 사원은 미드타운 14번가에 위치한 알 파루크 사원이다. 인도계 이민자들이 급증하면서 힌두교 사원(만디르)도 늘고 있다. 조지아 주는 미국에서 가장 힌두교 회당이 많은 지역 중 한 곳이다. 메트로 애틀랜타 지역에는 10만명의 힌두교 신자들이 있으며, 15개 힌두사원이 있다. 특히 릴번에 있는 뱁스 시리 스와미나라얀 사원(BAPS Shri Swaminarayan Mandir Atlanta)은 인도 본국 밖에 있는 힌두교 사원으로는 세계에서 가장 큰 사원으로 꼽힌다.

스포츠

조지아는 프로스포츠의 메카다. 야구, 풋볼, 농구, 축구 등의 인기 프로 종목 경기가 (평균적으로) 사흘에 한 번 애틀랜타에서 열린다. 프로야구(MLB) 브레이브스, 프로풋볼(NFL) 팰컨스, 프로농구(NBA) 호크스, 프로축구(MLS)의 유나이티드 FC는 모두 애틀랜타를 연고로한 전국적 명성의 팀이다.

특히 메이저리그 축구 관객 수 부문에서 애틀랜타는 전국 1위를 차지하는 도시로 유명하다. 유나이티드 FC 경기가 있는 날은 어떤 월드컵 경기보다 많은 관중들이 경기장을 찾는다.

골프도 빼놓을 수 없다. 어거스타에서 매년 4월 개최되는 PGA마스터스 골프 대회는 세계적 명성의 봄철 연례 행사다. 또 이스트레이크의 투어 챔피언십은 가을 초입에 프로 골프 시즌을 마무리 짓는 대회로 유명하다.

뿐만 아니라 애틀랜타 론 테니스 어소시에이션(ALTA)은 8만 명이 넘는 회원을 보유한 세계 최대 규모의 도시 테니스 리그다. 달리기 동호인들의 활동도 활발하다. 매년 7월 4일 애틀랜타에서 열리는 피치트리 로드레이스는 세계 최대 규모의 10K 달리기 경주로 전 세계에서 온 6만 명의 아마추어와 프로 선수가 참가한다. J

9. 조지아 은어·약어

조지아주는 남부를 대표하는 주다. 그만큼 남부 정서가 강하며 같은 영어라도 쓰는 단어와 어투와 남부 특유의 억양 등 다른 지역과 다른 점이 아직도 많이 남아 있다. 애틀랜타 지역을 중심으로 많이 쓰이는 은어와 약어들을 모아봤다. ♪

● **Agnes Scott** : 아그네스 스캇 칼리지, 디케이터에 있는 대표적인 사립 여자대학.

● **The AJC** : 애틀랜타의 대표적인 일간지, 애틀랜타 저널-컨스티튜션(Atlanta Journal-Constitution)의 약자.

● **Atlanta** : 마지막 t 발음은 하지 않고 "앳 래나(at-LAN-ah)"라고 발음한다. 애틀랜타는 다운타운에 있는 애틀랜타 시(City of Atlanta)를 가리키는 것이 통상적이지만, 주로 애틀랜타 광역도시권을 의미하는 '메트로 애틀랜타'를 줄인 말로 사용되기도 한다.

● **The Big Chicken** : 캅 카운티의 명물로 50 피트 높이 켄터키 후라이드 치킨 강철 조형물.

● **The Braves** : 애틀랜타의 프로야구팀인 '애틀랜타 브레이브스'의 별칭.

● **CDC** : 에모리대학 근처에 있는 질병통제예방센터(Centers for Disease Control and Prevention)의 약자.

● **Chamblee** : 디캡 카운티 도시. '셈블리(SHAM-blee)'로 많이 발음된다.

● **Downtown Connector** : 다운타운에 있는 I-75와 I-85가 합쳐지는 부분. 북쪽에서 남쪽 방향으로 I-85와 I-75가 합쳐지는 출구(Exit) 251B에서부터 I-20, 랭포드 파크웨이를 거쳐 애틀랜타 공항 국내선, 몽고메리, 콜럼버스 등으로 빠지는 I-85와 공항 국제선, 메이컨 등으로 향하는 I-75가 다시 갈라지는 242번 출구까지의 약 7.5마일 구간을 가리킨다.

● **The Dunwoody Family** : 챔블리-던우디(Chamblee-Dunwoody), 피치트리-던우디(Peachtree-Dunwoody), 애쉬포드-던우디(Ashford-Dunwoody) 도로들을 집합적으로 일컫는 말이다.

● **East Cobb** : 캅카운티의 동쪽을 말한다. 애틀랜타 근교의 대표적인 부촌으로 꼽힌다. 동쪽으로 채터후치강, 서쪽은 마리에타, 남쪽은 샌디스프링스, 북쪽은 라즈웰에 둘러싸여 있다.

● **East Expressway** : 다운타운으로부터 메트로 애틀랜타의 동쪽지역까지 이르는 고속도로 I-20상의 구간.

● **East-West Connector** : 케네소 부근의 타운센터 몰(Downtown Center Mall)과 캅 카운티 남동부의 컴버랜드 몰(Cumberland Mall)을 연결하는 구간.

● **Emory** : 대개 '엠리(EM-ree)'로 발음된다. 사립대인 에모리대학이나 에모리 대학병원을 가리킨다.

● **Freedom Parkway** : 다운타운 커넥터로부터 폰스 드 레온 에비뉴 까지 연결된 도로.

● **Glenridge Connector** : 피치트리-던우디로부터 I-285까지 연결되는 구간을 일컬으며, 매우 혼잡하다.

● **Grady Curve** : 다운타운 커넥터의 커브부분. 그레이디 병원(Grady Hospital)병원 근처에 있다.

● **GSU** : 다운타운에 있는 조지아 주립대(Georgia State University)를 줄인 말이다. 애틀랜타에 본사를 두고 있는 대기업들이 많아 비즈니스 스쿨이 강하다.

● **The Highlands** : 버지니아 하일랜드 인근의 별칭

● **The Hooch** : 차타후치강(Chattahoochee River)의 별칭. 누군가 "Shooting the Hooch"라고 한다면, 차타후치강 아래에서 래프팅을 하며 하루를 보낸다는 의미.

● **Inner Loop** : I-285의 안쪽 차선.

● **The ITC** : 국제신학센터(The Interdenominational Theological Center)

● **Jesus Junction** : 피치트리(Peachtree Road), 이스트 웨슬리, 웨스트 웨슬리 로드(East Wesley Road and West Wesley Road)의 접합부분을 일컫는데, 4개의 큰 교회당이 있어 붙여진 이름이다.

● **L5P** : Little Five Points

● **Lawrenceville** : 귀넷카운티 소재 로렌스빌 시. 귀넷카운티의 수도로 둘루스, 스와니와 인접해 있어 한인들도 많이 거주한다.

● **Marietta** : 캅카운티 소재 마리에타 시. 캅카운티의 중심도시다.

● **Marietta Loop** : 메리에타 중심을 도는 북쪽 메리에타와 남쪽 메리에타 파크웨이이자 120번 도로를 일컫는 비공식 명칭이다.

● **McMansions** : 메트로 애틀랜타의 부촌에서 눈에 띄는

지나치게 큰 주택.

● **Metro Atlanta** : 메트로 애틀랜타 지역. 애틀랜타 시와 그 주변 지역까지 포괄한 애틀랜타 광역 도시권을 의미한다. 애틀랜타 시와 주변10개 카운티를 포괄하는 지역을 의미하기도 하지만, 대개는 보다 넓은 28개 카운티를 포괄하는 지역을 의미한다. 애틀랜타 관련통계를 살필 때, 그 통계 수치가 이들 중 어떤 범위를 대상으로 한 것인지 명확히 구분해서 이해할 필요가 있다.

● **Morehouse** : 모어하우스 칼리지. 유일한 흑인 남성 고등교육 기관.

● **Northeast Expressway** : 다운타운으로부터 메트로 애틀랜타의 북동부 지역까지 연결된 I-85 구간.

● **Outer Loop** : I-285 순환고속도로의 바깥 차선.

● **The Perimeter** : 애틀랜타 도시 순환 고속도로인 I-285 별칭.

● **Pill Hill** : 존슨 페리 로드(Johnson Ferry Road)와 글렌리지 커넥터(Glenridge Connector)의 접점으로 종합의료 시설이 이 거리에 위치한다.

● **Roswell** : 존스크릭, 샌디스프링스와 인접한 풀턴카운티 도시. 대개 '라즈월(RAZ-wul)'로 발음된다.

● **SoBu** : South Buckhead, 벅헤드 남쪽 지역으로 최신 유행의 식당과 클럽들이 많다.

● **Southern Crescent** : 버트(Butts), 클레이턴(Calyton), 코위타(Coweta), 페이에트(Fayette), 헨리(Henry) 카운티 등 메트로 애틀랜타의 남부지역을 일컫는다.

● **SoVo** : Southern Voice 애틀랜타의 동성연애자(게이/레즈비언) 신문

● **Spaghetti Junction** : 마치 스파게티 국수가락처럼 복잡하게 얽혀있는 인터체인지를 '스파게티 정션'이라고 부른다. 애틀랜타에서는 I-285와 I-85의 진입로 및 출로가 복잡하게 얽힌 구간을 가리킨다.

● **Spelman** : 애틀랜타에 소재한 흑인 여성들을 위한 문과 대학 스펠만 칼리지. 1881년 설립됐다.

● **Stone Mountain Freeway** : US78 도로의 별칭

● **Tech** : 조지아텍(Georgia Institute of Technology) 의 별칭이다. 주립대인 조지아텍은 전국 공과대학 순위 톱 5에 드는, 조지아주의 대표적 명문대학으로 꼽힌다. 한인들은 조지아텍을 줄여 보통 '조텍'이라 부른다.

● **Top End** : I-75에서 I-85까지 이르게 되는 I-285 북쪽 구간. 페리미터에서 가장 붐비는 I-285상의 구간이다.

● **UGA** : 조지아주 애슨스에 있는 조지아대학교 (University of Georgia at Athens)의 약칭. 1785년 1월 조지아 주 의회가 제정한 법률에 의해 설립된 미국 최초의 주립대학이다. 대학 풋볼 불독 마스코트로 잘 알려져 있다.

● **UGA** : 조지아 대학의 마스코트인 불독, 대개 '어가(UGH-a)'로 발음된다.

● **West Expressway** : 다운타운으로부터 메트로 애트랜타의 서부지역까지 이르는 I-20 구간.

● **Y'all** : 당신들(you all)이란 말을 남부식으로 편하게 부르는 표현.

10. 조지아 주 관련 언론 보도 기사

조지아주로 사람들이 몰려들고 경제가 빠르게 부흥하면서 주 정부는 새로운 정책도 계속 내놓고 있다. 주 의회 또한 주민들의 편의와 복지 향상을 위한 다양한 법안 마련에 골몰한다. 최근 언론에 보도된 주요 정책 변화 등 조지아 주 관련 뉴스들을 모아봤다.

(1) 조지아 소득세율·법인세율 내린다

켐프 주지사, 관련 법안 서명 … 내년 개인·기업 50억불 절감

브라이언 켐프 조지아 주지사가 2024년 4월 소득세율과 법인세율 인하 법안에 서명, 내년 조지아 주민과 기업은 약 5억 달러의 세금을 절감할 수 있게 됐다. 이날 켐프 주지사가 서명한 소득세율 인하 법안(HB 1015)에 따라 조지아 소득세율은 5.39%로 낮아졌다. 소득세율은 지난 1월 1일부터 5.75%에서 5.49%로 낮아졌으나 인하폭이 더 커졌다. 최종적으로는 4.99%까지 인하한다는 것이 주 정부의 목표다. 소득세율이 낮아지며 납세자들은 내년에 모두 3억6000만 달러의 세금을 덜 낼 것으로 추정된다. 예를 들어 공제 후 과세소득이 6만 달러라고 가정했을 때, 60달러를 절약할 수 있는 셈이다. 개인소득세는 주 정부 예산 중 대부분을 차지하며, 학교, 공중 보건, 치안, 법원 등 다양한 곳에 쓰인다.

켐프 주지사는 또 법인세율을 인하하는 법안(HB 1023)에도 서명했다. 법인세율도 소득세율과 동일하게 5.39%로 떨어진다. 주 정부는 내년에 기업들이 1억2700만~1억7500만 달러 세금을 절감할 수 있을 것으로 추정했다.

켐프 주지사는 아울러 주지사는 부양가족에 대한 표준 소득공제액을 현행 3000달러에서 4000달러로 늘리는 법안(HB 1021)과 과도한 재산세 인상을 억제하기 위해 인플레이션 증가율에 따라 주택 산정가치 상한선을 제한하는 법안(HB 581)에도 서명했다.

조지아 주 정부의 세금 징수액은 그동안 꾸준히 증가해왔으나 2024년 3월부터는 감소세로 반전됐다. 2024년 3월의 세수는 12.6% 줄었으며, 2025년까지 감소세가 이어질 것으로 전망되고 있다. 그러나 주정부는 코로나19 팬데믹 기간 3년 동안 전례없는 세수 풍년으로 160억달러에 달하는 막대한 흑자 재정을 보유하고 있으며, 올 회계연도에 50억 달러를 투입, 주청사 리모델링, 조지아대학(UGA) 의대 신설, 교도소 신설 등을 추진하고 있다. (2024년 4월 19일 애틀랜타중앙일보)

(2) 애틀랜타 재산세 '수직상승' … 인상률 전국 5위

풀턴 평균 6931불 조지아 최고 … 귀넷도 조정 고민

메트로 애틀랜타 지역의 재산세 인상률이 미 전국에서 5번째로 높은 것으로 나타났다. 2024년 4월 부동산 정보 제공 업체 아톰데이터 솔루션스에 따르면 2023년 메트로 애틀랜타 지역 단독 주택 기준 재산세는 전년대비 평균 15.2% 올랐다. 이는 전국 인구 100만명 이상 메트로 지역 중 5번째로 높은 인상률이다. 가장 인상률이 높았던 곳은 노스캐롤라이나 샬럿(31.5%)이다. 또 인디애나폴리스(18.8%), 캔자스 시티(16.8%), 덴버(15.7%)도 애틀랜타보다 인상률이 높았다.

코로나19 팬데믹 이후 집값이 꾸준히 오른 탓에 전국 단독주택 소유주들은 2023년 재산세로 전년대비 240억 달러를 더 냈다. 지난해 전국적으로 걷힌 재산세는 총 3630억 달러로 단독주택을 소유한 8940만 가구당 평균 4062달러를 부담했다. 이는 전년대비 6.9% 늘어난 규모로 최근 5년 새 가장 큰 상승폭을 기록했다. 각종 공제와 감면을 감안한 실효세율도 전국 평균 0.87%로 2022년 0.83%에 비해 높아졌다.

메트로 애틀랜타 지역의 경우 캅카운티를 제외한 풀턴, 클레이튼, 디캡. 귀넷 등 4개 카운티가 실효세율이 1% 안팎으로 전국 평균보다 높았다. 특히 풀턴과 귀넷 카운티의 평균 재산세는 각각 6931달러, 4276달러로 조지아주에서 가장 높은 재산세 납부액을 기록했다. 애틀랜타 비즈니스 크로니클(ABC)은

카운티별 재산세 현황			2023년 기준
카운티	평균 납부액 (달러)	실효세율 (%)	총 재산세 징수액 (1000달러)
풀턴 카운티	6,930	1.11	1,791,067
귀넷 카운티	4,276	0.96	1,008,117
디캡 카운티	4,156	1.02	751,063
포사이스 카운티	4,104	0.62	242,207
페이엇 카운티	3,627	0.69	156,504
체로키 카운티	3,268	0.67	267,031
캅 카운티	3,054	0.63	624,126
클레이튼 카운티	2,809	1.16	176,697

"단독 주택 가구가 주 전역에서 가장 많이 사는 두 카운티는 지난해 10억 달러 이상의 재산세를 징수했다"고 보도했다.

이처럼 해마다 재산세가 큰 폭으로 오르자 조지아 주의회는 재산세 부과의 기준이 되는 주택 산정가치의 연간 상승률을 물가 상승률 이내로 제한하는 법안(HB 581)을 통과시켰다. 브라이언 켐프 주지사가 법안에 서명하면 2024년 11월 주민투표를 통해 내년 시행 여부를 결정한다.

한편 전국에서 재산세 실효 세율이 가장 높은 대도시는 메트로 시카고 지역으로 최고 2.5%에 달했다. 또 실효 세율이 높은 상위 10개 주는 일리노이 1.88%, 뉴저지 1.64%, 코네티컷 1.54%, 뉴욕 1.46%, 네브레스카 1.46%, 오하이오 1.37%, 펜실베이니아 1.33%, 버몬트 1.29%, 캔자스 1.26%, 뉴햄프셔 1.25% 등으로 조사됐다. (2024년 4월 10일 애틀랜타 중앙일보)

(3) 은퇴 후 조지아 이주, 좋은 선택일까?

'은퇴자 최고의 주' 22위 … 가파른 집값 상승이 걸림돌

가파른 물가 상승으로 노인 빈곤율이 높아지고 있는 가운데 생활비를 조금이나마 줄여보려는 자구책으로 '은퇴 이주'를 결심하는 이들이 늘고 있다.

전통적으로 미국 남부 지역은 따뜻한 기후와 저렴한 생활비를 내세워 은퇴 노년층을 끌어당겼다. 그러나 요즘은 상황이 달라졌다. 향후 조지아주의 집값 상승세가 가파를 것으로 예상되면서 선호도가 이전보다 낮아졌다는 조사 결과가 나왔다.

샌프란시스코의 시니어 생활정보 제공업체인 시니얼리(Seniorly)는 최근 전국 50개 주와 워싱턴 DC의 노인 생활비 수준을 분석한 보고서를 발표했다. 보고서에 따르면, 조지아주는 생활부 수준이 전국 22위로 평균 수준에 속했다. 생활비 산정에는 집값과 생필품 가격, 물가상승률, 세금 등이 반영됐다.

조지아의 집값은 아직까지는 뉴욕, 캘리포니아 등 다른 주요 주에 비해 낮은 편이다. 2024년 봄 현재 임대료 중간값도 월 1948달러로 전국 15번째로 낮다. 문제는 향후 집값이다. 주택가격 중간값 상승률이 2022년 기준으로 연간 19.1%에 달해 전국 5위에 올랐다. 부동산 가격 상승폭이 가장 높았던 플로리다(21.8%)와 비교해도 2.7%포인트밖에 차이나지 않는다. 조지아주와 인접한 사우스캐롤라이나는 조지아보다 소폭 높은 19.3%의 상승률을 기록했다. 반면 생활비는 아직까지 전국 평균 수준이거나 더 낮은 것으로 나타났다. 개스비는 갤런당 평균 3.03달러(23위)이며, 식료품 비용도 월 300달러(32위)선이다. 가정용 전기료 역시 월 151달러(44위)로 낮다.

시니얼리는 "가파른 물가 상승의 피해는 경제 취약층인 노인에 집중된다"며 "향후 10년의 집값 추이가 은퇴자들의 삶의 질을 결정할 것"으로 내다봤다. 한편 2022년 기준 65세 이상 빈곤율은 14.1%로 2년 전인 2020년 9.5%에 비해 크게 높아졌다. 시니얼리는 "거주지에 따라 은퇴 후 생활비용의 차이가

큰 것을 유념하고 지역적 특성에 맞는 재정 플랜을 세워야 한다"고 전했다.
(2024년 4월 4일 애틀랜타중앙일보)

(4) 조지아 스포츠 도박 합법화로 세수 증대?

주 상원 '합법화' 법안 통과 … 주민투표 거쳐야 최종 확정

조지아주 상원에서 온라인 스포츠 도박을 합법화하는 법안(SB 386)이 통과
돼 하원으로 송부됐다.
당초 상정된 법안에는 스포츠 도박을 합법화하기 위해 주 헌법을 개정해야 하
는지 여부를 주민 투표에 부쳐야 하는 조항이 없었으나 상원은 34대 7로 법
시행 전 헌법 개정 여부를 주민투표에 부치도록 수정해 통과시켰다.
이같은 수정 내용에 따라 상, 하 양원은 법안 통과 후에도 주민투표에 부치는
결의안을 각각 3분의 2 이상의 찬성으로 통과시켜야 한다. 스포츠 도박 합법
화 법안은 조지아 의회에 올해로 6년째 상정되고 있지만 주 헌법 개정을 위한
절차가 까다로워 해마다 무산됐다.
상원을 통과한 법안은 조지아 복권국이 온라인 스포츠 도박을 관장하면서 거
두어들이는 세금과 수수료 수입을 호프(HOPE) 장학금 확충이나 프리킨더가
튼 지원에 사용하도록 규정하고 있다.
법안은 또 7개의 라이선스를 발급하며 신청 업체는 10만달러의 신청서 수수
료와 연간 100만달러의 라이선스 수수료, 20%의 소득세를 부담해야 한다.
스포츠 도박 합법화에 반대하는 의원들도 적지 않다. 마티 하빈 상원의원(공
화·타이론)은 "도박이 우리 문제의 해결책이 될 수는 없다. 강한 가족관계,
좀더 개선된 교육, 근면함이 조지아를 발전시키는 요인들"이라고 주장했다.
(2024년 2월 2일 애틀랜타중앙일보)

(5) 조지아 주 의회 유색 인종 의원 '약진'

비백인계 35%·흑인 29% … 아시안, 히스패닉도 급증

2023년 처음으로 조지아 주의회에 입성한 베트남계 미국인 롱 트란. 그는 최
근 수염을 기르기 시작했다. 동료 의원들이 한국계이자 민주당 원내총무인 샘
박 의원이나 필리핀에서 태어난 마빈 림 하원의원과 자주 혼동하기 때문이다.
아시안 의원들의 얼굴을 잘 구분하지 못하는 것은 민주당, 공화당 할 것 없이
마찬가지다. 트란 의원은 다른 아시아계 의원들과 차별화 하기 위해 수염을
기르기 시작한 것이다. 이처럼 현 재 조지아주 의원들은 역사상 가장 다양한
인종적 분포도를 나타내고 있다.
2023년 4월 애틀랜타 저널(AJC) 보도에 따르면 현재 상원과 하원을 합쳐
236명 의원 가운데 비백인 의원은 83여명으로 35%가 넘는다. 흑인은 68명

(29%), 나머지가 아시안과 히스패닉계다. 여성 의원은 81명이다.

아시아·태평양(AAPI)계가 8명(3.3%), 히스패닉계는 5명, 라틴계가 2명, 아랍계가 1명이다. 이들은 주 의회 역사상 처음으로 AAPI라는 초당적 모임과 히스패닉 코커스를 결성했다. 루와 롬만 하원의원은 무슬림으로 의회 내에서 히잡을 쓴 최초의 의원이 됐다.

이처럼 의원들의 인종적 분포도가 넓어진 것은 주민들의 인종 다양성에 따른 것인데, 2010~2020년 사이 흑인 인구는 13% 늘어난 반면 백인 숫자는 1% 감소했다. 아시아계 인구는 53%, 히스패닉계는 32%가 각각 늘었다.

특히 유색인종 의원들 상당수가 귀넷 카운티 출신이다. 귀넷의 경우 같은 기간 아시아계 인구가 4만1000여명이 늘었고, 히스패닉계 인구도 5만8000명이나 증가하는 등 유권자들의 인종 분포가 크게 달라졌기 때문이다.

2002년 최초의 히스패닉계 의원으로 선출된 페드로 마린(민주·둘루스) 하원의원은 의원들과 주민들이 서로 더 나은 방향으로 변화하는 걸 보았다고 말했다. "1995년 처음 조지아주로 이사 왔을 때 사람들은 내가 라틴계라는 사실을 안 순간 악수를 하지 않고 등을 돌렸다"며 "이제는 의원들이 히스패닉계 커뮤니티의 존재를 인지하고 있다"고 덧붙였다.

주 의회에서도 처음에는 소수계 의원들을 어색해 했으나 점차 인종적, 문화적 다양성에 익숙해져 가고 있다. (2023년 4월 12일 애틀랜타중앙일보)

(6) "중국설 아닌 음력설로" … 주청사에서 선포식

주 하원, 아태계 커뮤니티에 선포문 전달, 축하

최근 국제적으로 음력설을 쇠는 여러 아시아 나라를 고려해 '중국 설(Chinese New Year)'이라는 표현 대신 '음력설(Lunar New Year)'로 대체하자는 움직임이 커지고 있는 가운데 조지아 주도 이에 동참하는 모습을 보여 눈길을 끌었다.

애틀랜타 주 하원은 2023년 1월 31일 다운타운에 있는 조지아 주청사에서 AAPI(아시아·태평양계) 정치인들과 커뮤니티 인사들이 참석한 가운데 1월 22일을 음력설로 선포하는 기념식을 가졌다.

축하 행사는 이날 정오부터 한국계 홍수정(공화) 주 하원의원의 주도로 진행됐으며, 주 하원에서 의결된 2023년 음력설 선포문(HR39)을 한국계, 대만계, 라오스계, 베트남계 커뮤니티 대표에게 전달했다. 이홍기 애틀랜타 한인회장은 한인사회를 대표해 선포문을 전달받았다. 브라이언 켐프 조지아 주지사는 행사 끝부분 합류해 덕담을 나누며 참석자들과 기념 촬영을 했다.

홍수정 의원은 "조지아 정치권은 전국에서 AAPI 정치인들의 비율이 가장 높다"며 "특히 음력설을 쇠는 조지아의 커뮤니티를 위해 이번 행사를 준비했다"고 전했다. 선포문에 따르면 아태계는 조지아주 인구의 약 4%를 차지하고 있고, 음력설을 기념하는 중국, 한국, 베트남계 인구는 20여만 명이 거주하고 있다. 선포문은 "AAPI 주민들이 조지아의 문화, 경제, 학문적 성공 등에 크게 기여했다"며 아시안을 치하했다. 이번 선포문을 발의한 의원은 홍수정, 샘 박(민주) 등 두 한국계 의원을 비롯해 베트남계인 롱 트란(민주), 맷 리브스(공화), 찰리스 버드(공화), 중국계 미셸 오(민주) 등이다.

한편, 음력설을 기념하는 대표적인 나라 중 하나인 중국계 커뮤니티 대표는 행사에 참석하지 않았다. 이에 대해 홍 의원은 "의도된 것은 아니었다. 중국계 분들도 많이 참석했지만, 대표로 나설 분이 없었을 뿐"이라고 설명했다. 홍 의원은 또 "내가 주 의회에 있는 동안은 매년 음력설 선포문을 발의하겠다"고 밝혔다. (2023년 2월 1일 애틀랜타중앙일보)

(7) 조지아 주청사 황금돔 금박 새로 입힌다

3억9200만불 들여 건물 보수·빌딩 신축

조지아 주 의회는 다운타운 주청사의 황금돔에 금박을 새로 입히고 의회가 사용할 새 오피스 빌딩을 짓는 예산으로 3억9200만달러를 승인했다. 조지아 주 상원은 찬성 52 반대 1의 압도적 표차로 55억달러 규모의 추가 예산안(HB 915)을 통과시켰다. 이 법안은 앞서 하원에서도 만장일치로 통과됐다.

2024 회계연도 종료 4개월을 앞두고 통과된 추가 예산안은 본예산 325억 달러의 17%에 달하는 규모. 이중 3억 9200만 달러가 의회 건물 증축에 사용된다. 주 의회는 애틀랜타 다운타운 주청사 건물 북쪽에 26만 스퀘어피트(sqft) 규모의 8층 높이의 오피스 빌딩을 새로 짓는다. 건물은 차량 500대를 수용하는 주차장과 의원 사무실, 연회장 등을 갖추게 되며, 오는 10월 착공해 2027년 정기 회기에 맞춰 문을 연다.

기존 청사의 냉난방 시설과 화재 대피 계단을 개보수하는 공사도 진행된다. 1889년 세워진 조지아 의회 건물은 넓은 창문을 통해 실내 공기를 환기하는 구조인데, 냉난방 시스템이 도입되며 창문을 열 수 없는 경우가 많아 별도의 공기 순환 장치가 필요하다는 지적이다. 아울러 '황금돔' 금박을 새로 입히는 공사도 연내 시작된다. (2024년 2월 29일 애틀랜타중앙일보)

(8) 사바나에 현대·기아·제네시스 이름 도로 생긴다

전기차 공장 주변 길 명명 … "하이브리드도 생산 검토" 보도

조지아주 사바나에 건설 중인 현대 전기차 공장인 메타플랜트(HMGMA)가 가동을 앞두고 조지아 주 교통부(GDOT)가 공장 소재지 브라이언 카운티 도로 정비에 나섰다.

주 교통부는 2024년 3월 브라이언 카운티 메타플랜트 인근 도로 확대 및 신설을 위해 지역 공청회를 개최한 데 이어 최근 주민 질의에 대한 답변서를 공개했다. 교통부가 밝힌 주요 도로 계획은 ▶30번 국도(SR30)와 연결되는 280번 고속도로(US280) 확장 ▶I-16 지선도로(Genesis Way) 신설 ▶I-16 인터체인지 건설 ▶로터리 3곳 설치 등이다.

400만스퀘어피트(sqft) 규모의 메타플랜트 공장 주위로 신설 또는 확장되는 도로 세 곳에 현대차그룹 관련 이름이 붙는다. 기아로(Kia Drive)로 이름 붙인 공장 남쪽 진입로와 제네시스 도로(Genesis Way)로 불리는 I-16 새 지선도로, 그리고 이들을 잇는 US280이 현대로(Hyundai Way)로 불리게 된다. 공사는 오는 7월 시작해 내년 3분기에 마치는 것을 목표로 하고 있다.

이에 앞서 현대자동차는 사바나 공장의 전기차 공식 생산이 2024년 4분기부터 시작되며, 공장 완공식은 2025년 1분기가 될 것이라고 밝힌 바 있다.

한편 현재 건설 중인 사바나 현대 전기차 공장에서 순수 전기차가 아닌 하이브리드 차량을 생산하는 방안도 검토 중이라는 보도가 나와 눈길을 끌었다. 경제매체 CNBC가 2024년 3월 27일, 호세 무뇨스 현대차 글로벌 최고운영책임자(COO)가 이날 뉴욕 국제오토쇼 행사장에서 "우리는 현재 전기차 생산을 늘릴 준비를 하고 있으며, 하이브리드 차량에 대한 높은 수요가 있기 때문에 현대차에서도 하이브리드 비중이 늘어나는 것을 볼 수 있을 것"이라고 말했다고 보도했다.

이는 전기차 시장 확산이 다소 주춤한 가운데 조 바이든 행정부가 순수 전기차뿐 아니라 하이브리드 및 PHEV에도 유리하도록 배기가스 규정을 개정한 와중에 나온 것이라고 CNBC는 설명했다.

현대차는 뉴욕 오토쇼에서 신형 투싼을 미국 시장에 공개하면서 이 모델을 기존의 내연기관차와 하이브리드, PHEV 버전으로 모두 출시할 계획이라고 밝히기도 했다. (2024년 4월 13일 애틀랜타중앙일보) ➊

조지아 카운티 지도
GEORGIA COUNTIES MAP

11. 자동차 생활

조지아주 운전면허증 받기

① 타주에서 이주했을 때

타 주에서 조지아주로 이주했을 경우 30일 이내에 가까운 운전자 서비스국 (DDS)을 방문, 운전면허증을 교환해야 한다. 조지아 면허증 발급 신청 시 기존 면허증을 제출하고 (반환 받지 못함), 일정의 수수료를 내면 임시면허증을 발급해 준다. 실물 면허증은 몇 주 후에 우편으로 보내준다. 단, 이름을 변경하려면 추가 서류가 필요하며 이는 운전자 서비스국 홈페이지에서 확인할 수 있다. 운전면허증 교환 시 필요한 서류는 다음과 같다.

- 현재 운전 면허증 (타주, 해외 운전면허증 포함)
- 소셜 시큐리티 카드
- 조지아 거주 증명 서류 2개 (은행 서류, 공과금 청구서, 또는 아파트 및 집 계약서)
- 본인 확인 (여권, 영주권, 출생증명서 등)

② 한국에서 이주했을 때

조지아주에 도착한 후에는 I-94에 명시되어 있는 입국 날짜로부터 30일 이내에 조지아주 운전면허증으로 교환해야 한다. 단, 조지아주는 한국과 운전면허 상호인정 협정이 맺어져 있기 때문에 따로 실기시험 볼 필요 없이 조지아 운전면허증을 받을 수 있다.

필요한 서류를 준비해 가까운 DDS(Department of Driver Services)를 방문해 접수하고 수수료만 지불하면 조지아주 운전면허증을 바로 발급해 준다. 그 전에 한국에서 영문운전면허증과 국제운전면허증을 발급받아 와야 하며, 필요한 서류는 총영사관에서 공증도 받아야 한다.

준비 서류는 I-94 양식 외에 한국 여권과 비자, I-797, 소셜시큐리티 카드(원본) 등이며 애틀랜타 총영사관 공증 서류, 거주지 증명 서류(집 계약서 또는 유틸리티 청구서, 은행 편지 등 2개 이상)도 필요하다.

③ 차량 등록

새 차를 구입하든 중고차를 사든 딜러를 통해서 했다면 차량 등록은 따로 신경쓰지 않아도 된다. 딜러에서 등록 서비스를 대행해 주기 때문이다. 하지만 개인에게 차을 사거나 타주에서 차량을 가져왔을 경우 본인이 직접 등록을 해야 한다. 이때는 보험 가입 후 보험 서류와 조지아 운전 면허증, 자동차 타이틀 그리고 배기가스 검사(Emission Test) 결과 서류를 지참하여 가까운 차량 등록국 (DMV) 에 방문하면 된다.

타 주에서 조지아로 이주 후, 30일 이내에 차량 등록을 해야 하며 이 기간 안에 등록을 안할 경우 벌금이 부과된다. 자세한 정보는 조지아 차량 등록국 홈페이지에서 확인할 수 있다.

경찰 단속에 걸렸을 때

조지아는 도로가 발달되어 있고, 외곽으로 나갈수록 인구밀도도 낮아 자칫 과속하기 쉽다. 만약 제한속도(55-70마일)를 초과해 과속 단속에 적발되면 고가의 벌금을 물어야 하고 보험료도 크게 올라가기 때문에 각별히 주의해야 한다. 교통법규 위반 시에도 불시에 단속될 수 있으니 항상 안전, 준법 주행에 신경을 써야 한다. 만약 단속에 적발되어 경찰을 차를 세운다면 다음과 같이 대처하면 된다.

① 차 밖으로 나오지 않는다

운전을 하고 다니다 보면 과속이나 교통 법규 위반으로 경찰의 정지 명령을 받을 때가 있다. 이 경우 가장 중요한 것은 차에서 내리면 절대로 안된다는 것. 잘못 내렸다가는 경찰의 총에 맞기 십상이다. 한국에서 갓 이민 온 한인들이 한국 경찰과 비슷한 개념으로 생각하고 사정을 이해시키거나 따지려고 하는 사례가 종종 있는데 미국에서는 아주 위험한 행위다. 이는 주로 총기를 사용한 범죄가 많이 때문이다. 경찰들은 신분에 위협이 될 만한 상황이 되면 총으로 응사하는 것을 당연하게 여긴다. 일단 경찰차가 삐뽀삐뽀 경적을 울리며 내 차 뒤에 붙어 경광등을 깜빡이면 바로 인도 쪽으로 차를 세워야한다. 늦은 밤이면 될 수 있는 대로 밝은 곳으로 차를 세우거나 실내등을 켜는 배려를 한다. 뒤를 돌아보거나 자리를 뜨면 절대로 안 된다. 차 밖으로 나오는 것도 금물이다.

② 손은 보이도록 운전대를 잡고 있는다

그다음 백미러를 보면서 경찰이 지시하는 대로 순순히 응해야 한다. 손이 보이도록 반드시 운전대에 얌전히 손을 올려놓는 것도 중요하다. 손이 보이면 경찰이 안심을 하기 때문이다. 손이 이곳저곳으로 움직이면 수상히 여긴다.

경찰은 반드시 뒤쪽에서 다가온다. 이때에도 몸을 움직이거나 자리를 뜨지 않아야 한다. 혹시나 경찰에게 오해를 불러일으키는 행동을 해서도 안 된다.

③ 경관의 허락을 받고 움직인다

경찰이 단속시 운전면허증과 차량 등록증, 자동차 보험을 요구하는데, 이때에도 천천히 하나씩 찾아주어야 한다. 조수석의 수납장을 열 때는 반드시 그곳을 가리키고 열어도 되겠느냐고 물어야 한다. 보통 이곳에 권총을 넣어두기 때문이다. 뒷 트렁크에 옷을 함께 넣었을 때도 허락을 받고 천천히 일어나 나가 열어 보여준다.

혹시 면허증이 없다면 순순하게 이유를 설명한다. 경찰이 신원을 확인하는 과정 중에 절대로 움직이지 않는다. 시종일관 억울하더라도 따지거나 어필하지 않는다. 문제가 심각하지 않으면 묵비권 같은 것을 사용할 필요가 없고 간단히 설명을 한다.

단순한 교통위반 상황이면 최선을 다해 일단 설명을 한다. 도심지가 아닐 경우 경찰들이 훨씬 친절한 경우가 많다.

다만 체류신분이 불명확하거나 불법 체류자에 대한 사법당국의 감시와 감독은 계속 강화되고 있는 만큼 조심하는 것이 좋다. 특히 교통과 관련해서는 과속, 음주운전과 같은 위법행위는 철저히 피하는 것이 경찰과의 대치하는 상황을 막을 수 있는 최상의 방법이다.

교통사고가 났을 때

교통사고는 누구에게나 일어날 수 있다. 따라서 자동차 운전자들은 사고 후에 발생할 수 있는 모든 법적인 문제에 대해 준비를 해두는 것이 현명하다. 만약 교통 사고가 났을 경우 원활한 수습을 위한 10가지 팁을 소개한다.

① 차를 즉시 멈추고 부상자를 돌본다

현행 교통법상 사고 시 사람이 다쳤거나, 어느 한쪽의 차가 상했을 경우 일단 운전을 중지하도록 되어있다. 차를 정지 시킨 후 부상자가 없나 살펴본다, 부상자가 있더라도 특별한 경우를 제외하고 섣불리 부상자를 움직여서는 안 된다.

② 더 이상의 추가 사고 방지에 주의한다.

사고 발생시 추가적인 사고를 예방하기 위해 뒷차량에 비상등, 삼각대 등으로 경고를 해야한다.

③ 뺑소니 방지

뺑소니를 방지하기 위해서 상대 차량의 번호판을 미리 적어 놓는 것이 중요하다. 또 카메라나 셀폰 등을 이용해 현장의 사진을 찍는 것도 중요하다. 자신의 차량은 물론 상대의 차량까지 다양한 각도에서 여러장 찍어두면 불필요한 논쟁을 예방할 수 있다.

④ 안전한 곳으로 이동

인명피해가 없다면 차량을 안전한 곳으로 이동시켜야 추가 사고를 막을 수 있다.

⑤ 경찰 신고

사고 발생 시 경찰에게 신고해야 한다. 경찰의 보고서가 있으면 사고의 원인과 책임소재를 정확하게 판단할 수 있다. 경찰 보고서는 만약 손해배상 청구 소송이 걸렸을 때 도움이 될 수 있다.

⑥ 상대방 신원 파악

상대방의 이름, 주소, 전화, 차량등록번호, 운전면허번호, 보험카드를 반드시 기록해두어야 한다.

⑦ 목격자 확보

목격자의 증언은 잘잘못을 가리는데 매우 중요한 역할을 한다. 사고가 났을 시 사고 상황을 증언해줄 목격자의 이름과 연락처를 확보하는 것이 중요하다.

⑧ 불필요한 언급을 삼갈 것

사고에 대해서는 변호사 이외에는 어느 사람에게도 잘잘못을 언급하지 말아야 한다. 현장에서 사실을 인정하는 발언을 삼가는 것이 좋다. 또 현장에서 경찰에 의해 체포를 당한다고 해서 반드시 잘못했다는 것을 뜻하지는 않는다. 이 때문에 사고에 대한 어떤 언급을 하는 것은 잘못을 인정하는 것으로 오해를 살 수 있다.

⑨ 보험회사 연락

사고 이후 들어있는 보험회사에 정확히 보고해야 한다. 차량을 수리해야 하거나 렌트카가 필요한 경우에도 보험사의 도움을 받는 것이 좋다. 가입한 보험에 따라 커버리지가 다를 수 있다.

⑩ 변호사 연락

교통사고 전문 변호사를 선임한다. 특히 인명 피해가 발생했을 경우 변호사에게 수습을 일임하는 것이 현명한 방법이다. 차량 수리비와 병원비는 물론 사고로 인한 피해 보상금까지 받을 수 있다. 한인 변호사 중에도 교통사고 전문 변호사들이 많이 있다. ⓙ

긴급전화 911

▶ 조지아주 경찰 (GA State Patrol) : 404-624-6077
▶ 연방 마샬 (US Marshals Service) : 404-331-6833

조지아 도로 표지판 익히기 [Road Sign]

 FEWER LANES AHEAD
우측차로 없어짐

 CROSSROAD
+ 자형 교차로

 DIVIDED HIGHWAY
중앙분리대 시작

 TWO WAY TRAFFIC
2방향 통행

 0,5마일후
고속도로 끝남

 WINDING ROAD
굽은도로

 RIGHT TURN
우회전도로

 STOP AHEAD
정지

 YIELD AHEAD
양보

 RAILROAD CROSSING
열차건널목

 4차선 철길

 SLIPPERY ROAD
미끄러운 길

 추월금지 지역

 MERGING LANE
차선이 합쳐짐

 THRU TRAFFIC MERGE LEFT
통과차선 좌측차선으로 합류

 LANE ENDS MERGE LEFT
차선이 끝나고 좌측차선 합쳐짐

 TRAFFIC SIGNAL
신호등

 BICYCLE TRAFFIC
자전거

 SCHOOL BUS STOP 400FT
400피트앞 스쿨버스 정류소

 PEDESTRIAN TRAFFIC
횡단보도

 ROAD NARROWS
길이 좁아짐

 PAVEMENT ENDS
포장도로 끝남

 SOFT SHOULDER
비포장 갓길

 SLIDE AREA
미끄러운 도로

 NARROW BRIDGE
좁은다리

 FLOODED
도로침수

 CROSS TRAFFIC AHEAD
전방에 교차로

 ROUGH ROAD
비포장 도로

 9 % GRADE
9도 경사로

 SCHOOL XING
학교 횡단보도

 DIRECTIONAL ARROW
좌방향

 TRUCK ROLLOVER REDUCE SPEED
트럭전복주의 감속

 SHARP TURN REDUCE SPEED
급커브 감속

 T-INTERSECTION
T 교차로

 SIGNAL AHEAD
전방에 신호등

REGULATORY SIGNS

 STOP
정지

 YIELD
양보

 WRONG WAY
진입금지

 DO NOT ENTER
출입금지

 NO LEFT TURN
좌회전 금지

 NO PARKING
주차금지

 NO U-TURN
유턴금지

 NO PARKING ANY TIME
절대 주차금지

DO NOT PASS
추월금지

RIGHT TURN ONLY
우회전 전용 차선

KEEP RIGHT
우측차선 유지

 KEEP LEFT
좌측방통행

 TWO WAY LEFT TURN ONLY
양방향 좌회전

 SLOWER TRAFFIC KEEP RIGHT
도로정체 우측차선 유지

조지아 도로 표지판 익히기 [Road Sign]

전방에 양방향 통행

빨간불 회전금지

파란불
비보호 좌회전

제한속도
50마일

우회전시
행인에게 양보

횡단보도 이용시
버튼을 누르세요

기차교차로

CENTER OR LEFT
TURN LANE
직진 혹은 좌회전

LEFT OR U-TURN
좌회전 혹은 유턴

CENTER OR RIGHT
TURN LANE
직진 혹은 우회전

회전금지

우측차선
우회전 전용

교통정체
대피차로를
이용하세요

구급차 전용
주차장

오르막길 교통에 양보

우측차선
출구전용

1/4마일 앞에
대피차로

자전거
전용도로

버스 · 카풀
차선입구

HOV FINE
유료차선 벌금부과

일방통행

ROAD CONSTRUCTION SIGNS 공사중표지

전방 공사중

전방 도로 폐쇄

갓길 폐쇄

전방에 1차선 도로

차선폐쇄

자갈길

전방 갓길 공사

공사인부 조심

차선폐쇄

FLAGMAN AHEAD
작업인부조심

SLOW MOVING
VEHICLE
서행

다음 출구를 이용

앞으로 5마일 구간
도로공사

우회로

GUIDE AND RECREATIONAL SIGNS

노면전차

AIRPORT
공항

북쪽 · 남쪽

카풀차선 입구

출구

자전거
전용도로

2마일 전방
중앙 분리대

주차장 겸
셔틀버스 정거장

DISABLED
장애인전용

TELEPHONE
공중전화

전기차
충전소

휴게소 1마일
다음휴게소 23마일

HOSPITAL
병원

CAMPING
캠핑

조지아 운전면허 시험 예상문제

1. 도로가 물에 젖은 경우 언제부터 미끄러 질 수 있는가?

A. 시속 40m

B. 시속 35m (정답)

C. 시속 45m

2. 고속도로 운전시 승용차나 트럭이 몰 수 있는 최고 속도는?

A. 시속 50마일

B. 시속 60마일

C. 시속 55마일 (정답)

3. 쌍방통행의 도로에서 깜박등을 켜고 학교 버스가 서있을 경우에는?

A. 학교버스가 다시 움직일때까지 정지해 있는다 (정답)

B. 우선 멈춤 후 경적을 울리며 천천히 지나간다

C. 20마일로 운전하며 천천히 지나간다

4. 도시나 마을에서 속도가 표시가 없는 경우, 제한속도는?

A. 시속 30마일 (정답)

B. 시속 25마일

C. 시속 35마일

5. 뒤차가 너무 바짝 따라올 때 운전자는?

A. 속력을 더 내어 뒤차와의 거리를 뗀다

B. 뒤차가 지나갈 수 있도록 속력을 줄인다 (정답)

C. 같은 속력을 유지하거나 뒤차가 지나갈 수 있도록 사인을 준다

6. 사거리에서 깜빡이는 노란 등의 의미는?

A. 신호등이 파란 불에서 빨간 불로 바뀌는중이므로 너무가까이 다가가 위험하지 않을 경우를 빼고는 서야 한다는 뜻

B. 천천히 주의하며 운전하라는 뜻 (정답)

C. 정지신호와 같다는 뜻

7. 법적으로 조지아에서 헤드라이트를 켜야 되는 시간은?

A. 해가 지거나 해가 뜰때

B. 해지기 1시간전과 해 뜨고 1시간 후

C. 해지고 30분 후와 해뜨기 30분전 (정답)

8. 운전시 차가 미끄러지는 경우에는?

A. 차가 미끄러지는 반대방향으로 핸들을 돌린다

B. 차가 미끄러지는 방향으로 핸들을 돌린다 (정답)

C. 핸들을 똑바로 잡고 가스를 더 밟는다

9. 개를 데리고 가거나 하얀 지팡이를 가지고 다니는 맹인을 보았을 경우

A. 다른 보행인과 같이 취급한다

B. 속력을 줄인다

C. 차를 정지하고 상대방의 피해가 없도록 양보한다 (정답)

10. 파란 화살표가 빨간 신호등과 같이 켜 있을 때 의미는?

A. 운전자는 차량을 정지하지 않고 화살신호가 가리키는 대로 운전할 수 있다 (정답)

B. 파란 화살 신호는 보행인을 위한 것이므로 운전자는 빨간 신호만 고려한다

C. 우선 차량을 정지하고 화살표 방향으로 갈 수 있다

11. 가장 안전한 운전자의 태도는?

A. 낮 시간 동안에만 운전한다

B. 다른 운전자의 행동에 주의한다 (정답)

C. 항상 천천히 운전한다

12. 조지아에서 무면허로 운전할 수 있는가?

A. 절대 운전할 수 없다 (정답)

B. 응급 시에는 운전할 수 있다

C. 경우에 따라 다르다

13. 언제 가장 길이 미끄러운가?

A. 비나 눈이 온 직후 (정답)

B. 1시간 이상 비나 눈이 내린 경우

C. 보슬비가 조금씩 내리는 경우

14. 운전면허증을 빼앗겼거나 취소된 경우에는?

A. 취소된 전 기간 동안 운전을 못한다 (정답)

B. 시험 없이 그 기간 중에 새 면허증이 발급된다

C. 만일 운전을 조심스럽게 한다면, 운전을 계속할 수 있다

15. 차 안에서 쓰레기를 버리면 누구의 잘못인가?

A. 운전자(정답)

B. 차량 보유자

C. 승객

16. 다음 중 주차금지 구역은?

A. 철길 50ft

B. 소화전 15ft

C. 둘 다 (정답)

17. 맞은 편에서 차가 헤드라이트를 켜고 오면 어디를 보고 운전하는가?

A. 전방의 먼 쪽을 응시한다

B. 차선의 왼쪽을 본다

C. 차선의 오른쪽을 본다 (정답)

18. 신호등이 파란 불에서 노란 불로 바뀔 때 운전자는?

A. 정지한 후 후진한다

B. 그냥 지나간다

C. 조심하여 천천히 지나간다 (정답)

19. 다음 중 맞는 경우는?

A. 고속도로 – 55마일 (정답)

B. 학교 앞 – 30마일

C. 주거지 – 60마일

20. 2차선 도로에서 언제 추월 금지인가?

A. 건널목 100 ft 이내

B. 다리, 고가도로 100 ft 이내

C. 둘 다 (정답)

21. 눈이나 비가 올 때 운전자는?

A. 상향 등을 켠다

B. 하향 등을 켠다 (정답)

C. 안개 등을 켠다

22. 운전 면허 시험의 주된 목적은?

A. 운전자의 수를 기록하기 위해서

B. 사고기록을 작성하기 위해서

C. 운전에 대한 능력과 지식, 기술을 결정하기 위해서 (정답)

23. 주와 주 사이 고속도로의 최고 속도는?

A. 55마일

B. 60마일

C. 70마일 (정답)

24. 타 주에서 이사온 경우 언제까지 신고하는가?

A. 15일 이내

B. 30일 이내 (정답)

C. 60일 이내

25. 3차선이나 5차선에서 주행 할 때 중앙선에 서게 되는 경우는?

A. 좌회전 하기 위하여 (정답)

B. 우회전 하기 위하여

C. 차선 변경을 하기 위하여

26. 고속도로에서는 주로 어느 차선에서 운전하는가?

A. 왼쪽 차선

B. 오른쪽 차선 (정답)

C. 오는 차선에 상관없이 운전한다

27. 신호등이 없는 교차로에서 어느 차가 우선권을 갖는가?

A. 운전자의 맞은편에 있는 차량

B. 운전자의 좌측에 있는 차량

C. 운전자의 우측에 있는 차량 (정답)

28. 철길 건널목에 바리게이트가 쳐 있을 때 어떻게 해야

하는가?

A. 바리게이트가 올라갈 때까지 기다린다 (정답)

B. 바리게이트를 우회하여 직진한다

C. 천천히 조심하며 지나간다

29. 고속도로를 진입할 때 어떻게 되는가?

A. 일단 정지 후 진입한다

B. 고속도로 속도에 맞춰 속도를 높이며 안전하게 진입한다 (정답)

C. 천천히 진입한다

30. 고속도로에서 출구를 지나쳤을 때는?

A. 후진하여 출구로 간다

B. 가장 가까운 비상 회전 지역에서 회전한다

C. 다음 출구에서 뒤돌아 간다 (정답)

31. 교차로에 정지선이 없는 경우 당신은 어디서 정지해야 하는가?

A. 정지선이 있으리라고 생각되는 지점에 정지한다

B. 모든 차량이 오는 것을 볼 수 있는 지점에서 정지한다 (정답)

C. 교차로 전방 50 ft 에서 정지한다

32. 도로 중앙에 표시된 두선의 노란 줄의 의미는?

A. 추월 금지 지역이라는 뜻 (정답)

B. 안전한 경우에는 추월해도 된다는 뜻

C. 위험 지구에 들어선다는 뜻

33. 오른쪽 바퀴가 갓길로 나갔을 때 운전자는?

A. 브레이크를 단단히 밟고 왼쪽으로 부드럽게 핸들을 돌린다

B. 엑세레이터에서 발을 떼고 부드럽게 왼쪽으로 핸들을 돌린다 (정답)

C. 브레이크를 단단히 밟고 완전히 정지한다

위 시험문제는 예상문제이며 운전면허 시험장에서 실제 출제되는 문제와 다를 수 있습니다.

애틀랜타 지역 시험장 안내
오픈시간 : 화~토 7:30AM~5PM

본부 : 404-657-9300
2206 Eastview Pkwy NE, Conyers, GA 30013

노크로스 : 770-840-2282
2211 Beaver Ruin Rd, Norcross, GA 30071

로렌스빌 : 770-995-6896
310 Hurricane Shoals Rd, N.E.,
Lawrenceville, GA 30046

샌디스프링 : 770-551-7373
8610 Roswell Rd, Suite 710
Atlanta, GA 30350

마리에타 : 770-528-3251
1605 County Services Pkwy,
Marietta, GA 30008

노스캅 : 770-528-3251
2800 Canton Rd, Marietta, GA 30066

포레스트파크 404-669-3977
5036 GA Hwy 85, Forest Park, GA 30297

소셜시큐리티 오피스 안내
오픈시간 : 월~금 8:30AM~3:30PM

노크로스 : 678-380-5827
4365 Shackle Ford Blvd, Norcross, GA 30093

다운타운 : 800-772-1213
401 W. Peachtree St, Atlanta, GA 30308

마리에타 : 770-424-4871
1395 S. Marietta Pkwy. Suite 130
Marietta, GA 30067

게인스빌 : 770-532-7506
1856 Thompson Bridge Rd. N.E. #7
Gainesville, GA 30501

2

조지아 주요도시

한인들 많이 사는 지역
주요 거점도시

1. 한인들 많이 사는 지역

(1) 애틀랜타 Atlanta

애틀랜타는 조지아의 주도이자 미국 동남부 최대 도시다. 시 면적은134스퀘어피트마일(Sqft Mile)이며 주변 메트로 애틀랜타 지역까지 합치면 8376스퀘어피트마일에 이른다. 빌딩숲으로 뒤덮인 미국의 다른 주요 도시와는 달리 애틀랜타는 '숲의 도시'로 유명하다. 애틀랜타 도심의 36%는 나무가 차지하고 있으며, '애틀랜타판 센트럴파크'로 불리는 피드몬트공원은 애틀랜타의 허파 구실을 하고 있다.

애틀랜타는 미국 남부의 경제, 교통의 중심지로 1996년 올림픽 개최를 계기로 비약적인 발전을 거듭했다. 본래 체로키 인디언이 살던 곳이었지만, 1935년 이후 원주민들을 대부분 쫓겨나고 백인들의 땅이 되었다.

1861년 남북전쟁이 터지자 남부연합의 최대 거점이었던 애틀랜타는 윌리엄 테쿰세 셔먼 장군이 이끈 북군에게 함락되면서 도시 전체가 잿더미가 됐다. 남북전쟁이 끝난 뒤 1867년부터 재건 사업이 시작되었고, 1868년 조지아주 주도로 지정됐다.

20세기 이후 애틀랜타는 흑백갈등과 민권운동의 중심지였다. 1960년대에는 마틴 루터 킹 목사가 애틀랜타를 중심으로 인종차별 철폐 운동을 벌였으며, 1973년 메이너드 잭슨이 최초의 흑인 시장으로 당선, 연임했다. 이어 앤드류 영 시장에 이어 다시 잭슨이 3번째로 시장에 당선됐고 이후 시장 자리는 빌 캠벨, 셜리 프랭클린 등을 거쳐 카심 리드가 2010년부터 8년간 시정을 이끌었으며, 60대 시장 케이샤 랜스 보텀스에 이어 2022년부터 안드레 디킨스 현 시장이 61대 시장으로 애틀랜타를 이끌고 있다.

애틀랜타는 금색 첨탑이 찬란하게 빛나는 조지아주 의사당을 비롯해 대부분의 주정부 청사가 들어서 있다. 주지사 관저는 영국 팝 가수 엘튼 존 등 상류층이 많이 거주하는 벅헤드의 웨스트 페이시스 페리로드에 있다.

애틀랜타의 하츠필드-잭슨 국제공항은 전 세계 공항 중 이용객이 가장 많은 '세계에서 가장 붐비는 공항'으로 미국의 허브공항으로 불린다. 애틀랜타를 대표하는 대중교통은 마르타(MARTA)라 불리는 시스템이다. 마르타 지하철 중 하나는 한인 밀집지역 인근인 도라빌까지 연결된다.

애틀랜타는 조지아 최다 인구의 도시이며 시 인구는 2022년 기준 53만2695명으로 추산된다. 인구 구성은 51%가 흑인이며 백인 41%, 아시안은 4.5% 선이다. 주변 메트로 애틀랜타 지역까지 포함하면 인구는 600만 명 이상으로 늘어난다.

애틀랜타는 남동부의 경제, 문화, 교통의 중심지로 코카콜라, 홈디포, 델타항공, UPS, 칙필에이 등 글로벌 대기업의 본사가 대거 자리 잡고 있다. 최근에는 영화, 오락 산업도 크게 발전하고 있으며 1300여 개의 다국적 기업이 진출해있다. 특히 영화 '바람과 함께 사라지다'의 무대로 유명한 애틀랜타는 '제2의 할리우드'로 거듭나고 있다.

애틀랜타 자매도시

영국, 뉴캐슬 어펀타인
(Newcastle Upon Tyne, United Kingdom)

벨기에, 브뤼셀 (Brussels, Belgium)

독일, 뉴렘베르크
(Nuremberg, Germany)

루마니아, 부카레스트
(Bucharest, Romania)

프랑스, 똘루즈
(Toulouse, Freance)

조지아, 티빌리시
(Tbilisi, Georgia)

스페인, 트리니다드 앤 토마고
(Port of Spain, Trinidad and Tonago)

그리스, 에이션트 올림피아
(Ancient Piympia, Greece)

자메이카, 몬테고 베이
(Montego Bay, Jamaica)

일본, 후쿠오카
(Fukuoka, Japan)

도미니카공화국, 살세도
(Salcedo, Dominncan Republic)

한국, 대구
(Daegu, Korea)

이스라엘, 라라나
(Ra'anana, Israel)

브라질, 리우데자네이로
(Rio de Janerio, Brazil)

베닌공화국, 코토누
(Botonou, Benin)

나이지리아, 라고스
(Lagos, Niegria)

대만, 타이페이
(Taipei, Taiwan)

> **대형 한인마켓이
> 모여 있는
> 조지아 최대
> 한인타운**

(2) 둘루스 Duluth

애틀랜타 북부에 위치한 둘루스는 명실상부 조지아 한인타운 중심지다. 한인 비즈니스가 집중해 있고 실제 거주하는 인구도 가장 많다. 애틀랜타 다운타운에서 I-85 고속도로타고 북쪽으로 20마일 정도 거리이며 104번 출구에서 나오면 한인타운 중심거리인 플레즌트 힐 로드(Pleasant Hill Rd)가 나온다. 전체 면적은 10스퀘어 마일(25.9㎢)이다. 채타후치강을 경계로 북서쪽에 존 스크릭과 스와니, 서쪽에 버클리 레이크 시와 접하고 있으며 남쪽은 노크로스 시, 동쪽은 로렌스빌이다.

'둘루스'라는 이름은 둘루스 경 다니엘 그레이솔론(Daniel Greysolon, Sieur duLhu)이라는 프랑스 탐험가에게서 유래됐다. 이곳 역시 본래 체로키 인디언 거주지였으나 1871년 철도가 들어서면서 목화 무역으로 독립된 도시로 성장했다. '올드 피치트리 로드'는 체로키 인디언들 길에서, '하웰 페리 로드'는 당시 목화상인 에반 하웰의 이름에서 따왔다.

둘루스가 한인 비즈니스 중심으로 급성장하게 된 것은 2004년 H마트가 들어선 게 결정적인 계기가 됐다. 플레즌트 힐 로드 주변으로 H마트 외에도 시온 마켓, 메가마트, 남대문 마켓 등 한인 마켓이 반경 1마일 안에 4개가 밀집해 있어 지금은 미 동남부 최대의 한인타운 역할을 하고 있다.

또 둘루스에는 수많은 식당과 커피 베이커리, 은행, 부동산, 여행사, 변호사, 융자 사무실 등 다양한 한인 비즈니스가 밀집해 있다. 뿐만 아니라 한때 둘루

스 상권의 중심이었던 '귀넷플레이스 몰' 재개발 사업이 완공되면 둘루스는
또 한 번 도약할 것으로 기대를 모은다.

둘루스 인구는 2023년 현재 약 3만 명에 이른다. 인구수로는 조지아 시티
중에서 40번째이며 미국에서 1299번째로 큰 도시다. 인구 44.3%는 백인,
25.4%가 아시안이며 흑인은 22.7%다. 2021년 기준 아시안 인구는 7459명으
로, 한인 인구는 2872명으로 집계됐다. 둘루스 거주민 10명 중 1명이 한인인
셈이다. 둘루스에는 맥대니얼팜 공원과 하웰 페리 공원, 카디널 레이크 등 공
원가 호수가 많아 여유로운 전원 생활도 즐길 수 있다.

(3) 스와니 Suwanee

귀넷 카운티 북쪽의 스와니 시는 존스크릭, 둘루스, 뷰포드와 함께 애틀랜타에서 한인들이 가장 선호하는 도시다. 둘루스 한인타운에서 멀지 않으면서도 비교적 합리적인 가격에 명문 학군이 배정된 주택을 구입할 수 있다는 점도 매력이다.

본래 체로키 원주민 거주지였으나, 1837년 우체국이 세워지면서 스와니시로 독립했다. 1880년대에 철도가 연결되면서 인구가 급증하기 시작했고, 1936년에는 뷰포드 하이웨이, 1960년에는 I-85 고속도로가 개통되면서 빠르게 발전했다. 1997년에는 현재의 시청과 광장이 세워지고 주민들의 문화 공간으로 자리 잡았다.

숲과 채터후치강이 어우러진 아름다운 풍경과 깨끗한 주택이 스와니의 자랑이다. 4마일 길이의 스와니크릭 그린웨이는 숲과 어우러진 그림 같은 풍경 덕분에 '조지아판 올레길'로 주목

받고 있다.

애틀랜타 다운타운에서 I-85 고속도로 111번 출구로 빠져 나와 로렌스빌-스와니로드를 따라가면 시청이 나온다. 뷰포드 하이웨이를 타고 북쪽으로 가다가 로렌스빌-스와니로드 교차로를 만나는 지점이 시청이다. 도시 면적은 10.88스퀘어마일(25.6㎢)이다.

스와니에는 I-85 109번 출구에 아씨플라자, 111번 출구에 H마트 스와니점이 있다. 이들 마켓을 중심으로 '제2의 한인상권'이 형성됐으며 지금도 꾸준히 한인 업소들이 들어서고 있다. 2022년 현재 인구는 2만1954명으로 추산한다. 이는 2010년 조사 당시 1만5355명에 비해 42.5% 가량 증가한 수치다. 인구의 62.1%가 백인, 20.7%가 아시안, 12.6%가 흑인이다.

지역 평판도 좋아 '미국에서 가장 살기 좋은 곳' 순위에서 늘 조지아 상위권에 들고 있으며, 센서스 자료와 주택 가치, 학군, 세금, 범죄율 등을 종합적으로 고려해 발표하는 살기 좋은 지역 순위에서도 메트로 애틀랜타 지역 20위권 안에 들어 있다.

> 학군 좋고
> 한인상권 밀집한
> 제2의 한인타운

(4) 존스크릭 Johns Creek

존스크릭은 깨끗한 거리와 주택, 잘 갖춰진 체육시설과 수준 높은 학군으로 조지아주 한인들이 가장 선호하는 도시 중 하나다.

풀턴카운티에 속한 스와니는 본래 채터후치 강을 중심으로 체로키 인디언들이 살던 곳이다. 도시의 길 이름 상당수는 이곳에 처음 정착한 로저스, 맥기니스, 메드락, 핀들리 등 개척민들의 이름을 딴 것이다. 1981년부터 조지아텍 출신 과학자들이 메드락브릿지로드 인근의 땅을 매입해 복합산업단지 '테크놀로지 파크'를 조성하면서 전문직 종사자들이 모이기 시작했으며, 2006년 주민투표를 통해 존스크릭 시로 정식 출범했다. '존스크릭'이라는 이름은 도시 한 가운데를 관통하는 강 이름에서 따왔다.

동남쪽으로 둘루스, 스와니시와 접하고 있으며 북서쪽으로는 라즈웰과 알파레타를 경계선으로 하고 있다. 도시 넓이는 32스퀘어마일(80㎢)이다.

2022년 기준 인구는 8만 5356명으로 조지아주에서 10번째로 큰 도시다. 2010년 7만 6728명의 인구를 기록한 이후 11.24%가 늘었다. 인구의 56.8%가 백인, 아시안이 26.46%로 두 번째를 차지한다. 이어 흑인 12.2%가 거주하고 있다. 주민들은 평균 소득이 높아 조지아의 대표적인 부촌으로 꼽힌다. 아시안 인구 중에서는 인도계가 가장 많으며 그 뒤를 중국계가 잇고 있다. 한인은 약 2000명 가까이 될 것으로 추산되고 있다.

존스크릭은 인구 구성면에서 인종적 균형을 잘 이루고 있으며, 범죄율도 낮다. 또 각종 레스토랑 체인들도 곳곳에 입점해있다. 명문 학군 이외에도 다양한 레저시설로과 문화시설로 정평이 나 있다. 이런 이유들로 존스크릭은 매년 여러 매체에서 조사한 '전국에서 살기 좋은 도시'에 손꼽힌다.

메드락브릿지 로드에는 H마트 존스크릭점이 있으며 한인상권도 꽤 형성돼 있다.

> 소득 높고
> 학군 뛰어난
> 부촌동네
> 풀턴카운티

(5) 도라빌 Doraville

애틀랜타의 '올드 한인타운'이라고 할 수 있는 도라빌은 '제2의 부흥'을 노리는 도시다.

애틀랜타가 성장하면서 도라빌이 메트로 생활권에 포함되자, 중산층 백인들은 전원생활과 더 나은 교육 환경을 찾아 북쪽으로 이주하기 시작했다. 백인들이 떠난 자리는 한인 등 이민자들이 메웠다. 2020년 센서스 결과 도라빌 인구는 1만623명으로 이중 64.6%가 백인이며 아시안은 15.9%, 흑인은 6.2%였다. 1987년부터 도라빌 뷰포드 하이웨이를 중심으로 '뷰포드 한인타운'이 형성됐다. 타주 소매상들에게 상품을 판매하는 아시안 식품점, 가발 가게, 뷰티 서플라이 등 도매상이 주종이었다. 1996년 애틀랜타 올림픽이 개최되면서 도라빌 한인타운은 전성기를 맞았다. 올림픽을 계기로 I-75, I-85, 400번 도로 북쪽 등이 개발되면서 대형 주택 단지와 쇼핑몰이 생겼고, 한인 상권 대형화와 다양화가 이뤄지면서 한인 상권은 더욱 커졌다. 1997년에는 도라빌 한인회관이 문을 열면서 명실상부 한인타운 중심지가 됐다.

도라빌은 I-85와 I-285, 뷰포드 하이웨이, 피치트리 인더스트리얼 불러바드가 교차하는 교통의 요지이다. 도라빌 옛 GM공장 인근에는 지하철 마르타 골드라인 종점이 있다. 이 노선은 애틀랜타 다운타운을 거쳐 애틀랜타 공항까지 이어진다. 도라빌의 면적은 3.6스퀘어마일(9.3㎢)이다.

도라빌시는 버려졌던 GM 공장 부지를 '스튜디오 시티'라 불리는 복합단지 개발키로 하고 프로젝트를 진행 중이다. 이는 아파트, 타운하우스, 호텔, 오피스, 식당, 소매 공간이 들어서는 초대형 프로젝트다.

도라빌은 한인들에겐 고향 같은 곳이다. 한인타운 중심이 둘루스로 이동했지만 '올드 한인타운'으로서 도라빌의 위상은 여전히 확고하다. 메트로시티은행, 제일IC은행 등 주요 한인은행 본점도 도라빌에 있다. 오래된 한인 사업체도 이곳에서 수십 년씩 영업할 정도로 전통이 있다. H마트 도라빌점과 뷰포드 파머스마켓(창고식품)을 중심으로 아시안 상권이 형성돼 한국 식품과 상품 구매가 편리하다.

(6) 로렌스빌 Lawrenceville

로렌스빌은 귀넷카운티의 행정 수도다. 1821년 출범한, 귀넷카운티에서 가장 오래된 도시이며, 메트로 애틀랜타 지역에서도 두 번째로 오래된 도시다. 도시 이름은 미영전쟁의 영웅인 제임스 로렌스 제독에서 비롯됐다.

면적은 13.1스퀘어마일(34㎢)이며 애틀랜타 북쪽으로 I-85를 타고 30마일 정도 올라가면 로렌스빌이 나온다. 둘루스, 스와니와 인접해 한인 상권과도 가깝다. 한인들에게 일명 '처치로드'로 불리는 GA-120, 스넬빌을 연결하는 GA-124(시닉 하이웨이) 등이 시를 관통한다. 귀넷카운티의 유일한 공항인 브리스코 공항도 로렌스빌에 있다. 자가용비행기 위주로 낮에만 운영하지만 가끔 상업용 비행기가 오가기도 한다.

인구는 2022년 기준 3만4천 여명이며 이는 2010년 당시 2만8546명의 인구를 기록한 인구조사 이후 20.1%가 늘어난 수치다. 42.4%가 백인, 37.6%가 흑인, 6.1%가 아시안이며 기타 인종은 9.7%다.

로렌스빌에 있는 귀넷수학과학기술고(귀넷과기고)는 조지아 뿐 아니라 미국 내에서도 손꼽히는 명문고다. 또한 귀넷 테크니컬 칼리지(일명 귀넷텍)와 조지아 귀넷칼리지 등 2개 대학이 로렌스빌에 위치해 있다. 귀넷텍은 2년제 커뮤니티 칼리지로 일자리를 위한 실무교육에 초점을 맞추고 저렴한 학비로 양

질의 교육을 받을 수 있다. 조지아 귀넷칼리지는 2006년에 개교한 4년제 대학이다.

로렌스빌은 귀넷 카운티의 정치와 행정 중심지이다. 로렌스빌 다운타운에는 법원이, 316도로에는 귀넷 셰리프국과 구치소가 있다. 명문 야구 구단인 애틀랜타 브레이브스의 마이너리그 팀인 귀넷 브레이브스의 홈구장 '쿨레이필드'가 있어 야구팬들이 즐겨 찾는다.

귀넷 카운티

로렌스빌이 행정 수도인 귀넷카운티는 조지아에서 한인들이 가장 많이 사는 카운티다. 한인 상권 중심인 둘루스와 스와니, 뷰포드, 노크로스가 모두 귀넷카운티에 포함돼 있다. 아시안 이민자들이 몰리면서 2020년 센서스 때 인구는 10년 전에 비해 14% 가까이 늘어 아시안 비율이 포사이스 카운티에 이어 조지아주에선 두 번째로 높다. 아시안은 한인 외에 중국계, 베트남계, 인도계 주민이 많다. 이 때문에 귀넷카운티는 조지아주 다양성의 상징처럼 인식되고 있는 카운티다. 귀넷이라는 이름은 버튼 귀넷(Button Gwinnett, 1735~1777, 사진)이라는 사람 이름에서 유래됐다. 그는 영국과의 독립전쟁이 발발하자 조지아를 대표해 대륙회의에 참석했던 사람이다. 그 때 국 독립선언서에 조지아 대표로 서명함으로써 '미국 건국의 아버지' 56명 중 한 명이 됐다.

(7) 뷰포드 Buford

뷰포드는 숲과 호수가 어우러진 전형적인 도시였지만 지금은 신흥 주택 개발
지로 주목을 받고 있다. 최근에는 쇼핑 중심지로서도 도약하고 있다.

귀넷카운티의 다른 도시들처럼 이곳도 원주민 체로키 인디언들 땅이었지만
1818년 개척민들이 정착하면서 백인 거주지가 됐다.

귀넷카운티의 가장 북쪽에 위치해 있으며 I-85와 I-985 고속도로가 만나는
교통의 요지다. 애틀랜타 다운타운에서 30여 마일 정도 거리이며 바로 아래
로 한인 밀집지역인 스와니와 인접하고 있다. 도시 넓이는 17.5스퀘어마일
(45.3㎢)이다.

인구는 2022년 기준 1만6600 여명으로 추산된다. 인구의 68.5%는 백인,
15%는 흑인이다. 아시안은 3.3%, 기타 10.3% 등으로 구성돼 있다.

스와니와 둘루스보다는 상대적으로 집값이 저렴하기 때문에 한인들도 최근
많이 이주하고 있다. 요즘 귀넷카운티에서 새로 개발되는 주택단지는 주로 뷰
포드와 그 인접 지역인 대큘라, 커밍, 브래즐튼 등지에 몰려있다.

뷰포드 북쪽에 위치한 레이크 래니어는 메트로 애틀랜타 지역의 대표적 휴양
지로, 낚시와 수영을 즐기는 사람들로 붐빈다. 호수 중심부에 있는 레이크 래
니어 아일랜드는 여름에는 야외 풀장과 유원지로, 겨울에는 '매직 나이트 오

브 라이트'라는 크리스마스 쇼로 유명하다.

레이크 래니어의 물을 가두고 있는 뷰포드댐은 주변이 잘 다듬어진 공원으로 탁 트인 경관과 시원한 호수 덕분에 한인들의 단골 산책, 피크닉 코스로 인기가 높다.

1999년 문을 연 '몰 오브 조지아'는 178만스퀘어피트(16㎢)에 달하는 부지에 백화점과 아이맥스 극장 등 수백여 개 업소가 입점해 있는 조지아주 최대 쇼핑몰이다.

(8) 노크로스 Norcross

노크로스는 전통적 남부 분위기와 아시안 비즈니스가 어우러진 독특한 분위기를 연출하고 있다. 귀넷카운티에서 로렌스빌에 이어 두 번째로 오래된 도시이며 역사 유적지로 지정돼 있다.

도시 이름은 1850년 애틀랜타 제 4대 시장이었던 조너선 노크로스(Jonathan Norcross, 1808~1898)에서 따왔다.

노크로스의 면적은 4.1스퀘어마일(11㎢)이다. 바로 북쪽으로 둘루스가, 아래 남쪽으로는 도라빌이 있어 한인들도 많이 산다. 애틀랜타 다운타운에서 I-85 고속도로를 타고 15마일 정도 북쪽으로 올라가면 나온다. I-85 101번 출구에는 대중교통 이용자를 위한 '파크앤라이드'가 있고 I-85 99번 출구 지미 카터 블러바드에 있는 '홍콩수퍼마켓'을 중심으로 중국과 베트남 상권이 들어서 있다.

노크로스는 히스패닉계 비율이 높은 도시다. 2022년 노크로스 인구는 1만 6679명이다. 2010년 1만 5008명에 비해 1500명 가량 늘었다. 인종 구성은 백인 36.94%, 흑인 24.79%, 아시안 10.18%, 기타 24.67%로 나타난다.

노크로스엔 유명 식당 체인점 와플하우스, 운동화 제조회사 애슬리트풋 등 다양한 기업의 본사가 있다. 최근 조지아주 영화 산업이 각광을 받으면서 촬영지로도 주목받고 있다.

노크로스 브룩 할로우 파크웨이(5900 Brook Hollow Parkway)에 있는 애틀랜타 한인회관은 9.2에이커 부지에 2층 건물(4만6200평방미터) 크기로 해외 한인사회 한인회관 중 가장 큰 규모를 자랑한다.

(9) 커밍 Cumming

깨끗한 주택과 자연을 갖춘 커밍은 수년 새 한인 등 아시안 인구가 몰리기 시작한 도시다. 포사이스 카운티에 속하며 커밍이라는 이름은 1812년 미-영전쟁 당시의 영웅인 윌리엄 커밍 대령에서 따왔다.

1928년 금광이 발견된 달로네가의 '골드러시'를 계기로 개척민들이 대거 이주하면서 도시가 성장했으며 1900년대 흑백 간 인종 충돌이후 사실상 '백인 마을'이 됐다.

1993년 GA 400번 도로가 개통되면서 애틀랜타 도심 접근성이 좋아지면서 은퇴한 백인 부유층이 풍광 좋은 레이크 래니어 인근에 별장을 대거 구입하면서 애틀랜타의 준 교외(Exurbs) 지역으로도 주목받고 있다.

도시 크기는 5.9스퀘어마일(15㎢)이다. 메드락 브리지 로드를 경계선으로 풀턴카운티 존스크릭, 귀넷카운티 스와니 시와 접하고 있다. 둘루스, 스와니, 존스크릭 한인타운과 자동차로 10~20분 거리로 가깝다.

인구는 2020년 센서스 기준으로 7300여명으로 조지아내 621개 시티 중 136번째에 해당한다. 이중 백인이 54.6%로 가장 많고 히스패닉 인구가 28.8%, 그 다음이 아시안 8%다. 흑인이 6% 내외에 머물러 있다. 갓 지은 새 집을 상대적으로 저렴한 가격에 살 수 있는 곳으로 한인들도 많이 이주하고 있다. 풀턴이나 귀넷 카운티에 비해 낮은 포사이스 카운티의 재산세율도 커밍의 매력이다.

뷰포드댐과 레이크 래니어 호수는 커밍 주민들의 전원 휴식장소로 주목받고 있다. 뷰포드댐은 한인들이 선호하는 대표적 산책로이며, 레이크 래니어는 보트나 수상스키 등 각종 수상 레저를 즐길 수 있는 곳이다.

> 한인 등
> 아시안 급증하는
> 전통 백인 도시

(10) 알파레타 Alpharetta

애틀랜타 북쪽 교통의 요지에 자리잡은 알파레타는 고급쇼핑몰과 연예인 저택, 그리고 외국기업 진출지로 각광받는 곳이다. 1858년 정식 출범했으며 한때 밀턴 카운티의 중심지였지만, 1931년 대공황으로 인해 밀턴 카운티가 해체되면서, 풀턴 카운티로 편입됐다.

알파레타는 조지아 400번(GA 400) 도로를 끼고 있는 교통의 요지다. 둘루스 한인타운 중심 도로인 플레즌트힐 로드(Pleasant Hill Rd)를 타고 올라가면 올드 밀턴 로드(Old Milton Rd)로 바뀌면서 알파레타에 접어든다. 도시 넓이는 26.9스퀘어마일(69.7㎢)이다.

인구는 2022년 기준 약 7만 명으로 추산된다. 인구의 63.3%가 백인이며 아시안 20.4%, 흑인 12% 선이다. 주민 중간 연령은 39.6세로 전국 중간치(38.1세)보다 어리다.

알파레타는 존스크릭과 함께 애틀랜타에서 가장 집값이 비싼 지역으로 꼽힌다. 동쪽은 전통적 백인 거주지역으로 주택이 밀집하고 서쪽에는 골프장과 목장을 낀 고급 대저택들이 있다. 유서 깊은 도시인만큼 커뮤니티 분위기와 공공서비스, 시설 등이 매우 우수하다.

1993년 조성된 86에이커(35헥타르) 규모의 대형쇼핑몰 '노스포인트몰'(North Point Mall)이 지역경제를 견인하고 있으며 2014년 400번 도로 인근에 대형 주상복합 쇼핑몰 '아발론'(Avalon)이 문을 열며 알파레타의 메카로 급부상했다.

86에이커(35헥타르)규모의 아발론은 유명 소매업체와 식당, 210채의 콘도가 들어서 애틀랜타의 새로운 쇼핑 명소로 각광받고 있다.

서쪽 고급주택가는 유명 연예인, 스포츠맨이 사는 곳으로 유명하다.

(11) 던우디 Dunwoody

고층빌딩이 즐비한 던우디는 애틀랜타 북쪽에 위치한 신흥 도시로 모던한 삶을 선호하는 이들이 선호하는 도시다.

던우디라는 지명은 남북전쟁 당시 남군 장교였던 찰스 던우디 대위 이름에서 유래됐다. 원래 풀턴 카운티에 속했지만 2007년 주민 투표를 거쳐 새로운 독립 시가 되었다.

던우디는 I-285와 GA400(일명 400번 도로), 피치트리 인더스트리얼 블러바드가 교차하는 교통의 요지다. 애틀랜타 다운타운과 가까우며 상업 요충지 벅헤드와도 지근 거리에 있다. 애틀랜타 다운타운을 오가는 마르타역이 있어 대중교통도 편리하다. 도시 면적은 13.7스퀘어마일(35㎢)이다.

2023년 현재 인구는 약 4만 9000명이며 주민의 65%는 백인, 18.1%는 아시아계, 12.1%는 흑인이다. 애틀랜타 다운타운 지역에 위치한 회사에 다니는 직장인들이 살기 편하고, 조지아텍이나 조지아 페리미터 칼리지(GPC), 에모리대 등의 대학 교직원이나 학생도 많이 산다. 도라빌 한인 상권이 인접해 있어 한인들도 꽤 살고 있다.

던우디 한복판에 자리 잡은 페리미터 센터는 1971년 문을 연 유서 깊은 쇼핑몰로, 뷰포드에 몰 오브 조지아(Mall of Georgia)가 등장하기 전에는 조지아주에서 가장 유명한 쇼핑몰이었다.

(12) 마리에타 Marietta

마리에타는 캅카운티(Cobb County)의 중심 도시이자 애틀랜타를 대표하는 베드타운 중 하나다. 마리에타라는 이름은 캅카운티를 세운 토마스 윌스 캅 연방 상원의원의 아내 이름에서 유래했다.

1824년 세워진 유서 깊은 도시로 록히드마틴 전투기 생산 공장과 공군 도빈스 기지가 이곳에 있다.

북서쪽으로 케네소, 남동쪽으로 샌디스프링스와 접하고 있으며 애틀랜타 다운타운에서 I-75를 타고 20마일 정도 올라가면 나온다. 도시 면적은 23.1스퀘어마일(59.8㎢)이다. 도라빌 한인상권까지는 20분 정도 걸린다.

2022년 기준으로 인구는 6만1500여명이며 55%는 백인, 30.5%는 흑인이다. 아시아계는 2.6% 정도다. 학군과 치안, 교통 등 편리한 점이 많아 존스크릭, 둘루스 등이 한인타운이 되기 전에는 한인들도 마리에타에 많이 거주했다.

볼거리로는 마리에타 중심가가 자리 잡은 '역사박물관'과 '바람과 함께 사라지다 박물관'이 유명하다.

또 메이저리그(MLB) 애틀랜타 브레이브스의 홈구장인 '트루이스트 파크'가 위치해 애틀랜타 스포츠 중심지로 거듭나고 있다. 경기장 옆에 있는 더 배터

리 애틀랜타(The Battery Atlanta)는 365일 엔터테인먼트를 즐길 수 있는 캅
카운티의 새로운 랜드마크로 성장하고 있다.

클린턴 대통령 당시 하원의장을 맡았던 뉴트 깅그리치, 영화 '터미네이터2'의
배우 로버트 패트릭이 마리에타 출신이다.

마리에타의 월튼 고등학교에서는 2003년 짐 캐리 주연의 영화 '덤앤 더머'가
촬영되기도 했다.

캅카운티

마리에타가 속한 캅카운티(Cobb County)는 풀턴, 귀넷, 디캡 카운티와 함께 메트로 애틀
랜타를 구성하는 빅4 카운티 중 하나다. 1832년에 설립됐으며 마리에타가 중심 도시다. 캅
카운티 이름은 연방 상원의원을 역임한 토머스 윌리스 캅(Thomas Willis Cobb)에서 따 왔
다. 마리에타 시 이름도 그의 아내 메어리 패간(Mary Phagan, 사진)에서 유래했다고 한다.
캅카운티는 남북전쟁 격전지 케네소 마운틴과 미국 유수의 방위산업체 록히드 마틴의 폭격
기 생산 공장이 있는 곳으로도 유명하다. 메이저리그 야구팀 애틀랜타 브레이브스의 홈구장
도 마리에타에 있다. 2023년 현재 캅카운티 인구는 약 77만 명이며, 백인이 48.2%, 흑인
26.1%, 히스패닉(라티노) 14.5%이며 아시안은 5.6% 선다.

(13) 샌디 스프링스 Sandy Springs

샌디스프링스(Sandy Springs)는 벅헤드와 함께 애틀랜타 인근의 대표적인 부촌으로 꼽힌다. 동쪽은 던우디, 북쪽은 라즈웰이며 채터후치강 건너 마리에타와 인접해 있다. 남쪽은 애틀랜타에 속한 부촌 벅헤드다. I-285와 I-75, GA-400 고속도로가 지나거나 인접해 있어 교통이 편리하고, 채터후치 강을 끼고 있어 자연환경도 탁월하다.

2005년 풀턴카운티에서 분리 독립했으며 다른 도시들과 달리 민간이 운영하는 지방자치단체라는 점이 특이하다. 이곳 주민들은 자신이 내는 세금이 자신들을 위해 쓰이지 않는다는 데 큰 불만을 갖고 있었다. 논란 끝에 독자적인 시를 꾸리기로 의견이 모아졌고, 주민투표 결과 94%라는 압도적 찬성으로 풀턴카운티에서 분리 독립했다.

시 승격 후 행정과 공공서비스를 민간에 위탁한 덕분에 시 정부 운영비용을 크게 줄였다. 대신 서비스의 질은 오히려 개선됐고 주민들의 만족도도 크게 높아졌다. 요즘 애틀랜타에 속한 벅헤드 등 일부 부자 동네들이 자꾸 독립 시로 분리해 나가려는 것도 샌디스프링스의 이런 성공과 무관하진 않다.

샌디스프링스 인구는 시 승격 전인 2005년 9만 명 아래에서 2023년에는 11만 명 가까이로 늘었다. 의사, 변호사, 전문 경영인 등 고소득 전문인들이 많이 거주한다. UPS와 콕스(Cox) 커뮤니케이션즈, 머시디스 벤츠 USA 본사가 이곳에 있다.

채터후치 강 주변으로 큰 저택들이 밀집해 있으며 대한민국 애틀랜타 총영사관저도 이곳에 있다. 채터후치 강 국립 레크리에이션 지역, 모건 폴스 오버룩 파크, 애버내티 그린웨이, 아일랜드 포드 파크웨이 등 강이 흐르는 모습을 볼수 있는 공원들이 조성되어 있다.

(14) 해밀턴밀 Hamilton Mill

해밀턴밀(Hamilton Mill)은 귀넷 카운티 대큘라와 브래즐턴에 걸쳐 있는 신흥 커뮤니티로, 최근 한인들이 많이 이주하면서 급성장하고 있다.

최근 해밀턴밀은 불과 30년 전만 해도 플랜테이션 농장이 있는 농촌 지역이었다. 1989년 영화배우 킴 베이싱어가 이곳 땅 2000에이커를 2000만 달러에 구입하면서 전국의 주목을 끌게 됐다.

해밀턴밀은 일종의 주민자치단체로, 아직 귀넷카운티가 행정구역으로 인정한 건 아니다. 하지만 최근 급성장하고 있는 만큼 시로 정식 승격될 가능성이 꾸준히 거론되고 있다.

해밀턴밀은 I-85 120~126번 출구로 나가면 나온다. 또 지난 2021년 11월 118번 출구가 새로 개통되면서 해밀턴밀 이남 대큘라 방면 주민들의 생활도 매우 편리해졌다. 규모나 시설로 귀넷카운티의 대표적 공원 중 하나로 꼽히는 멀베리 공원(Mulberry Park)도 가까이 있어 주민들의 여가공간으로 인기를 모은다.

해밀턴밀은 그림 같은 전원 속에 펼쳐지는 골프장과 와이너리 등이 있어 '애틀랜타의 나파밸리'로 불린다. 한인 골퍼들에게 잘 알려진 샤토 앨런 골프장을 낀 고급 주택 단지가 있어, 골프와 전원생활을 찾는 한인들에게 인기다. 샤토 앨런은 포도밭과 와이너리, 리조트 호텔을 갖추고 있는 고급 골프클럽으로 프랑스식의 거대한 성을 연상케 하는 와이너리다.

신흥 도시답게 주민 편의시설도 최신식이다. 2010년 개관한 해밀턴밀 도서관은 740만 달러의 예산을 투입해 준공한 2만 스퀘어피트 규모의 도서관이다. 2015년에는 종합병원 노스조지아 헬스시스템이 문을 열었다. 해밀턴밀, 브래즐턴, 대큘라 등이 모두 스와니 한인 상권에서 자동차로 불과 10여 분 거리에 있어 한인들이 살기에도 불편함이 없다.

> 골프장·공원과
> 와이너리가
> 몰려 있는
> 교외 주택단지

(15) 플라워리 브랜치 Flowery Branch

플라워리 브랜치는 조지아주 홀카운티(Hall County)에 속한 작은 도시다. 이 지역 원주민이었던 체로키 부족은 이곳을 '가지 위의 꽃'을 의미하는 '아나굴르스키(Anaguluskee)'라고 불렀다. 플라워리 브랜치는 이것을 영어로 옮긴 것이다. 초기 백인 정착민들은 이곳을 '블라썸 크리크(Blossome Creek)'라고도 불렀다.

뷰포드와 게인스빌 사이에 위치해 있으며 메트로 애틀랜타 지역의 마지막 붐 타운으로 불린다. I-985 12번 출구를 중심으로 서쪽으로는 래니어 호수가, 동쪽으로는 I-85가 닿는다. 농장 중심의 한가한 시골 도시에서 탈피해 곳곳에 주택가가 형성되면서 발전하고 있고, 최근 몇년 새 신규 주택 단지가 급증하면서 주목받고 있다.

애틀랜타 도심에서 차로 약 45분 거리(40마일)에 있어 다소 멀지만 한인 밀집 지역인 귀넷카운티와는 인접해 둘루스나 스와니 한인 상권 이용에도 무리가 없다. 도시 면적은 7.1스퀘어마일(18.4㎢)이다.

2022년 플라워리 브랜치 인구는 9600 여명으로 추산됐다. 이는 2010년 센서스 조사 때에 비해 무려 70% 가까이 증가한 수치다. 인구 구성은 백인이 83.5%로 절대 다수를 차지하며 흑인 8.1%, 아시아계 2.5% 등이다. 한인 인구도 통계는 잡혀있지 않지만 이 지역 주택 매입자가 꾸준히 늘어나고 있다는 게 한인 부동산 업계의 분석이다.

NFL 애틀랜타 팰컨스의 훈련 캠프가 이곳에 있고 촉촉한 식빵으로 유명한 메이커 '킹스하와이안'의 대규모 유통 센터와 사탕과 껌을 생산 판매하는 제과 업체 리글리(Wrigley) 생산 공장도 있다.

> "
> 신축주택이
> 늘고 있는
> 애틀랜타 '붐 타운'
> "

(16) 라그란지 La Grange

1828년 설립된 라그란지는 200년 가까운 역사를 자랑하는 트룹카운티의 행정 수도다. 라그란지란 도시명은 1825년 조지아주를 방문한 프랑스군 라파예트 공작을 기리는 데서 비롯됐다. 그는 미국 독립전쟁 당시 미국과 함께 영국을 상대로 싸웠던 영웅이다.

애틀랜타 다운타운으로부터 1시간 거리(68마일·109km), 앨라배마 몽고메리로부터 1시간 30분 거리(96마일·154km)에 있다. 시 면적은 112.8마일(181.5km²)이다.

도시 서쪽에는 라그란지-캘러웨이 공항이 있다. 캘러웨이는 라그란지의 오랜 유지였던 가문 이름이다.

조지아 남부와 앨라배마 일대에서 가장 큰 정원이자 리조트 단지인 캘러웨이 가든도 라그란지 남쪽으로 그리 멀지 않은 곳에 있다. 유명한 골프용품 제조업체 설립자 캘러웨이도 이곳 출신이다.

과거 철도 교통 중심지였던 라그란지는 지금은 육상 교통의 중심이기도 하다. 조지아 애틀랜타와 앨라배마 몽고메리를 잇는 I-85와 조지아 남부 도시 콜럼버스로 내려가는 I-185가 교차하고 있다.

라그란지는 2010년에 설립된 웨스트포인트의 기아자동차 조지아 공장과는 불과 10분 거리이며 현대자동차 앨라배마 공장에서도 1시간 거리여서 이들 회사나 협력업체 한국 직원들이 많이 거주하고 있다. 또 리버데일 H마트, 도라빌 한인 상권까지 차로 1시간 정도면 갈 수 있다.

> 조지아 기아차
> 공장에서 가까운
> 애틀랜타 남쪽 도시

(17) 뉴난 Newnan

1828년 처음 도시가 설립됐으며 도시 이름은 노스캐롤라이나 출신 장군 대니얼 뉴난에서 따왔다. 노예를 이용한 목화 농사가 번창하면서 의사, 변호사 등 전문직 종사자들이 모이는 행정 및 산업 중심 도시로 발달했으며 남북전쟁 때는 북군에 맞서 싸운 남부연합군의 중심 도시였다.

I-85 고속도로 41~47번 출구 사이에 위치하며 애틀랜타 다운타운에서 남서쪽으로 40마일(64km) 떨어져 있다. 애틀랜타 공항 근처 리버데일 H마트가 멀지 않고, 도라빌 한인 상권까지도 차로 1시간 안에 갈 수 있다. 남쪽으로 조지아 제 2의 도시인 콜럼버스와도 1시간 미만 거리여서 문화생활을 누리기에도 나쁘지 않다. 웨스트조지아대학과 웨스트조지아기술대학이 이곳에 있으며 머서대학 평생교육 캠퍼스도 뉴난에 있다.

2022년 기준으로 뉴난의 인구는 4만 7000명에 가까우며 59.5%가 백인, 32%가 흑인이다. 아시아계는 4%가 조금 넘는다.

뉴난은 남북전쟁 당시 건물을 그대로 보존하고 있어 사극 영화나 드라마 촬영지로도 주목받고 있다. 제시카 탠디, 캐시 베이츠 주연의 아카데미 후보작 '프라이드 그린 토마토'가 이곳에서 촬영됐다. 인기드라마 '워킹데드'와 '좀비랜드', '기묘한 이야기' 등의 촬영지로도 잘 알려져 있다. 기아차 조지아 공장과 애틀랜타 와의 중간 지점으로 기아차 및 관련 업체로 출퇴근하는 한인들이 거주하기 시작하면서 한인교회도 다수 생겨났다.

> 애틀랜타 남쪽
> 남북전쟁 자취
> 그대로 남아 있어

(18) 케네소 Kennesaw

칸카운티, 마리에타 북쪽 −75 고속도로 주변에 위치한 도시다. 패밀리 매거진이 선정한 가족들이 거주하기 좋은 10대 도시에 선정되기도 했다. 남북전쟁의 치열한 전장이었던 케네소 마운틴 배틀필드가 근처에 있다.

매년 다양한 페스티벌이 볼거리다. 특히 매년 4월 다운타운에서 열리는 빅 샨티(Big Shanty) 페스티벌은 200여명의 예술가들이 참가하며 조지아 전역에서 6만여명이 참가하는 대규모 페스티벌로 주목을 받고 있다. 또 조지아 주립대학인 케네소대에는 한인 교수들이 많으며 한국 유학생도 다수 재학하고 있다. ❶

2. 주요 거점도시

(1) 어거스타 Augusta

어거스타는 조지아 중부 동쪽 끝, 사바나 강변에 자리 잡고 있다. 강을 건너면 바로 사우스캐롤라이나 땅이다. 애틀랜타에서 동쪽으로 약 140마일. I-20번 고속도로를 타면 두 시간 남짓 거리다. 한인들에겐 PGA 마스터스 골프 개최지로 친숙한 곳이다.

애틀랜타를 비롯한 조지아의 많은 도시들이 남북전쟁 때 파괴됐지만 어거스타는 무사했다. 남부 면화 산업의 중심이라는 전략적 위치 덕분이었다. 지금도 19세기 초중반 고풍스러운 옛 건물이 꽤 많이 볼 수 있다.

어거스타는 영국 식민지 시대였던 1736년에 설립됐다. 1733년에 건설된 사바나에 이어 조지아에선 두 번째로 오래된 도시다. 어거스타라는 이름은 영국 국왕 조지 3세의 어머니이자 웨일스 왕자 프레드릭의 신부였던 어거스타 공주(1719~1772)에게서 유래했다.

어거스타는 도시 자체만으로는 조지아 세 번째 도시다. 2020년 센서스에 따르면 인구 순으로 조지아 4대 도시는 애틀랜타(514,457명)-콜럼버스(210,330명)-어거스타(203,329명)-사바나(150,078명)순이다. 하지만 리치먼드, 콜럼비아 등 주변 카운티까지 포함하면 메트로 어거스타 인구는 70만 명에 이른다. 사실상 조지아 '넘버 2' 광역 도시인 셈이다.

어거스타는 식민지 시대 교통, 산업의 요충지로 번성했지만 수송수단이 철도, 항공으로 이전하면서 옛 명성을 잃어갔다. 잦은 사바나강 범람으로 제방을 쌓았음에도 홍수피해가 끊이질 않았다. 설상가상으로 1970년에는 흑인 차별에 항의한 폭동까지 일어나면서 도시 분위기는 더 가라앉았다.

이대로는 안 된다는 각성이 일어났고 1970년대 후반부터 도시 되살리기 운동이 구체화되기 시작했다. 다운타운 6가에서 11가 사이 강변에 개발된 어거스타 리버워크(Augusta Riverwalk)는 어거스타 부흥을 위한 야심찬 프로젝트의 산물이다. 이곳에 있는 1800석 규모의 야외 극장(Amphitheater)에선 주말이면 각종 공연이 펼쳐지는 어거스타의 명소다.

모리스 미술관(Morris Museum of Art)도 유명하다. 남부의 풍광과 생활을 표현한 그림과 사진, 조각, 공예 작품들이 넓은 전시실마다 가득가득 전시돼 있다. 국립유산지역(National Heritage Area)으로 지정된 어거스타 수로(Augusta Canal)도 빼놓을 수 없다. 수로 인근의 래피드 파크(Savannah Rapids Park: 3300 Evans to Locks Rd., Martinez)는 숲과 공원이 잘 조성돼 있는 주민들의 휴식처다.

> 매스터스 골프로
> 유명한
> 조지아주 동부 중심

(2) 콜럼버스 Columbus

콜럼버스는 인구 약 20만명의 도시로 조지아 주에서 두 번째로 큰 도시다. 애틀랜타에서 남쪽으로 북쪽으로 1시간 반 정도의 거리에 있다. 앨라배마와 접경을 이루는 채터후치 강을 끼고 있으며 앨라배마 현대차 공장이 있는 몽고메리는 서쪽으로 1시간 20분 거리다. 조지아 기아자동차 공장이 있는 웨스트 포인트는 30여분 거리여서 같은 생활권이라 할 수 있다.

또 콜럼버스에는 리버센터, 스프링어 오페라 하우스 같은 훌륭한 공연장이 있어 세계 유수 음악가들의 연주회나 공연이 끊이지 않아 문화생활 즐기기에도 좋다.

콜럼버스는 미국 최대의 보병부대 중 하나인 포트 무어(Fort Moore/ 전 Fort Benning)이 있어 군사도시의 면모도 강하다. 포트 무어에는 보병학교, 기갑학교, 그리고 미 육군 제 2사단이 위치하고 있어 연중 훈련 받으러 오는 군인들이 많아 지역 경제에 불황이 없다.

하지만 조지아로 인구 유입이 급증하고는 있지만 콜럼버스는 도시 성장을 견인할 기술 인력이 부족하다는 평을 듣고 있다. 이 때문에 시 당국은 2024년 3월, 콜럼버스로 이주해 오는 사람에게는 이사비를 포함해 7400달러 상당의 현금과 각종 혜택을 제공한다는 파격적인 정책을 내놓기도 했다.

한편 콜럼버스 교육구의 브릿 데이빗 매그닛 초등학교(Britt David Magnet Elementary School)는 조지아 내 초등학교로는 1~2위를 다투는 곳이고, 콜럼버스 고교Columbus High School) 명문대 진학률이 높기로 유명하다. 대학으로는 콜럼버스주립대(Columbus State University)가 있으며 음대와 간호대 등이 강하다.

> "
> 조지아
> 제2의 도시로
> 서남부의 중심
> "

(3) 애슨스

블루리지 마운틴 산기슭 바로 밑에 위치한 애슨스. 애틀랜타에서 I-85도로를 타고 북상하다 하이웨이 316번에 접어들어 61마일 거리에 있다.

인구 10만의 대학 도시. 라이브 뮤직부터 최상급의 레스토랑, 칼리지 풋볼에서 섬세한 남부의 문화와 자연까지, 그 자체가 살아 움직이는 매력의 도시다. 빅토리아 시대나 남북전쟁 이전의 건물 양식이 그대로 살아 남아 있는 거리들. 얼터너티브 락의 선구자 '알이엠(R.E.M.)'과 'B-52's' 그리고 재즈 밴드인 '와이드스프레드 패닉'도 모두 애슨스에서 결성됐다.

세계적으로 유명한 40 와트 클럽과 조지아 씨어터, 매 6월 말마다 120여 개의 밴드가 공연하는 에쓰페스트(AthFest)도 애슨스만의 볼 거리다.

애슨스는 조지아 불독의 경기의 첫 게임이 시작되는 가을부터 일년 내내 풋볼의 함성과 열기가 식지 않는다. 만약 UGA를 응원하고 싶다면 레드나 블랙의 의상을 선택할 것을 추천한다. 애슨스의 자연을 즐기고 싶은 사람은 메모리얼 파크나 노스 오코니 리버 그린웨이, 샌디 크릭 파크나 오코니 포리스트 파크를 방문하면 좋다.

조지아 주립 식물원도 절대 놓치지 말 것. 식물원내의 작은 교회는 결혼식 장소로도 유명하다. UGA 대학 캠퍼스 안의 조지아 뮤지엄 오브 아트도 반드시 들러야 할 곳이다.

(4) 메이컨 Macon

메이컨은 I-75와 I-16 고속도로가 만나는 곳에 있다. 조지아 전체 지도를 놓고 보면 가장 한 가운데다. 그래서 메이컨의 별명도 조지의 심장(The Heart of Georgia)이다. 실제로 동쪽의 어거스타, 남서쪽 콜럼버스, 남동쪽 사바나와 함께 메이컨은 조지아 중부를 대표하는 거점 도시로 꼽힌다.

인구는 메이컨이 속한 빕(Bibb) 카운티까지 합하면 15만 명이 넘는다. 한인들에겐 2016년 금호타이어 공장이 들어서면서 좀 더 친숙해졌다. 한인 교회도 몇 곳 있고 한국 식당도 있다. 한인 인구는 많지 않다. 2020년 센서스에는 493명으로 집계됐다.

1982년부터 시작된 이른 봄 벚꽃 축제는 조지아의 대표적인 지역 이벤트로 제법 명성이 높다. 메이컨 관광 안내 웹사이트에는 35만 그루가 넘는 요시노 벚나무(Yoshino Cherry Trees)가 도시 전체를 분홍빛으로 물들일 거라고 자랑하고 있다. 요시노 벚나무는 한국에서는 왕벚나무로 불리는데, 눈부신 벚꽃을 피우는 진해와 여의도의 벚나무도 대부분 이것이다.

> 조지아주 정중앙
> 이른 봄
> 벚꽃축제 유명

벚꽃 축제가 아니어도 메이컨을 가면 꼭 한 번 들러볼 만한 곳으로 오크멀기 마운드 국립역사공원(Ocmulgee Mounds National Historical Park)이 있다. 주소는 1207 Emery Hwy. Macon GA 31217이다.

오크멀기라는 말은 '물이 끓는 곳'이란 뜻의 인디언 원주민 부족 단어다. 오크멀기 강은 길이가 255마일(410km)에 이르고, 중간에 오코니(Oconee) 강과 만난 뒤, 거기서부터는 알타마하강(Altamaha) 강으로 이름을 바꿔 사바나 남쪽 대서양까지 흘러간다. 20세기 초까지만 해도 증기선이 다니면서 조지아 중부와 사바나를 연결했던 중요한 교역 통로였다.

오크멀기 마운드는 오랫동안 이 지역에 살았던 원주민 유적지다. 마운드(Mound)란 봉긋 솟은 흙더미를 말한다. 가서 보면 제주도에 있는 작은 분화구 '오름' 같기도 하고, 경주에 있는 옛날 고분처럼 보이기도 한다. 현재 확인된 마운드는 크고 작은 것 합쳐 모두 8개다.

이 일대는 19세기 초 메이컨-사바나를 연결하는 철도가 통과하면서 마구잡이로 파헤쳐지고 방치됐다가 1934년에야 연방 차원의 보호 대상지역이 됐다. 1966년엔 국립 사적지로, 2019년에 다시 국립역사공원으로 지정됐다. 한인들에겐 2016년 금호타이어 공장이 들어서면서 좀 더 친숙해졌다.

메이컨에 있는 터브먼 뮤지엄(Tubman Museum, 310 Cherry St. Macon)은 남동부 지역의 흑인 박물관으로 가장 큰 규모다. 미국 흑인들이 이룬 업적을 기린 벽화와 다양한 상설 전시물, 주제별 전시도 하고 있다.

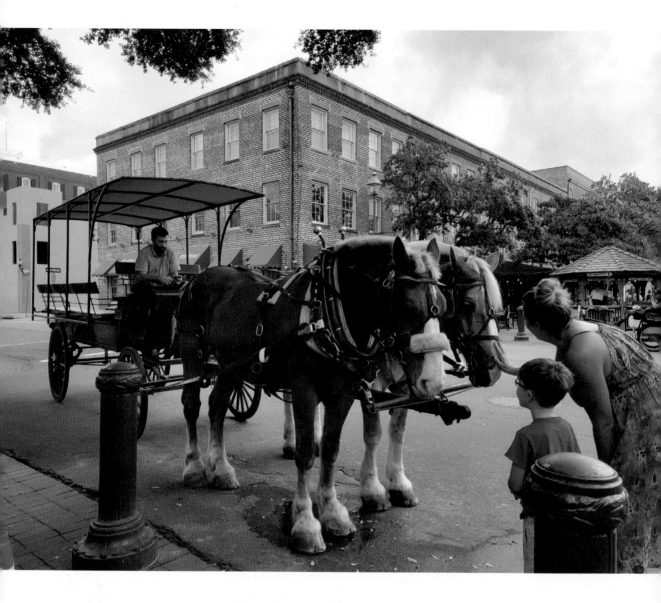

(5) 사바나 Savannah

현대 전기차 공장 건설이 확정되면서 전 미국의 시선이 모이고 있는 곳이다. 사바나시를 포함하고 있는 채텀(Chatham) 카운티를 비롯해 현대차 공장이 세워지는 브라이언((Bryan) 카운티, 인근 리버티((Liberty) 카운티 등을 합쳐 메트로 사바나 지역이라 부른다.

사바나 메트로 지역의 중심도시인 사바나(Savannah 혹은 서배너)는 인구가 15만 명에 이르며 조지아주 동부지역을 가로지르는 사바나강의 하류에 있다. 강 건너편에는 사우스 캐롤라이나 주가 있고 주변은 강 하류라서 습지이나 수상 교통이 편리해 사통팔달의 교통 중심지다. 조지아에서 가장 오래된 도시로 영국 식민지 시절부터 개발됐고 조지아주의 첫 수도였다.

현재 사바나 주변까지 합친 메트로 사바나 지역 인구는 애틀랜타와 오거스타에 이은 조지아 세 번째로 40만 5천여 명에 이른다.

조지아주의
가장 오래된 도시

사바나는 1733년 영국인 제임스 오글소프에 의해 세워진 조지아주에서 가장 오래된 도시로 1786년까지 조지아의 주도였다.

사바나라는 명칭은 사바나강에서 따왔는데 1680년 강으로 이주한 아메리카 원주민인 샤니(Shawnee)족의 이름에서 변형된 것으로 보고 있다. 혹은 대서양 습지부터 내륙 수 마일까지 걸쳐 있는 광대한 습지를 지칭하는 영어 단어 사바나(savanna)에서 유래했다는 설 등 여러 가지가 있다.

식민지 초기 면화와 담배 출하 항구로 번창한 사바나는 지금도 미 동남부 최대의 무역항이다.

또 미국에서 유럽적 분위기를 느낄 수 있는 몇 안 되는 곳 중 하나로 꼽는다. 건물은 모두 낡았지만 고유의 스타일을 보존하고 있는 것이다. 처음부터 바둑판 모양의 도로와 공원을 중심으로 한 계획도시로 만들어졌다.

1736년 감리교 창시자인 웨슬리가 개척민과 인디언들에게 설교를 하기 위해 이곳에 왔다. 1819년 증기 기관선으로는 최초로 대서양을 횡단한 사바나호가 출항한 곳도 여기다. 남북전쟁 때는 동쪽으로 27km 떨어진 풀라스키 요새가 1862년 4월 11일 북군에 함락될 때까지 남군의 주요 공급기지였다. 1864년 12월 20일 마침내 셔먼 대령 지휘하의 북군이 사바나를 함락시키면서 링컨 대통령에게 이 도시를 크리스마스 선물로 주었다는 일화가 유명하다.

기후는 습한 아열대 기후로 분류돼 길고 거의 열대에 가까운 여름과, 짧고 온화한 겨울이 특징이다. 연간 강수량의 절반은 6월에서 9월 사이에 내린다. ❿

사바나 여행

사바나는 여행 전문지들에 의해서 '미국에서 가장 좋아하는 도시'중 하나로 선정되곤 한다. 조지아주 남동부에 위치한 항구도시 사바나는 조지아에서 가장 오래된 도시다. 식민지 시대의 분위기가 그대로 살아있는 사바나는 2300채 이상의 오래된 건축물들이 그대로 보존되어 있다. 미국에서 사적지가 가장 많은 지역으로 미국 최초의 계획도시로도 유명하다. 사바나에 도착하면 먼저 1860년대 조지아 중앙역 자리에 위치한 방문객 센터(301 Martin Luther King Jr)를 찾자. 이 센터에서 시내 지도 등 갖가지 정보를 얻은 뒤 도보관광을 할 것인지, 버스 투어를 이용할 것인지 결정한다. 그러나 도시의 진정한 멋을 느끼려면 도보관광이 제격이다. 시내를 한 바퀴 둘러보는 데 걸리는 시간은 두 시간 남짓. 힘들 경우 방문객 센터에서 출발하는 투어버스나 마차 등을 이용하면 된다. 사바나의 특징이라 할 수 있는 사각형의 아담한 공원 22군데를 빠짐없이 돌며 각 건물들의 소개와 설명을 자세히 곁들이는 투어를 이용하면 짧은 시간 안에 사바나의 모습을 돌아볼 수 있다. 명소인 만큼 즐길 수 있는 것들도 많다. 다운타운 사적지를 둘러보는 마차투어는 물론, 사바나강의 역사를 들으며 1시간 동안 즐기는 주간 크루즈와 토요일 정오에 출발하는 런천 크루즈, 생음악과 뷔페를 함께 하며 즐기는 저녁 크루즈도 경험할 수 있다. 또 철도역을 개조한 방문객 센터 바로 뒷편에 있는 사바나 역사 박물관에서는 사바나의 역사를 애니메이션과 슬라이드로 배울 수 있다.

아울러 1912년 3월 12일 사바나에서 미국의 걸스카웃을 창립한 줄리엣 고든 로의 생가인 걸스카웃 센터도 유명하다. 걸스카웃 단원들이 스카웃 정신을 배우기 위해 순례하는 명소다. 선박 박물관도 빼놓을 수 없다. 대서양을 횡단한 최초의 증기선 '사바나호'의 주인이 살던 집을 박물관으로 사용하고 있다. 범선을 비롯 특이하게 세공한 배 모형이 많이 전시돼 있다. 사바나 도심에서 멀지 않은 타이비 섬(Tybee Island)은 대서양 연안의 첫 번째 등대인 타이비 등대(사진)가 있는 곳으로 연중 방문객이 끊이지 않는다.

3

Georgia's Life

생활 정보

1. 한인 커뮤니티

조지아는 미국에서 가장 생활하기 좋은 곳 중 하나로 꼽힌다. 활기찬 도시 분위기, 살기 편한 생활환경, 풍부한 숲과 나무, 한 두 시간 운전이면 닿을 수 있는 전망 좋은 산악 지대, 그리고 백사장이 있는 대서양 해변까지, 미국에서 이만한 환경을 갖춘 곳은 많지 않다. 거기다 세계적인 수준의 엔터테인먼트, 스포츠, 레스토랑은 물론 다른 주에서 부러워하는 기후까지 모든 것을 다 갖춘 곳이 조지아다.

한인들은 물론 많은 미국인들까지 조지아로 몰려드는 이유다. 요즘은 기후 변화로 고민하는 다른 주와 달리 지진, 산불, 허리케인, 폭염, 극한의 추위 등 자연재해와도 거리가 먼 지역이 바로 조지아라는 점도 새삼 부각되고 있다. 그러나 사람들이 조지아로 몰려드는 가장 큰 이유는 뭐니 뭐니 해도 저렴한 생활비다. 주택 가격을 비롯한 주거비는 LA나 뉴욕 등 다른 유명 대도시 평균보다 월등히 싸다. 낮은 세금, 저렴한 개스비도 빼놓을 수 없다.

(1) 한인 인구

조지아 한인사회는 1980년대 초반부터 형성되었지만 본격적으로 늘어난 것은 1996년 하계 올림픽 이후부터다. 당시 올림픽 전후 한인 이주자들은 대부분 뉴욕이나 캘리포니아 등에서 내려온 사람들이 많았다.

그러나 2000년대 후반 들어 기아자동차 조지아 공장이 들어서고, 관련 협력 업체들이 속속 진출하면서 미국에서 LA, 뉴욕에 이어 세 번째로 한인들이 많이 사는 지역으로 성장했다. 조지아에서 한인들이 많이 사는 지역은 둘루스, 스와니, 뷰포드 등 귀넷 카운티를 중심으로 존스크릭, 알파레타, 라즈웰, 커밍 등 학군 좋은 지역들이다. 뿐만 아니라 초창기 한인 생활 근거지였던 애틀랜타, 도라빌을 비롯해 노크로스, 로렌스빌 등도 여전히 한인들에겐 친숙한 지역이다.

2022년 연방 센서스 기준으로 조지아주에 거주하는 공식 한인 인구는 7만 1,877명이었다. 이는 지난 2020년 5만8,334명에 비해 23.2%(1만3,543명) 증가한 수치다. 하지만 조지아 한인단체나 비즈니스 업계에선 2024 현재 메트로 애틀랜타 지역을 중심으로 한 조지아 주 한인인구가 15만 명에 이를 것으로 추산한다. 시민권자 영주권자 위주의 센서스 응답자 외에 미응답자, 유학생, 주재원, 단기 방문자까지 포함하면 충분히 그럴 수 있다는 이야기다. 더구나 2020년 이후 SK배터리, 현대전기차, 한화큐셀 등 대형 한인 기업들이 추가로 진출하면서 조지아 한인 인구는 20만 명을 넘어설 날도 머지않았다는 추측까지 나오고 있다. 실제로 조지아 주에서는 영어, 스페인어 다음으로 많이 쓰는 언어가 '한국어'라고 한다.

(2) 한인 상권

조지아주의 초창기 한인상권 중심은 도라빌이었다. 1996년 애틀랜타 올림픽이 개최되면서 도라빌 한인타운은 전성기를 맞았다. 뷰포드하이웨이를 따라 한인 상권은 계속 발전했으며 지금도 메트로시티은행, 제일IC은행 등 주요 한인 은행 본점이 이곳에 있다. 물론 수십 년씩 영업해 온 한인 업체들도 여전히 많다.

2000년대 이후 한인상권의 중심은 둘루스다. 2005년 무렵, H마트가 들어오면서 부터다. H마트 앞 프레젠트 힐 로드 선상을 한인 업소들이 밀집해 있으며, 사실상 이곳이 가장 활발한 한인타운 역할을 하고 있다. 그밖에도 피치트리 인더스트리 로드 인근, 새틀라이트로드 주변 등 둘루스 일대에 한인 업소들이 대거 밀집해 있다. 그리고 지금은 한인들의 외곽 이주와 함께 스와니, 존스크릭에도 한인 마켓이 들어서면서 자연스럽게 한인상권이 확대되고 있다. 특히 스와니-로렌스빌 로드를 따라 새로 형성된 스와니 상권은 H-마트를 비롯해 다양한 음식점들이 밀집해 제2의 한인타운으로 불리고 있다.

조지아 한인 상권의 중심은 늘 한인마켓이다. H-마트 외에도 한국의 농심가에서 온 메가 마트, 시온마켓, 아씨마켓, 남대문 마켓 등 한인 마켓들은 한인 뿐 아니라 타 인종 사이에서도 값 싸고 품질 좋은 쇼핑 명소로 인기를 모으고 있다. 그밖에 한인타운을 대표하는 업종은 사우나(찜질방), 노래방, 포장마차, 술집, BBQ 구이집, 샤브샤브, 커피&베이커리, 병원, 학원 등이다.

결론적으로 한인 업소가 늘어나면서 조지아 한인들은 영어를 몰라도 아무런 불편없이 한국어로 편하게 다양한 서비스를 받을 수 있게 되었다.

(3) 한인 마켓

둘루스를 중심으로 반경 수 마일 안에 한인마켓 5~6곳이 밀집해 있다. 매주 금요일자 한인 신문에 한인 마켓 세일 정보가 실린다. 주요 한인마켓 위치는 다음과 같다.

■ H-마트 (H-Mart) **H̶MART**

전국에 매장을 가진 미국 최대의 한인마켓이다. 둘루스를 비롯해 도라빌, 존 스크릭, 스와니 등 모두 5곳에 매장이 있다. 특히 둘루스 매장은 매장 규모나 매출액 면에서 H마트 전국 매장 중 최상위권에 속한다.

▶둘루스점 : 2550 Pleasant Hill Rd. Bldg. 300 Duluth, GA 30096.

▶도라빌점 : 6035 Peachtree Rd Bldg B, Doraville, GA 30360

▶존스크릭점 : 10820 Abbotts Bridge Rd, Johns Creek, GA 30097

▶스와니점 : 2700 Lawrenceville-Suwanee Rd, Suwanee, GA 30024

▶리버데일점 : 6335 GA-85 T, Riverdale, GA 30274

■ 메가 마트 (Mega Mart) **MEGA MART**

둘루스에 있다. 한국의 농심에서 운영하는 마켓이다.

▶주소 : 2106 Pleasant Hill Rd, Duluth, GA 30096

■ 시온 마켓 (Zion Market) **ZionMarket**

애틀랜타중앙일보 인근, 둘루스 마이크로센터 옆에 있다.

▶주소 : 2340 Pleasant Hill Rd, Duluth, GA 30096

■ 아씨 마켓 (Assi Market)

I-85 109번 출구 스와니에 있다. 아씨마켓 몰은 여러 업종의 한인 식당을 비롯해 비즈니스 업체들이 밀집해 있다.

▶주소 : 1291 Old Peachtree Rd NW, Suwanee, GA 30024

■ 남대문 마켓 (Namdaemun Farmers Market)

둘루스점을 비롯해 릴번, 노크로스 등 모두 8개 매장이 있다. 한인들이 많이 이용하는 곳은 둘루스점이며 그밖의 매장은 대부분 타인종이 주 고객이다.

▶둘루스점 주소 : 3825 Shackleford Rd, Duluth, GA 30096

■ 창고식품 (Buford Farmers Market)

도라빌 뷰포드하이웨이 선상에 있다. 정식이름은 뷰포드하이웨이 파머스마켓이지만 조지아 올드타이머 한인들에겐 초창기 이름 그대로 여전히 '창고식품'으로 불린다. 한인보다는 여러 타인종 고객이 이용하는 인터내셔널 종합마켓이다. 매장 규모나 취급 상품 수로는 조지아 최대 최대로 알려져 있다.

▶주소 : 5600 Buford Hwy NE, Doraville, GA 30340

■ 기타 아시안 마켓

둘루스를 중심으로 중국마켓, 인도마켓, 일본 마켓이 있다. 특히 둘루스 프레즌트힐 로드 선상, 시온마켓 바로 옆 몰에 있는 중국계 'GW(Great Wall) 수퍼마켓'은 채소와 생선, 과일 등이 다양하고 값도 저렴해 한인들도 많이 이용한다.

(4) 한인 은행

조지아에는 한인 자본으로 설립된 메트로시티은행과 퍼스트IC뱅크(제일IC은행), 프라미스원은행 등 3개의 토종 한인 은행이 있다. 이들 은행 중 메트로시티은행은 2019년 나스닥에 상장된 은행이며 제일IC와 프라미스원도 자산, 대출, 예금 등 모든 부문에서 견실한 성장세를 이어가고 있다.

거기에 최근 한인과 중국계 자본 합작으로 설립된 로열트러스트뱅크가 영업을 확대해 가고 있으며, 뱅크오브호프와 한미, PCB, CBB, 오픈뱅크 등 LA 기반 한인 은행들도 지점을 개설하거나 영업망을 확장하고 있다.

뉴저지주 포트리에서 출발한 뉴밀레니엄뱅크와, 뉴욕에 거점을 둔 우리아메리카도 영업망을 확충했다. 또 한국의 신한은행아메리카도 둘루스와 알파레타에서 활발한 영업을 하고 있다.

한편, 은행 계좌를 개설하려면 직접 은행 방문해서 ID(운전면허증이나 여권)을 제시하면 된다. 단 미국 내 소셜시큐리티 번호가 필요하며 주소지 확인 서류도 필요하다.

KEB하나은행(애틀란타)	678-584-9923	3483 Satellite Blvd. #312S, Duluth, GA 30096
뉴 밀레니엄 뱅크	678-266-6269	3350 Steve Reynolds Blvd., #106, Johns Creek, GA 30096
로열 트러스트 뱅크	678-783-8018	11675 Medlock Bridge Rd., Duluth, GA 30097
메트로시티은행(노크로스)	678-689-0093	5385 Jimmy Carter Blvd. #100, Norcross, GA 30093
메트로시티은행(베이사이드 NY 모기지·SBA)	929-373-4363	215-45 Northern Blvd. #B, Bayside, NY 11361
메트로시티은행(베이사이드 NY)	929-373-4358	215-45 Northern Blvd. #A, Bayside, NY 11361
메트로시티은행(포트 리 NJ)	201-720-8132	1636 Parker Ave., Fort Lee, NJ 07024
메트로시티은행(도라빌)	770-455-4989	5114 Buford Hwy. NE., Atlanta, GA 30340
메트로시티은행(둘루스)	770-495-1774	3725 Old Norcross Rd. #A, Duluth, GA 30096
메트로시티은행(센터빌 VA)	571-490-7655	5900 Centreville Crest Ln. #B, Centreville, VA 20121
메트로시티은행(본점)	770-455-4989	5114 Buford Hwy., Doraville, GA 30340
메트로시티은행(슈가로프)	678-735-5150	1295 Old Peachtree Rd. #180, Suwanee, GA 30024
메트로시티은행(스와니)	678-482-2996	2790 Lawrenceville Suwanee Rd. #105, Suwanee, GA 30024
메트로시티은행(이스트 캅)	678-580-6410	4273 Roswell Rd., Marietta, GA 30062
메트로시티은행(존스크릭)	770-495-2423	10820 Abbotts Bridge Rd. #140, Duluth, GA 30097
메트로시티은행(피치트리 코너스)	470-485-0040	3280 Holcomb Bridge Rd., Norcross, GA 30092
메트로시티은행(라그란지)	706-407-4188	1510 Lafayette Pkwy #A4, Lagrange, GA 30241
뱅크오브아메리카(둘루스)	678-323-0222	2608 Pleasant Hill Rd., Duluth, GA 30096
뱅크오브아메리카(뷰포드)	770-452-2145	5001 Buford Hwy., Atlanta, GA 30341
뱅크오브호프(조지아 LPO)	678-353-6400	3483 Satellite Blvd. NW. #309, Duluth, GA 30096
신한은행아메리카(둘루스)	678-512-8200	2170 Pleasant Hill Rd., Duluth, GA 30096
신한은행아메리카(알파레타)	678-277-8400	10500 Old Alabama Connector Rd., Alpharetta, GA 30022
우리아메리카은행(둘루스)	770-624-5930	3360 Satellite Blvd., Suite 14, Duluth, GA 30096
제일IC은행(노크로스)	470-359-7717	6170 Live Oak Pkwy., Nocross, GA 30093
제일IC은행(도라빌 본점)	770-451-7200	5593 Buford Hwy., Doraville, GA 30340
제일IC은행(둘루스)	678-417-7474	2230 Pleasant Hill Rd., Duluth, GA 30096
제일IC은행(모기지 오피스)	770-810-8600	3235 Satellite Blvd. Bldg. 400 #600, Duluth, GA 30096
제일IC은행(스와니)	770-495-1310	1291 Old Peachtree Rd. NW. Bldg. 500, Suwanee, GA 30024
제일IC은행(존스크릭)	770-418-1363	10820 Abbotts Bridge Rd. #213, Duluth, GA 30097
제일IC은행(피치트리 파크웨이)	770-802-8220	3170 Peachtree Pkwy., Suwanee, GA 30024
프라미스원은행(둘루스 본점/론센터)	678-385-0826	2400 Pleasant Hill Rd. #340, Duluth, GA 30096
프라미스원은행(도라빌)	678-385-0840	5938 Buford Hwy. NE. #110, Atlanta, GA 30340
프라미스원은행(둘루스)	678-385-0800	2385 Pleasant Hill Rd., Duluth, GA 30096
프라미스원은행(맥기니스)	678-892-7040	7775 McGinnis Ferry Rd. #104, Johns Creek, GA 30024
프라미스원은행(슈가로프)	678-892-7020	1185 Old Peachtree Rd. NW. #100, Suwanee, GA 30024
프라미스원은행(존스크릭)	678-892-7000	5805-A State Bridge Rd. #A, Johns Creek, GA 30097
한미은행(조지아 LPO)	770-595-5402	3700 Crestwood Pkwy. #360, Duluth, GA 30096

(5) 한인 교회·성당·사찰

조지아에는 애틀랜타와 둘루스, 스와니, 존스크릭 등 한인 밀집지역을 중심으로 250여 개의 크고 작은 교회가 있다. 교파는 장로교, 감리교, 침례교, 성결교회, 안식일교회 등 다양하다. 아틀란타한인교회, 한인연합장로교회, 벧엘교회, 섬기는교회 등이 비교적 큰 교회로 알려져 있다. 프라미스교회, 주님의영광교회, 비전교회, 중앙장로교회, 소명교회 등 커뮤니티 활동이 활발한 교회도 많다. 가톨릭은 둘루스와 스와니에 각각 한인천주교회가 있으며, 불교 사찰도 전등사를 비롯해 몇 곳이 있다. 그밖에 원불교 교당, 성공회 교당도 있어 다양한 신앙생활을 할 수 있다.

(6) 한인 언론·미디어

조지아에는 중앙일보를 비롯해, 조선일보와 한국일보 등 3개의 한인 종합 일간지가 있다. 모두 주 6일 발행하며 조지아 및 애틀랜타 소식을 전한다. 이들 신문은 일부 자체 제작 지면 외에 나머지는 한국 본사나 제휴사 기사를 그대로 받아서 전재한다. 특이한 점은 LA나 뉴욕 등 타지역 한인 신문과 달리 애틀랜타 한인 신문은 모두 구독료 없이 그냥 받아볼 수 있는 무가지라는 점이다. 한인 마켓이나 둘루스. 스와니 등에 비치된 주요 가판대, 광고주 업소 등에서 무

료로 받아볼 수 있다.

애틀랜타중앙닷컴(atlantajoongang.com)처럼 신문사 웹사이트를 통해서도 다양한 조지아 생활 정보를 얻을 수 있다. 또 중앙일보가 한인 업소 정보를 매년 업데이트해서 펴내는 한인업소록은 미국 동남부 일대 한인 비즈니스 홍보나 한인 업소 이용에 큰 도움이 된다.

한국어 라디오 방송은 라디오코리아(AM 790)가 있으며, TV 채널은 2022년까지 KTN 방송이 있었으나 지금은 없다. 그밖에 유튜브나 인터넷 웹사이트를 통해 한인사회 소식과 정보를 전하는 1인 미디어도 다수 있다.

(7) 한인 기관

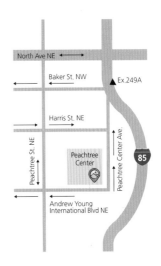

애틀랜타 총영사관 (Consulate General of The Republic of Korea)

주애틀랜타 총영사관은 미 남동부 한인들의 한국 관련 민원 서비스를 책임지고 있다. 관할 지역은 조지아주 외에 플로리다, 노스캐롤라이나, 사우스캐롤라이나, 테네시, 앨라배마 등 6개 주이며 푸에르토리코와 버진아일랜드도 애틀랜타 총영사관이 관할한다. 2004년 현재 애틀랜타 총영사는 파키스탄 대사를 역임 후 2023년 부임한 서상표 총영사다. 총영사관에서 한인들이 받을 수 있는 서비스는 병역업무, 호적 및 국적 관련 업무, 양도세 같은 세금 관련 업무 등 한국 정부를 대신하는 업무와 재외동포의 국내 부동산 취득안내와 같은 한인 이민자들을 위한 업무, 한국 국적자를 위한 재외선거 지원 등이다. 총영사관은 원거리 한인들의 편의를 위해 전자민원 서비스와 순회영사 출장 서비스를 제공하고 있다.

▶주소 : 229 Peachtree St. NE, #2100, International Tower, Atlanta, GA 30303

▶전화: 404-522-1611~3 ▶E-mail: atlanta@mofa.go.kr

▶홈페이지: usa-atlanta.mofa.go.kr ▶사건사고 신고 : 404-295-2807

▶긴급민원: 404-964-1177 (여권 분실 등 업무시간 외 긴급사유 발생시 이용)

▶기업지원담당관: 404-522-1611 (Ex 114), mwnam15@mofa.go.kr

애틀랜타 한인회 (The Korean American Association of Greater Atlanta)

애틀랜타 지역 한인들을 대표하여 권익을 옹호하고 문화 활동을 지원함을 목적으로 설립됐다. 매년 코리언 페스티벌도 개최한다. 노크로스에 있는 한인회관에서는 여러 한인단체 행사와 다양한 공연이 열리고 있다. 한인회장 임기는 2년이다.

▶주소: 5900 Brook Hollow Pkwy, Norcross, GA 30071 ▶전화: (770) 813-8988

(8) 조지아 생활 단점들

애틀랜타를 포함한 조지아는 주거지로 장점이 훨씬 많은 곳이다. 최근 들어 산업이 발달하고 인구가 폭발적으로 늘어난 이유도 다른 지역들이 갖지 못한 장점들이 많기 때문일 것이다. 하지만 좋은 점이 있으면 단점도 있다. 심각하지는 않지만 조지아에 살고 있는 사람들이 말하는 소소한 단점 몇 가지를 꼽아봤다.

① 출퇴근 길 교통 정체가 심하다

어느 대도시나 마찬가지로 애틀랜타도 출퇴근 시간 정체는 피할 수 없다. 그래도 뉴욕이나 LA등의 대도시에 비할 바는 아니다. 최근 들어 인구가 급증하면서 요즘은 다운타운을 지나는 I-85번 도로는 온종일 차가 밀리기 일쑤다. 한인들이 많이 사는 둘루스, 스와니, 뷰포드 주변 길도 출퇴근 시간엔 혼잡이 심각하다. 도시가 급격히 팽창하면서 인구는 늘었는데 그만큼 도로 확장이 따라주지 못했기 때문이다.

② 여름철 무덥고 모기 등 벌레가 많다

애틀랜타의 여름은 고온다습하다. 뜨거운 애틀랜타라는 의미의 '핫틀랜타'라는 별명이 있을 정도다. 비가 자주 오고 날씨가 습하기 때문에 당연히 모기 등 벌레도 많다. 여름이 뭐, 그렇지 하면 이상할 것도 없다. 에어컨을 틀고 방충망을 설치하면 해결되는 문제지만 민감한 사람은 불편을 느낄 수 있다.

③ 인종차별이 아직도 남아있다

미국 어디나 그렇듯 인종차별은 불법이고 위법이다. 법과 제도적으로도 있을 수 없는 일이고 있어서도 안 된다. 그럼에도 유색인종에 대한 남부 특유의 인종차별 분위기를 느낀다는 사람들이 가끔 있다. 특히 애틀랜타는 흑인 인구 비율이 높다. 은근한 차별이 있을 수 있고, 알게 모르게 차별을 경험했다는 한인들도 있다.

④ 봄철 꽃가루가 기승을 부린다

조지아는 미국의 아마존이다. 그만큼 나무가 많고 숲이 짙다. 봄철 꽃가루가 많이 날릴 수밖에 없다. 꽃가루 앨러지가 심한 사람은 힘들 수 있다.

⑤ 놀러 갈 데가 없다

몰라서 하는 말이다. 이 책 후반부에도 소개했듯이 조지아에도 수많은 공원과 명소들이 즐비하다. 찾자 들면 산과 호수, 바다와 계곡 없는 게 없다. 가족 단위로 즐길 수 있는 생활 속의 놀이 공간, 여가 공간은 얼마든지 있다. 다만 타 지역에서 온 사람들이 와락 좋아할 만한 전국적 명성의 유명 놀이공원이나 관광 명소가 없다는 말은 맞다.

⑥ 바다가 너무 멀다

조지아에도 바다가 있다. 남쪽 사바나 남쪽으로 플로리다까지 아름다운 대서양 해안이 펼쳐진다. 멋진 섬도 많다. 다만 애틀랜타에서 5~6시간 차를 타고 가야 한다. 바다 좋아하는 사람들에겐 큰 단점이다. 하지만 바다 대신 물놀이, 뱃놀이를 즐길 수 있는 호수와 강이 도처에 있다.

⑦ 눈 구경 하기가 힘들다

어떻게 보면 행복한 고민이다. 눈이 와서 낭만적일 수 있지만 불편은 어쩔 수 없다. 애틀랜타도 아주 가끔 눈이 내리긴 한다. 하지만 적설량이 많지 않아 쌓인 눈 구경은 힘들다. 어쩌다 조금 눈이 쌓이면 도시가 올스톱이다. 제설차량도 없고 눈에 대한 대비가 전혀 안되어 있기 때문이다.

⑧ 한국 문화 접하기가 힘들다

한인사회 연륜이 오래된 LA나 뉴욕에 비하면 그렇긴 하다. 하지만 애틀랜타도 한인인구가 늘면서 그것도 옛말이 됐다. 유튜브나 넷플릭스로 접하는 한국 방송, 한국 소식은 어디서나 똑같고, LA만큼은 아니어도 한국의 유명 연예인 공연 역시 수시로 개최된다. 한국에서 개봉된 인기 영화도 거의 실시간으로 들어온다.

⑨ 한국 관련 민원서비스 받기가 힘들다

이민생활을 하지만 어쩔 수 없이 한국 관련 민원서비스를 받아야 할 때가 있다. 그때 이용하는 것이 총영사관인데, 애틀랜타 총영사관은 이용에 불편을 호소하는 사람이 많긴 하다. 위치부터 둘루스나 스와니 등 한인 밀집지역과 거리가 먼 애틀랜타 다운타운에 있어 접근성이 떨어지고 찾아가기도 쉽지 않다.

애틀랜타만의 문제는 아니지만 한국 재외공관 대부분이 근무 시간, 날짜, 민원 신청 및 처리 등도 민원인 중심이 아니라 공관 편의에 맞춰져 있다는 것도 불편요소다. 물론 총영사관은 나름대로 다른 고유 업무가 있고, 한국 국적자에 대한 대민 서비스를 강화하기 위해 먼 지역까지 찾아가는 출장 영사도 수시로 진행하는 등 노력을 하고 있다.

하지만 총영사관 전체의 인력 부족, 예산 부족 등 실질적인 문제가 해결되지 않는 한 민원인들의 불편이 단시간에 해결될 것 같지는 않다. 조지아 한인사회 성장에 걸맞은 총영사관의 위상 제고를 위해선 무엇보다 한국 정부의 관심과 지원이 선행되어야 할 것이다. ⓙ

2. 유명 쇼핑몰

몰 오브 조지아 (Mall of Georgia)

뷰포드에 있다. 1999년 문을 연 '몰 오브 조지아'는 178만스퀘어피트(16㎢)에 달하는 부지에 백화점과 아이맥스 극장 등 200여 개의 업소가 입점해 있는 조지아 최대 쇼핑몰이다. 딜라즈, 메이시스, 노드스톰, 제이 씨 페니, 벨크, 본 마우어를 포함, 한인들에게도 인기 있는 코치, 솔스티스, 딕스 스포츠 제품, 알마니 익스체인지, 앤 테일러, 반즈 앤 노블 서점, 한국인들이 선호하는 바나나 리퍼블릭, 크리스토퍼 앤 뱅크스, 딜리아즈, H&M, 제이 크루, 포터리 반, 윌리엄즈-소노마 등 다양한 브랜드를 접할 수 있다. 몰 주변으로 다양한 종류의 식당이 있으며 몰 안에도 푸드코트, 영화관은 물론 아이들을 위한 놀이터, 회전목마, 야외 분수대 등이 있어 꼭 쇼핑이 아니어도 가족끼리 나들이 삼아 방문하기에 좋다. 몰 오브 조지아의 중심에는 귀넷카운티의 설립자이자 미국 독립선언서 서명자 중 한 사람인 버튼 귀넷의 동상이 있다.

▶ 영업시간 : 월-토 오전 10시부터 저녁 9시. 일요일 12시부터 오후 6시
▶ 주소 : 3333 Buford Drive Buford, GA 30519
▶ 웹사이트 : www.simon.com/mall/mall-of-georgia

레녹스 스퀘어 몰 (Lenox Square Mall)

부촌인 벅헤드에 위치해있다. 1959년부터 영업을 하고 있는 레녹스 스퀘어 몰은 블루밍데일, 니먼 마커스, 메이시스 등 3개 백화점이 입점해있고, 펜디, 버버리, 까르띠에, 루이비통 등 명품을 비롯한 의류, 신발, 액세서리 매장 250여곳이 들어서 있다. 뿐만 아니라 치즈케익팩토리, 트루 푸드 키친, 진버거 와인 앤 버거바 등 레스토랑들도 함께 있어서 주말이면 쇼핑 인파가 늘 몰리는 명소 중 하나다.

▶영업시간 : 월~토요일 오전 10시부터 저녁 9시. 일요일 오전 11시부터 저녁 7시.

▶주소 : 3393 Peachtree Rd NE, Atlanta, GA 30326

▶웹사이트 : http://www.simon.com/mall/lenox-square

핍스 플라자 (Phipps Plaza)

벅헤드에 위치한 핍스 플라자는 명품관이라 할 수 있다. 레녹스 스퀘어 몰 맞은편에 위치한 이곳에는 삭스 피프스 애비뉴, 노드스톰, 벨크 등 백화점과 구찌, 티파티 앤 코 등 100여곳의 명품 매장들이 자리잡고 있다. 뿐만 아니라 14개 스크린을 보유한 영화관 AMC, 어린이들을 위한 레고랜드 디스커버리 센터와 레스토랑들도 입점해 있어서 온 가족이 다 즐기며 쇼핑할 수 있다.

▶영업시간: 월-토요일 오전 10시부터 저녁 9시. 일요일 낮 12시부터 오후 5시30분.

▶주소 : 3500 Peachtree Rd NE, Atlanta, GA 30326

▶웹사이트 : www.simon.com/mall/phipps-plaza

페리미터 몰 (Perimeter Mall)

던우디에 있다. 1971년 문을 연 유서깊은 쇼핑몰로, 뷰포드시의 몰오브조지아가 등장하기 전에는 조지아주에서 가장 큰 쇼핑몰이었다. 본 마우어, 딜라드, 메이시스, 노드스톰 등 4개 백화점과 200여개 매장이 들어서 있으며 인근에는 치즈 케익 팩토리, 이탈리안 레스토랑 마지아노(Maggianos), 카페 인터메조(Cafe Intermezzo) 등 유명 레스토랑들이 위치해 있다. 2016년 리모델링을 통해 새롭게 단장했다.

▶영업시간 : 월~토요일 오전 10시부터 저녁 9시, 일요일 낮 12시부터 오후 7시.
▶주소 : 4400 Ashford Dunwoody Rd, Atlanta, GA 30346
▶웹사이트 : www.perimetermall.com

슈가로프 밀스 (Sugarloaf Mills)

200개 이상의 상가들이 들어선 아웃렛으로 한인 주거지인 둘루스에 근접해 있다. 배스 프로 샵 아웃도어 월드, 벌링턴 코트 팩토리, 에디 바우어 아웃렛, 조앤 배스 유에스에이 아웃렛, 니만 마커스의 라스트 콜, 리미티드 투, 미카사 팩토리 스토어, 오프 피프쓰 (삭스 피프쓰 애비뉴 아웃렛), 오프 브로드웨이 슈 웨어하우스, 오시코시 비고시 아웃렛, 썬 앤 스키 스포츠 등이 있다.

▶영업시간 : 월~토요일 오전 10시부터 저녁 9시, 일요일 낮12시부터 오후 6시.
▶주소 : 5900 Sugarloaf Pkwy Lawrenceville, GA 30043
▶웹사이트 : www.simon.com/mall/sugarloaf-mills

귀넷 플레이스 몰 (Gwinnett Place Mall)

한인 밀집지역인 둘루스에 위치한 몰로 메이시스 백화점과 한인 마켓인 메가마트가 입점해 있다. 주변으로 한식당과 노래방, 포차 등 한인 상권이 함께 들어서 있다. 지난 1984년 문을 연후 한때 메트로 애틀랜타 지역 상권 중심지로 급부상했으나 몰 오브 조지아와 인근 지역 쇼핑센터 개발로 쇠락의 길을 걸었다. 지금은 귀넷카운티에서 재개발을 추진 중이다. I-85 (104번 출구)와 플레즌 힐 로드에 위치, 메트로 애틀랜타 북동쪽 상권의 일익을 담당하고 있다.

▶영업시간 : 월-토요일 오전 10시부터 저녁 9시. 일요일 12시부터 오후 6시.

▶주소 : 2100 Pleasant Hill Rd, Duluth, GA 30096

▶웹사이트 : www.shopgwinnettmall.com

노스포인트 몰 (North Point Mall)

알파레타에 위치한 업 스케일 쇼핑몰로 오픈 당시인 1993년 미국에서 가장 큰 몰 중 하나였다. 딜라즈, JC페니, 메이시스, 시어스, 본 마우어 등 5개 백화점이 들어서 있다.

AMC극장이 붙어있어 쇼핑 후 영화감상을 즐기기에도 좋다. 딜라즈 입구 인근에는 어린이들의 놀이공간이 마련되어 있고, 유모차 렌트, 휠체어 서비스 등도 제공된다.

▶영업시간 : 월-토요일 오전 10시부터 저녁 9시. 일요일 12시부터 오후 7시.

▶주소 : 1000 North Point Cir, Alpharetta, GA 30022

▶웹사이트 : www.northpointmall.com/en.html

노스 조지아 프리미엄 아웃렛 (North Georgia Premium Outlets)

조지아 북쪽 도슨빌에 위치한 유명 메이커 아웃렛 몰이다. 한인들이 가장 즐겨 찾는 몰이기도 하다.

폴로, 바나나 리퍼블릭 등 의류 브랜드에서부터 코치, 버버리 등 명품 브랜드까지 140여개 매장들이 들어서 있다. 일반 백화점보다 25%~65%까지 할인가에 판매되기 때문에 많은 사람들에게 인기가 높다.

▶영업시간 : 월-토요일 오전 10시부터 저녁 9시. 일요일 11시부터 오후 7시.

▶주소 : 800 Highway 400 S, Dawsonville, GA 30534

▶웹사이트 : www.premiumoutlets.com/outlet/north-georgia

폰스 시티 마켓 (Ponce City Market)

옛날 공장 건물을 상가로 리모델링한, 애틀랜타 젊은 세대의 핫플레이스다. 다양한 맛집이 있고 재미난 쇼핑 거리도 많다.

한국식 길거리 음식 매장이 들어섰다 해서 한인 신문에도 크게 소개됐다. 사지 않아도, 먹지 않아도 구경하는 재미가 크다. 애틀랜타 하이킹 명소인 벨트라인에서 바로 연결되기 때문에 하이킹을 겸해 방문하기에 좋다.

▶영업시간 : 월-토요일 오전 10시부터 저녁 9시. 일요일 11시부터 오후 6시.

▶주소 675 Ponce De Leon Ave NE, Atlanta, GA 30308

▶웹사이트 : www.poncecitymarket.com

이밖에도 야외에 조성되어 있어서 걸어다니면서 쇼핑과 먹거리를 즐길 수 있는 몰도 곳곳에 위치해 있다.

■ 아발론 몰 (Avalon Mall)

▶ 영업시간: 월-토요일 오전 10시부터 저녁 9시. 일요일 12시부터 오후 7시.

▶ 주소 : 2200 1st St, Alpharetta, GA 30009

▶ 웹사이트: www.experienceavalon.com

■ 애틀랜틱 스테이션 (Atlantic Station)

▶ 영업시간: 월-토요일 오전 10시부터 저녁 9시. 일요일 12시부터 오후 7시.

▶ 주소 : 1380 Atlantic Dr Ste 14250 Atlanta, GA 30363

▶ 웹사이트: www.atlanticstation.com

■ 포럼 몰 (The Forum on Peachtree Parkway)

▶ 영업시간: 월-토요일 오전 10시부터 저녁 9시. 일요일 12시부터 오후 7시.

▶ 주소: 5155 Peachtree Pkwy, Peachtree Corners, GA 30092

▶ 웹사이트 : www.theforumonpeachtree.com

■ 콜렉션 몰 (The Collection at Forsyth)

▶ 영업시간: 월-토요일 오전 10시부터 저녁 9시. 일요일 12시부터 오후 6시.

▶ 주소: 410 Peachtree Pkwy, Cumming, GA 30041

▶ 웹사이트 collectionforsyth.com

Kroger, Publix, ALDI, Whole Food Market 등의 그로서리가 웬만한 동네마다 있다.

또 Wall Mart, Target, Trade Joe's, Macy's, Costco, Sam's Club, TJ Maxx, Marshalls 등의 매장에서 필요한 생활용품이나 식료품, 의류 등을 구입할 수 있다. ●

3 . 종합병원

조지아에는 한인 병원들이 많아서 웬만한 기초 진료는 한국말로 이용 가능하다. 한인 병원 정보는 중앙일보가 매년 발간하는 한인업소록이나 신문 광고를 보면 된다. 응급실이나 좀 더 큰 병원을 찾아야 할 경우에는 훌륭한 시설을 갖춘 종합병원들이 곳곳에 있어 편리하게 이용할 수 있다. 지역 종합병원들은 비상시 응급실 이용도 중요하지만, 각 병원의 특징과 규모를 알아두면 수술과 입원 수속 과정에서도 시간을 절약할 수 있다. 메트로 애틀랜타 지역의 주요 종합병원의 특징을 정리했다.

■ 에모리 대학병원 (Emory University Hospital)

1904년 설립된 에모리대학병원은 조지아 주 랭킹 1위의 종합병원이다. 이 병원은 암 치료를 비롯, 순환기내과, 신경학, 안과 등의 전문분야가 우수한 평가를 받고 있다. 에모리 헬스케어 산하에 에모리 존스크릭, 에모리 재활, 에모리 세인트 조셉, 에모리 미드타운 병원 등이 있다.

▶주소 : 1364 Clifton Road NE, Atlanta, GA 30322

▶전화 : 404-712-2000 / 예약번호 : 404-778-7777

▶웹사이트 : www.emoryhealthcare.org

■ 에모리 존스크릭 병원 (Emory Johns Creek Hospital)

에모리 대학병원의 존스크릭 지점이다. 복강경 수술, 출산, 암 예방 및 치료, 심장질병 관리, 정형외과, 소화기 내과 등 다양한 분야에서 전문 센터와 실험 시설을 갖추고 있다.

▶주소 : 6325 Hospital Pkwy, Johns Creek, GA 30097

▶전화 : 678-474-7000

■ 에모리 세인트 조셉 병원 (Emory Saint Joseph's Hospital)

조지아에서 두번째로 높은 랭킹을 보유하고 있다. 일반의료, 수술 시설이 잘
갖춰져 있다는 평가를 받는다. 노인학, 위장 및 병리학 수술분야, 그리고 신장
학 분야가 뛰어나다. 410개 병상을 운영하고 있으며, 남동부에서 급성 환자
치료 부문에서 가장 신뢰를 받는 병원이다.

▶주소 : 5665 Peachtree Dunwoody Road NE, Atlanta, GA 30342-1701

▶전화 : 678-843-7001

■ 에모리대 미드타운 (Emory University Hospital Midtown)

전신 에모리 크로포드 롱 병원으로부터 시작, 100년의 역사를 자랑한다. 안
과, 마취, 산부인과, 물리치료 재활, 응급 의학, 심장학, 신경과 등 28개 전문
분야에 걸쳐 440명의 의료진이 양질의 의료 서비스를 제공하고 있다. 531개
병상을 운영하고 있다.

▶주소 : 550 Peachtree Street NE, Atlanta, GA 30308-2247

▶전화 : 404-686-4411

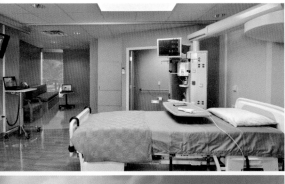

■ 노스이스트 조지아 메디컬 센터 (Northeast Georgia Medical Center)

게인스빌에 위치한 이 병원은 브라셀톤, 배로우 등 3개 병원을 보유하고 있다. 총 713개 베드와 700여명의 의료진이 근무하고 있는 비영리 병원이다. 일반외과, 심장, 정형외과, 여성 등 다양한 분과에서 좋은 평가를 받고 있다.

▶주소 : 743 Spring Street NE, Gainesville, GA 30501-3899

▶전화 : 770-219-9000 ▶웹사이트 : www.nghs.com

■ 노스사이드 병원 애틀랜타 (Northside Hospital Atlanta)

1970년 샌디 스프링스에서 문을 열었다. 노스사이스 병원 시스템 산하에 애틀랜타, 포사이스, 체로키 병원 등 3곳을 운영하고 있다. 샌디 스프링스에 있는 애틀랜타 병원은 621개 병상을 갖추고 있으며, 출산, 암 치료, 여성건강센터 등 급성 치료 부문에서 권위를 인정받고 있다.

▶주소 : 1000 Johnson Ferry Road NE, Atlanta, GA 30342

▶전화 : 404-851-8000 ▶웹사이트 : www.northside.com/atlanta

■ 노스사이드 병원 포사이스 (Northside Hospital Forsyth)

최근 계속 의료분과와 서비스를 확장하고 있다. 2500여명의 의사와 3000여명의 직원이 고용되어 있으며 304개의 병상을 운영하고 있다. 미국 최고의 산부인과 병원 중 하나로 애틀랜타에 있는 노스사이드 병원과 함께 출산, 신생아 진료를 비롯한 '우먼 센터'가 훌륭한 것으로 평가받고 있다.

▶주소 : 1200 Northside Forsyth Drive, Cumming, GA 30041-7659

▶전화 : 770-8440-3200 ▶웹사이트 : www.northside.com/forsyth

■ 웰스타 케네스톤 병원 (WellStar Kennestone Hospital)

633 병상을 보유한 이 병원은 마리에타에 위치해있다. 조지아 최초로 'Cy-berKnife®', 'TomoTherapy®', 'da Vinci®' 로봇 수술 시스템과 같은 신기술에 지속적인 투자를 하고 있다.

▶주소 : 677 Church Street, Marietta, GA 30060-1148

▶전화 : 770-793?5000 ▶웹사이트 : www.wellstar.org

■ 귀넷메디컬센터 (Gwinnett Medical Center Lawrenceville)

애틀랜타 한인 밀집지역인 귀넷 카운티에 위치한 병원이다. 결장암 수술, 심장마비, 무릎 수술 등 5개 성인 질병 분야에서 좋은 평가를 받고 있다. 신생아 중환자실, 트라우마 센터 등을 보유하고 있다.

▶주소 : 1000 Medical Center Blvd.,Lawrenceville, GA 30046-7694

▶전화 : 678-312?1000

▶웹사이트 : www.gwinnettmedicalcenter.org

■ 어거스타 대학병원 (University Hospital-Augusta)

어거스타 지역에서 뿐만 아니라 조지아주에서 가장 오래된 역사를 자랑하는 병원이다.

복부 대동맥 동맥류 치료, 만성 폐쇄성 폐 질환, 결장암 수술, 심장 마비, 무릎, 엉덩이 수술 분야에서 실력을 인정받고 있다.

▶주소 : 1350 Walton Way, Augusta, GA 30901-2629

▶전화 : 706-722-9011 ▶웹사이트 : www.universityhealth.org

■ 피드몬트 애틀랜타 병원 (Piedmont Atlanta Hospital)

1905년 설립된 100년 이상 애틀랜타 커뮤니티에 의료 서비스를 제공해왔다. 지난해에만 4만 4000건의 수술과 47만 1695건의 외래수술, 235건의 장기 이식수술을 시행하는 등 풍부한 수술 경험을 보유하고 있는 것이 장점이다.

▶주소 : 1968 Peachtree Road NW, Atlanta, GA 30309-1281

▶전화 : 404-605-5000 ▶웹사이트 : www.piedmont.org

■ 피드몬트 애슨스 리저널 메디컬 센터 (Piedmont Regional Medical Center)

피드몬트 병원의 애슨스 브랜치다. 결장암, 심장마비, 만성폐색성 폐질환, 대동맥 판막 수술 분야에서 권위를 인정받고 있다.

▶주소 : 1199 Prince Ave. Athens, GA 30606

▶전화 : 706-475-7000 ▶웹사이트 : www.piedmont.org

■ 내비센트 헬스 메디컬 센터 (Navicent Health Medical Center)

메이컨에 위치한 이병원은 1994년 내비센트 헬스 및 기타 관련 단체들이 함께 비영리법인으로 설립된 병원이다.

의료, 외과, 재활 및 호스피스 등 의료서비스 제공을 위해 1000여개의 병상을 보유하고 있다. 전 세계적으로 입증된 'Level I 지정 외상 센터' 등이 잘 알려져 있다.

▶주소 : 777 Hemlock St., Macon, GA 31201-2155

▶전화 : 478-633?1000 ▶웹사이트 : www.navicenthealth.org

■ 애틀랜타 칠드런스 헬스케어 (Children's Healthcare of Atlanta)

소아 전문병원 순위 전국 10위에 랭크되어 있다. 21세 미만 어린이와 청소년에게 맞춤 의료서비스를 제공할 수 있도록 훈련된 의료진이 상주하고 있다. 특히 대기실에서부터 의료 장비에 이르기까지 어린이와 청소년의 눈높이에 맞는 시설을 갖추고 있다. ❶

▶주소 : 1001 Johnson Ferry Rd., Atlanta, GA 30329-2303

▶전화 : 404-785?5437 ▶웹사이트 : www.choa.org

4. 공립 도서관

미국 어디나 그렇듯 조지아에도 공립 도서관이 많이 있다. 한인들이 많이 사는 귀넷카운티에도 웬만한 지역에는 공립 도서관이 있어 한인들도 많이 이용한다. 둘루스 다운타운 메인 스트리트에 있는 둘루스 도서관에는 한인 사서도 있어 한인들의 도서관 이용 편의를 돕고 있다. 도서관에선 책을 빌리고 조용히 공부할 수도 있지만, 지정 도서관에서는 여권 신청도 가능하며 시니어 요가수업, 재봉틀 강습 등 커뮤니티를 위해 무료로 제공하는 프로그램들도 많다. 또 와이파이, 최신 컴퓨터, 소규모 모임을 위한 방 등도 준비돼 있다. 그린 스크린이 설치된 방송과 녹음실도 있어 중요한 화상 면접을 보거나 개인 작업을 할 수도 있다.

도서관은 지역 주민들에게 모두 무료로 제공된다. 주민임을 증명할 수 있는 신분증만 있으면 도서관 카드를 무료로 만들 수 있고 책 대여는 물론, 여러 시설을 이용할 수 있다. 공립학교 재학생들은 따로 카드를 만들지 않아도 학생증으로 대신할 수 있다. 한인 밀집지역인 귀넷카운티와 북부 풀턴카운티 공립 도서관 위치 및 연락처는 다음과 같다. ⓙ

Duluth Branch	3180 Main St, Duluth, GA 30096	770-978-5154
Suwanee Branch	361 Main Street, Suwanee, GA 30024	770-978-5154
Buford-Sugar Hill Branch	2100 Buford Hwy, Buford, GA 30518	770-978-5154
Centerville Branch	3025 Bethany Church Road, Snellville, GA 30039	770-978-5154
Collins Hill Branch	455 Camp Perrin Road, Lawrenceville, GA 30043	770-978-5154
Dacula Branch	265 Dacula Road, Dacula, GA 30019	770-978-5154
Five Forks Branch	2780 Five Forks Trickum Road, Lawrenceville, GA 30044	770-978-5154
Grayson Branch	700 Grayson Parkway, Grayson, GA 30017	770-978-5154
Hamilton Mill Branch	3690 Braselton Highway, Dacula, GA 30019	770-978-5154
Lawrenceville Branch	1001 Lawrenceville Highway, Lawrenceville, GA 30046	770-978-5154
Norcross Branch	5735 Buford Highway, Norcross, GA 30071	770-978-5154
Snellville Branch	2740 Lenora Church Road, Snellville, GA 30078	770-978-5154

Alpharetta Branch	10 Park Plaza, Alpharetta, GA 30009	404-613-6735
Buckhead Branch	269 Buckhead Ave. NE, Atlanta, GA 30305	404-613-7350
East Roswell Branch	2301 Holcomb Bridge Rd. Roswell, GA 30076	404-613-4050
Northeast Spruill Oaks	9560 Spruill Rd, Johns Creek, GA 30022	404-613-7300
Ocee Library	5090 Abbotts Bridge Road, Johns Creek, GA 30005	770-360-8897
Northside Branch	3295 Northside Parkway NW, Atlanta, GA 30327	404-613-6870
Northwest Branch	2489 Perry Boulevard NW, Atlanta, GA 30318	404-613-6870
Peachtree Branch	1315 Peachtree Street NE, Atlanta, GA 30309	404-885-7830
Roswell Branch	115 Norcross Street, Roswell, GA 30075	404-612-9700
Sandy Springs branch	395 Mount Vernon Hwy. Sandy Springs, GA 30328	404-612-7000

5. 식당 & 맛집

(1) 한식당

조지아는 한식(K-푸드)의 천국이다. 특히 타주에서 방문하거나 한국에서 처음 오는 사람들은 둘루스나 스와니의 한국 식당의 규모와 다양한 메뉴에 입을 다물지 못한다. 하지만 한인사회 연륜이 짧고 식당 주인들도 자주 바뀌는 바람에 10~20년 이어온 전통 맛집은 드문 편이다.

그럼에도 새로 문을 여는 식당 중 꾸준히 고객의 사랑을 받는 곳은 많다. 조금 맛이 괜찮다 하면 금세 입소문을 타고 유명해 지기 때문이다.

한인 식당은 주로 둘루스나 스와니 한인마켓이 있는 몰 주변으로 밀집해 있으며 '먹자골목'을 방불케하는 식당가들이 형성되어 있다. 다음은 애틀랜타 한인들에게 비교적 잘 알려진 음식점들이다.

한인들에게 잘 알려진 음식점	
한식	강서설렁탕(스와니), 강스테이블(둘루스), 나주면옥(둘루스), 서라벌(둘루스), 소들녘(스와니), 엄마밥상(둘루스), 운암정(뷰포드), 이씨명가(둘루스), 장독대(둘루스), 장원정(둘루스), 청기와(둘루스), 진주가든(스와니), 청담(둘루스), 하준농원(스와니), 한일관(도라빌)
중식	유끼(둘루스), 삼원각(스와니), 왕서방(둘루스), 홍반장(스와니), 홍콩반점(둘루스),Taste of China(둘루스)
일식·횟집	강남일식(도라빌), 기소야(스와니), 노리노리 뷔페(샌디스프링스), 도시스시(둘루스), 도쿄베이 뷔페(라즈웰), 샘수수산(둘루스), 스시빌리지(로렌스빌). 스시미토(노크로스), 싱싱한 회센터(둘루스), 어촌활어(둘루스), 오라오라 뷔페(둘루스), 큰바다횟집(스와니)
분식	국가대표(둘루스·스와니), 비비면(둘루스), 요기(스와니), 죠스떡볶이(둘루스·스와니·쟌스크릭), 포트리(스와니), 하나분식(둘루스)
BBQ 구이	109(스와니), 9292(둘루스), 강식당(둘루스), 강호동 678(둘루스), 서라벌(둘루스), E.M.Bop(둘루스), 아리랑K(스와니), 안주(스와니), 초이스 그릴(셰프JK·스와니), K팩토리(둘루스)
순두부	88두부(둘루스), 두부공방(둘루스), 서울순두부(둘루스), 소공동순두부(둘루스·스와니)
냉면·국밥	돈수백(둘루스), 무봉리(둘루스), 부산돼지국밥(둘루스), 삼봉냉면(둘루스), 인생국밥(스와니), 황소고짚(둘루스)
족발전문점	장충동왕족발(둘루스), 족과의 동침(둘루스·스와니)
곱창	곱창쌀롱(스와니), 불타는 곱창(둘루스·스와니), 황소곱창(둘루스)
샤브샤브	9292샤브(둘루스), 곰샤브샤브(둘루스·스와니)
치킨	BBQ치킨(둘루스·스와니), CM치킨(스와니), 본본치킨(스와니), 올모스트 패이머스 치킨(스와니)
커피 & 베이커리	뚜레주르, 모차르트, 빈센트, 순, 컨펙션, 파리바게트, 하얀풍차, 헨젤과 그레텔

(2) 옐프 선정 미국 최고 해산물 맛집

전국 맛집 검색·리뷰 사이트 옐프(Yelp)가 해산물의 신선도, 메뉴의 창의성 등을 기준으로 전국 해산물 전문 식당 100곳을 선정했다. 2001년~2023년까지 20년 넘는 기간의 리뷰와 평점을 바탕으로 리스트를 구성한 이 리스트에는 조지아주 등 동남부 식당들도 여러 곳 이름을 올렸다. 조지아주에선 모두 5곳이 포함됐다.
▶ 옐프 해산물 식당 리스트 : yelp.com/article/top-100-seafood-spots-2024 (2024.3.23. 애틀랜타중앙일보)

미스터 셕크스 (Mr, Shuck's)

브런즈윅은 사바나보다 남쪽, 지킬 아일랜드 인근에 있는 도시로, 해안가를 끼고 있어 신선한 해산물, 특히 블루크랩을 확보할 수 있다. 셕크스의 가장 유명한 메뉴는 마늘과 각종 향신료를 버무린 새우, 꽃게 등이다. 현지에서 바로 잡은 새우, 대게, 랍스터 등 다양한 해산물을 맛볼 수 있다. 주말에는 예약이 어려울 정도로 조지아에서 소문난 맛집이다.
▶ 조지아 1위·전국 8위 ▶ 웹사이트: www.mrshucksseafood.com
▶ 주소: 107 Altama Connector, Brunswick, GA 31525.

알바니 피시 컴퍼니 (Albany Fish Company)

조지아 2위·전국 22위. 알바니 지역. 알바니는 애틀랜타 남쪽, 둘루스에서 차로 약 4시간 걸린다. 식당 이름처럼 생선, 새우, 꽃게 등 다양한 종류의 생선을 이용해 샌드위치부터 볶음밥까지 다양한 방법으로 조리한다.
▶ 조지아 2위·전국 22위 ▶ 주소: 1921 Dawson Rd, Albany, GA 31707.

애틀랜타 하이웨이 씨푸드마켓 (Atlanta Hwy Seafood Market)

조지아 3위·전국 61위. 게인즈빌 지역. 명단에 오른 식당 중 유일하게 메트로 지역에 있다. 이곳은 자연산 꽃게, 새우, 관자, 굴 등 다양한 해산물을 취급하며, 수산시장처럼 갓 잡은 해산물을 얼음에 진열해 놓은 모습도 볼 수 있다.
▶ 조지아 3위·전국 61위 ▶ 웹사이트: www.atlantahighwayseafood.com
▶ 주소: 227 Atlanta Hwy, Gainesville, GA 30501.

이외에도 사바나에 있는 차이브 씨 바 & 라운지(92위)와 타이비 아일랜드에 있는선데 카페(93위)가 명단에 올랐다.
전국 1위에 뽑힌 곳은 버지니아주 버지니아비치에 있는 블루 씨푸드 & 스피릿으로, 구운 관자, 꽃게 스프 등이 유명하다. 특히 이곳의 '찰스 크랩 수프'는 2017년 동부 꽃게 수프 대회에서 1등을 차지하기도 한 유명 메뉴다.
사우스캐롤라이나주 찰스턴에 있는 167 로(Raw) 오이스터 바는 전국 4위를 차지했다. 이름에서 알 수 있듯 생굴이 유명하다. 옐프에 따르면 신선한 굴을 얻기 위해 일주일에 몇 번(바쁜 여름 시즌에는 매일) 보스턴 수산시장에 가서 굴을 공수해온다. 굴 말고도 빵에 랍스터 살이 들어간 랍스터 롤도 전국 2위에 오른 만큼 인기가 많다.

(3) 미쉐린 가이드 포함된 애틀랜타 식당

2023년 10월 애틀랜타 최초 미쉐린 가이드가 나왔다. 여기엔 '별 한 개(원 스타)' 레스토랑 다섯 곳을 포함, 총 45개 식당이 리스트에 이름을 올렸다. 리스트는 남부 소울푸드에서부터 한식, 필리핀 음식에 이르기까지 다양했다. 그러나 미쉐린 가이드 중 최고의 평가라고 여겨지는 별 3개를 받은 곳은 없었다. 별 두 개 식당도 나오지 않았다. 미쉐린에서 '별 한 개'란 '해당 지역을 방문하면 들러볼 가치가 있는 훌륭한 음식점'이라는 뜻이다.

원 스타 (★)

애틀랜타의 고급 아메리칸·유럽식 레스토랑 '아틀라스'가 별 하나를 받았다. 고급 식재료를 이용해 적은 양으로 여러 가지 메뉴를 맛볼 수 있는 테이스팅 메뉴와 실내 인테리어로도 유명하다. 또 디저트와 치즈 코스로 유명한 '바카넬리아,' 실험적인 요리법으로 화려한 음식을 만들어내는 '레이지 베티'가 원스타 식당으로 꼽혔다. 일식당 두 곳도 원스타 레스토랑에 이름을 올렸다. 애틀랜타 미드타운에 있는 '하야카와'는 하야카와 셰프의 고향인 홋카이도 음식에서 영감을 받은 메뉴가 돋보인다. 아울러 가이세키 요리와 스시도 맛볼 수 있다. 또 다른 일식당은 '무죠'로 스시 셰프가 바로 앞에서 서빙하는 오마카세만을 제공한다. 홈페이지에 따르면 무죠의 오마카세 테이스팅 코스는 일인당 225달러

빕 구르망 (Bib Gourmand)

빕구르망 리스트에는 합리적인 가격에 맛있는 음식을 제공하는 식당 10곳이 올랐다. 필리핀 음식을 맛볼 수 있는 '에스트렐리타', 마틴 루터 킹 주니어 목사도 다녀간 남부 소울푸드 음식점 '더 비지 비' 등이 뽑혔다. 특히 눈에 띄는 식당은 한국 가수 출신 이지연 씨가 운영하는 '에어룸마켓 BBQ'다. 미쉐린은 "남부와 한국의 맛을 합쳐서 판타스틱함을 만들어냈다"고 표현했다. 이곳에서는 일반적인 바베큐 사이드 디시, 피클 등과 더불어 할라피뇨 김치, 장아찌 등의 사이드 메뉴도 곁들일 수 있다.

미쉐린은 이외에도 '평균 이상이지만, 빕 레벨은 아닌' 식당 29곳을 뽑았다. 많은 사람들이 미쉐린 가이드에 포함될 것으로 예상한 태국 음식점 '탈라트마켓'이 이름을 올렸다. 이곳은 예약을 받지 않는 식당으로 유명하며, 태국의 야시장에 온 듯한 분위기도 느낄 수 있다. 한식당으로는 도라빌 뷰포드 하이웨이 선상의 '한일관'이 뽑혔다. 미쉐린은 한일관의 해물파전, 돼지고기 김치찌개, 한국식 바비큐 등을 언급하며 다양한 종류의 한식을 맛볼 수 있다고 설명했다. 말레이시아 음식점인 '푸드 터미널,' 인도 음식점 '차이 파니,' 벅헤드의 이탈리안 레스토랑 '스토리코 프레스코 알리멘타리' 등이 미쉐린의 선택을 받았다.

미쉐린은 식당의 '지속가능성'을 평가한다. 식당이 윤리적 및 환경적 기준에 대해 책임을 지는지 등을 보는데, 애틀랜타에서는 두 곳이 '그린 스타'를 받았다. 하나는 별 하나를 받은 '바카넬리아'이고, 다른 하나는 '더 체스타인'이다. 두 곳은 로컬 농장에서 제철 식재료를 구한다. 특히 더 체스타인의 경우, 자체적으로 퇴비를 만들며 쓰레기를 줄이려는 노력을 한다고 알려졌다. 더 체스타인은 제철 식재료로 만든 아메리칸 스타일 메뉴와 파스타 메뉴로 유명하다. (2023.10.26.애틀랜타중앙일보)

 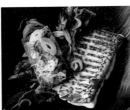 

미쉐린 가이드란?
'미슐랭'이라고도 부르는 미쉐린 가이드는 프랑스의 타이어 제조 회사인 미쉐린이 매년 발표하는 여행 가이드로, 식당 및 호텔 등을 평가하여 별점을 매긴다. 당초 취지는 타이어 회사로서 자동차 여행을 장려하기 위함이었다. 130년의 역사가 있는 만큼, 세계 여러 나라에서 식당을 평가하는 척도로 자주 쓰인다. 북미에서는 뉴욕, 시카고, 캘리포니아 등의 도시가 포함된 바 있으며, 남부에서는 올랜도가 대표적이다. 미쉐린 가이드에 포함된 애틀랜타 식당 리스트는 홈페이지 www.guide.michelin.com/us/en/georgia/atlanta_2884144/restaurants 에서 찾아볼 수 있다.

(4) ABC 추천 미쉐린 후보 맛집 30선

지난 2023년 10월 애틀랜타 최초의 미쉐린 가이드가 나왔다. 애틀랜타가 미쉐린 가이드에 포함된 것은 북미에서 9번째로 선정 지역이다. 이에 앞서 애틀랜타의 유명 잡지 애틀랜타 비즈니스 크로니클(ABC)은 미쉐린 가이드에 들 만한 식당 30곳을 미리 선정, 발표했다. 이는 조지아의 유명 셰프와 레스토랑 체인 대표 등의 추천을 종합한 것이다. 이중 세 명 이상의 추천을 받은 곳들을 소개한다.

탈라트 마켓 (Talat Market)

애틀랜타 서머힐 지역에 위치한 탈라트마켓은 다수의 매체를 통해 애틀랜타 대표 맛집으로 많이 알려졌다. 주메뉴는 태국풍의 음식으로, 조지아에서 재배된 태국 식자재를 이용한다고 알려졌다. 또 태국 느낌이 물씬 나는 칵테일 리스트로도 유명하다.

밀러 유니온 (Miller Union)

조지아텍 인근에 있는 밀러 유니온은 로컬 식자재를 이용해 계절에 맞는 음식을 내놓는다. 전반적으로 남부의 색을 띤다. 식당 오너가 특히 와인 리스트에 신경을 많이 쓰는 것으로 알려졌는데, 메뉴에 맞는 와인을 선별해서 제공한다.

아리아 (Aria)

벅헤드에 있는 아리아는 여러 채식 위주의 메뉴를 제공한다. '아메리칸' 스타일의 메뉴를 보유하고 있으며, 해피아워 등 다양한 이벤트도 시도해서 행사에 맞춰 방문해도 좋다.

무죠 (Mujo)

애틀랜타 미드타운 인근에 위치한 고급 일식당 무죠는 오직 오마카세 초밥 메뉴만을 제공한다. 식당에 따르면 메뉴도 계절에 따라 매일 바뀌며 일본 직송 생선도 많이 쓰인다.

레이지 베티 (Lazy Betty)

레이지베티는 다운타운 인근에 있으며, 4 또는 7 메뉴가 포함된 코스메뉴로 유명하다. 또 계절 식자재를 활용하거나 셰프가 선별한 여러 메뉴를 모아 놓은 '테이스팅 메뉴'가 인기다. 이외에도 마르셀, 스프링, 지지스 등의 식당이 언급됐다. (2023.7.23. 애틀랜타중앙일보)

(5) 옐프 선정 '미국 최고의 버거'

맛집 검색 앱 '옐프'가 2023년 5월 28일 '버거의 날'을 앞두고 발표한 '미국 최고의 버거' 100곳에 애틀랜타의 버거 전문점 두 곳이 이름을 올렸다. 플랫폼 평점과 리뷰 등을 종합해 선정한 이 리스트에는 전통적인 고기 패티 버거부터 생선, 채식 버거 등 다양한 종류가 포함됐다.

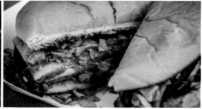

폭스 브로스 바베큐 (Fox Bros, B.B.Q)

옐프 선정 '미국 최고의 버거' 애틀랜타 1위. 옐프는 "바베큐 소스가 뿌려진 텍사스 스타일 버거를 선호했다"고 설명했다. 이 곳의 특징은 전형적인 간 쇠고기 패티 대신 텍사스 바베큐를 대표하는 앵거스 쇠고기 브리스킷을 사용한다는 점이다. 빵은 브리오쉬 번을 사용하며 직접 만든 피멘토 치즈로 풍미를 더한다. 폭스 브라더스는 애틀랜타에 세 지점을 운영하고 있다. 1호점은 2007년부터 운영해온 디캡 에비뉴 지점이며, 오트리 에비뉴 지점은 점심 때만 운영한다.

슬러티 비건 (Slutty Vegan)

옐프 선정 '미국 최고의 버거' 애틀랜타 2위, 전국 3위. 이름처럼 채식주의 메뉴가 주를 이루며, 버거 패티도 일반고기를 사용하지 않고 식물성 패티를 사용한다. 옐프는 '원 나잇 스탠드'라는 이름의 버거를 최고 인기 메뉴로 꼽았다. 사용자의 리뷰를 인용해 "한 입을 먹자마자 고기가 아니라는 것에 놀랐다"며 베이컨과 치즈 모두 식물성으로 대체했지만, 맛은 전형적인 버거처럼 구현했다고 전했다. 슬러티 비건은 애틀랜타에서 흑인 여성이 2018년에 창업 후 전국적으로 화제를 모은 식당이다. 현재 앨라배마, 뉴욕 등지에서도 매장을 운영하고 있으며 특제 소스와 다양한 비건 음식을 제공한다. 조지아에서도 애슨스, 조지아텍 등 여러 곳에 매장이 있으며 한인들이 많이 거주하는 둘루스 플레전트 힐 로드에도 있다. (2023.5.25.애틀랜타중앙일보)

(6) AJC 선정 애틀랜타 '고향 맛집' 50선

조지아주의 대표 일간지인 애틀랜타 저널(AJC)이 선정한 메트로 애틀랜타 지역의 '고향 음식(Comfort food)' 50군데 중 한식당 두 곳이 포함됐다. 미국에서 '컴포트 푸드'라고 쓰이는 표현은 엄마가 어릴 때 차려준 음식, 고향의 맛, 지쳤을 때 힘을 얻을 수 있는 음식 등의 뜻을 담고 있다.

AJC는 먼저 스와니 아씨마켓 몰에 있는 발리 부대찌개를 소개했다. 한국의 부대찌개의 유래를 설명하며 "마음과 혀가 따뜻해지는 음식이다. 보글보글 끓고 있는 냄비에 밥과 반찬을 곁들여 먹으면 나중에 친구들과 같이 가고 싶어질 것"이라는 평을 곁들였다.

챔블리 뷰포드 하이웨이 선상의 한식당 디쉬(Dish)의 불고기 돌솥비빔밥도 선정됐다. 돌솥이 만들어 내는 소리, 누룽지의 식감, 다양한 재료 등을 강조하며 "한 그릇을 더 먹고 싶을 정도의 감각적 즐거움"이라고 신문은 표현했다.

이외에도 태국, 인도, 일본, 이탈리아, 대만 음식 등도 다수 포함됐다. 일식으로는 한인들에게도 많이 알려진 도라빌 쇼야 이자카야의 돈까스 카레와 둘루스에도 매장이 있는 오키보루의 돈코츠 라멘이 선정됐다.

대표적인 고향 음식 중 하나인 프렌치 어니언 수프는 애틀랜타의 타이니 루스의 메뉴가 뽑혔다. 또 파스타 메뉴인 카르보나라 파스타는 애틀랜타의 벨리나 알리멘타리의 것이 포함됐다. (2023.10.11. 애틀랜타중앙일보) ➊

6. 사회복지 프로그램

메디케이드 (Medicaid)

기본적으로 저소득층에 대한 병원 및 건강보험 혜택을 제공하는 것이다. 메디케이드 재원은 연방정부와 주정부가 공동으로 부담하지만 가입 및 수혜 자격에 대한 규정은 각 주에서 자체적으로 결정하며 관리도 각 주정부에서 한다. 소득과 자산 등의 기준으로 정해지는 자격을 갖추면 메디케어와 함께 사용할 수 있다.

메디케이드는 메디케어보다 훨씬 많은 커버리지를 갖고 있다. 특히 장기 간호 서비스에 대해 메디케어는 극히 단기간(최대 100일)만 지원하지만 메디케이드는 기간 제한이 없기 때문에 훨씬 혜택이 크다. 하지만 메디케이드는 소득과 자산 규정 등 까다로운 자격 심사를 거쳐야 한다.

■ 자격요건
조지아주에서 메디케이드 혜택을 받으려면 우선 시민권자이거나, 영주권을 받은지 5년이 지나야 한다. 또 기본적으로 무보험자여야 한다. 또 18세 미만 자녀가 있거나, 65세 이상 노인 또는 장애인이거나, 임산부인 경우 혜택을 받을 수 있다. 또 월 가족 수입이 일정수준 미만이어야 한다.

이는 가족 수에 따라 달라질 수 있다. 2024년 3월 현재 기준으로 월 소득은 독신자 기준 889.40달러 이하, 부부 기준으로 1,496.20달러 이하라야 한다. 주식, 채권, 은행잔고 등 보유 재산 역시 독신자 기준으로 2,000달러 (부부 기준으로 3,000달러) 가 넘으면 안 된다. 그러나 자기가 살고 있는 주택 한 채와 자동차 한 대는 보유 재산에서 제외된다.

더 자세한 자격요건과 신청 절차 등은 조지아주 보건복지부(Georgia Department of Community Heath : 주소 2 Peachtree St., NW Atlanta, GA 30303, Tel 404-656-4507)로 문의하면 된다.

■ 제공 혜택
풀 메디케이드의 경우 병원치료부터, 의사 진료, 입원, 처방약, 재활서비스, 가정간호 등을 받을 수 있다. 또 다른 의료보험으로 지불되지 않는 비용까지 커버되기도 한다. 메디케어 소지자이면서 동시에 메디케이드 수혜자일 경우, 메디케어 보험료인 프리미엄과 사용자 부담금, 공제금 등의 비용이 메디케이드로 지불된다.

일단 메디케이드 수혜자로 결정되면 일반적 재정적 자격조건을 유지하거나 SSI를 지급받는 한, 계속해서 메디케이드 혜택을 받을 수 있다.

■ 제출 서류
●소득증명 서류 ● 최근 봉급 명세서(페이체크) 사본, 고용주 편지, 또는 최근 세금보고서 자료, 은행입출금 내역서 ● 정부가 발행한 운전면허증 등의 신분증(ID)와 시민권 증서, 영주권 사본 ● 아동출생증명서 또는 여권 ● 가족 모두의 소셜시큐리티번호 ● 이전 및 현재의 건강보험 치료 ● 월 렌트비, 모기지 금액과 월 유틸리티 등

■ 메디케이드로 커버되지 않는 서비스
● 알코올, 마약중독 치료 ●미용치료, 성형 ●21세 이상의 틀니 ●탈모방지약 ●안경 ●21세 이상 예방접종 ●비만관리 프로그램 ●조지아주 메디케이드를 취급하지 않는 병원 이용할 경우 등

■ 신청방법
본인이 거주하는 지역의 사회보장국(소셜서비스국)에 신청서와 서류를 제출해야 한다. 각종 보험 전문인들로부터 신청 도움을 받을 수 있고, 비영리단체인 아시안아메리칸센터(AARC)와 팬아시안커뮤니티센터(CPACS) 등에서

도 한인들의 메디케이드 신청을 돕고 있다.

메디케이드 신청을 하면 신청자의 자격조건과 수입, 자산 등을 모두 검토한 후 수혜자격 여부가 결정되는데, 보통 서류 제출 후 10일, 길게는 두세 달 정도 걸리기도 한다.

■ 자격 갱신

메디케이드는 1년에 한번 씩 갱신해야 한다. 주 정부에서 수혜 자격 변동 여부에 대한 심사를 지속적으로 하기 때문이다. 수혜자는 보통 매년 2~4월 사이에 갱신 요청 편지를 받는다.

따라서 갱신 요청 서류를 받기 위한 주소지를 정확히 해 두어야 한다. 또 받은 갱신 요청서류는 반드시 작성해서 돌려보내야 계속 메디케이드 혜택을 받을 수 있다. 이때 주소나 수입 내역, 자녀수 증감, 체류신분, 결혼, 보험추가 등의 변동사항이 있을 경우 반드시 신고해야 한다.

피치케어 포 키즈 (Peachcare for Kids)

조지아주가 19세 미만 저소득층 미성년자들에게 제공하는 건강보험에는 미디케이드 외에 피치케어(PeachCare for kids)와 메디케어(Right from the Start Medicare)도 있다.

두 보험 모두 예방 접종부터 감기, 치과치료, 수술까지 본인 부담금 없이 치료를 받을 수 있다. 둘 중 어떤 혜택을 받는가는 가구 수입에 따라 결정되는데, 피치케어는 메디케이드 대상자보다 소득이 조금 더 많지만, 연방 빈곤 소득 기준의 일정 비율 이하일 경우에 신청할 수 있다.

■ 자격요건

● 18세 이하의 어린이 (19세 생일까지 가입 가능) ● 가족 소득 : 연방 빈곤 기준의 247% 이하. (예를 들어 2024년 3월 기준으로 4인 가족 연방 빈곤 기준 연소득은 약 26,500달러다. 따라서 4인 가족일 경우 $26,500 x 247% = $65,615이하여야 한다.) ● 시민권자 또는 영주권 취득 5년 이상. (피치케어는 미성년 어린이를 위한 건강보험이므로 부모의 체류신분과는 상관이 없다. 따라서 부모가 불법체류자여도 아이가 미국에서 출생한 시민권자라면 신청이 가능하다.)

■ 제공 혜택

● 기본 건강 관리: 주치의, 예방 접종, 전문의 진료, 치과 진료, 시력 관리 등 ● 입원 및 응급실 서비스: 병원 입원, 응급실 서비스 ● 처방 약물 ● 정신 건강 치료

■ 주의사항

피치케어를 신청하기 위해서는 지난 6개월간 해당 미성년자의 보험 혜택이

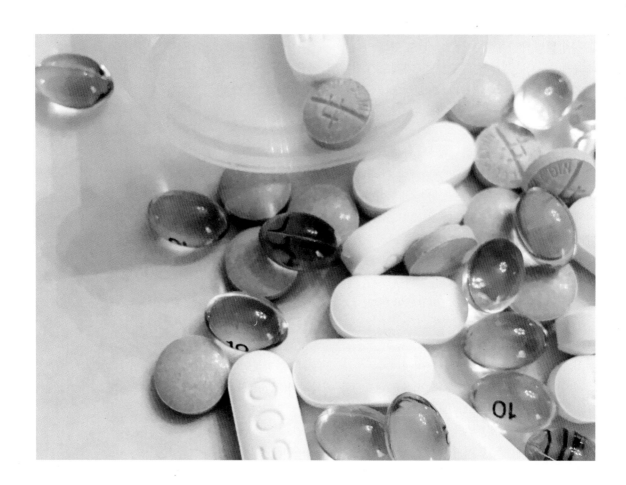

없어야 한다. 부모의 직장이나 개인 보험을 통해 건강보험을 가지고 있다가 최근 해약한 경우에는 해약 시점부터 6개월이 지나야 신청할 수 있다.

신생아일 경우 출산 후 아이가 쇼셜시큐리티 번호를 받고 출생증명서 등 시민권자임을 증명할 수 있는 모든 서류를 갖춰 신청할 수 있다. 따라서 피치케어 카드를 받는데 까지는 2~3개월이 걸리기 때문에 그 사이에 지출되는 의료비는 부모가 부담해야 한다. 피치케어 카드를 받은 후 그 이전에 지출된 의료비는 청구할 수 없다.

푸드 스탬프 (Food Stamps)

푸드 스탬프는 연방 정부가 지원하는 식료품 지원 프로그램으로 조지아에서는 150만 명이 혜택을 받고 있다. 영어로 Supplemental Nutrition Assistance Program(SNAP)라고 한다. 일반적으로 EBT라는 이름으로도 잘 알려져 있다. 저소득 가구에 매월 현금처럼 식료품을 살 수 있는 쿠폰을 발행해 준다.

조지아 주 정부는 전자카드(Electric Benefits Transfer)를 통해 이 혜택을 제공한다. 이 카드는 대부분의 그로서리 식품점과 인증받은 파머스 마켓에서 사용할 수 있다.

구입가능 품목은 바로 먹어야 하는 뜨거운 음식을 제외한 모든 종류의 식품이며, 비누나 기저귀 등 식료품이 아닌 생필품은 교환할 수 없다.

■ 자격요건

● 시민권자 혹은 영주권 취득 후 5년 이상인 저소득층.

● 본인이 속한 가구가 2000달러 이상의 자산을 소유하지 않아야 한다. 단 본인이 사는 집 한 채와 자동차 1대, 생명보험은 자산에서 제외. (장애자는 3000달러, 홈리스도 수혜대상임)

● 부부의 경우 가족 종 최소 한 명이 60세 이상이어야 한다.

● 조지아주 푸드스탬프 혜택은 가족 수와 소득, 지출 비용에 따라 결정되며. 한 가구의 월 소득이 연방 빈곤지수의 130% 이하라야 한다. 참고로 푸드스탬프 신청시 '가구(household)'는 혼자 사는 사람도 해당될 수 있으며 친척이든 아니든 같은 장소에서 함께 음식을 요리해 먹는 사람을 말한다.

■ 수혜자 의무 사항

푸드스탬프 수혜자 중 장애가 있거나 임신 중, 또는 대학 재학중인 사람을 제외한 18~52세 (2024년 10월부터는 54세까지)의 사람은 다음과 같은 근로 현황을 보고해야 한다.

● 주당 평균 20시간, 월 80시간 근무 ● 주당 평균 20시간, 월 80시간 교육, 또는 훈련 참가 ● 비영리기관 자원봉사와 같은 워크페어 참가 ● 주당 평균 20시간의 근로나 교육훈련 프로그램 참가 등이다.

■ 기타

푸드스탬프 신청는 카운티 사회복지국(DFCS)에 하면 된다. 하지만 자격 요건 및 지원 금액등 까다로운 기준이 많고 엄격한 심사를 거쳐 결정되므로 자세한 것은 조지아주 정부 관련부서에 문의하거나 AARC나 CP{ACS 등 한인 복지 관련 단체도 신청을 도와준다.

그 밖의 복지 혜택

■ Temporary Assistance for Needy Families (TANF)

18세 미만의 자녀가 있는 저소득층 가정에 매달 일정액의 현금을 지원한다. TANF 혜택을 받으려면 주 복지부 산하 아동 지원 서비스 부서(the Department of Human Services Division of Child Support Services)를 통해 알아봐야 한다.

■ Planning for Healthy Babies (P4HB)

산모와 유아의 건강을 위한 프로그램이다. 임산부에게 산전관리와 교육, 지원을 제공함으로써 건강한 임신과 출산을 돕는다.

■ Childcare and Parent Services (CAPS)

저소득층 가정의 보육비 지원 프로그램이다. 맞벌이 부모가 고용되어 있거나 학교에 다니는 동안 양질의 보육 서비스를 받을 수 있도록 돕는다.

7. 조지아 생활 법률

한국에서 조지아로 이민 오면 모든 것이 낯설다. 타주에서 이주해 와도 미국은 주마다 생활 규범이나 법규가 다른 게 많아 당황스러울 때가 있다. 신규 이민자나 이주자들이 알아둬야 할 조지아주의 기본적인 법률사항을 문답식으로 알아본다. 〈이종원 변호사 제공〉

교통사고가 났을 때

■ 사고가 났어요, 어떻게 하죠?

일단 사고 상황을 파악하고, 911에 전화해 경찰을 불러야 한다. 사고가 심각하면 당연히 병원에서 치료를 받아야 하고, 사고가 경미해도 경찰을 부르는 것이 좋다. 사고 현장 사진을 되도록 많이 찍은 후, 자동차 보험사에 연락해야 한다. 상대방의 운전면허와 보험증을 챙기는 것도 중요하다.

■ 저는 영어를 잘 못해요

당황하지 말자. 조지아주에서 한인이 거주하는 지역의 경찰은 전화를 통해 한국어 통역을 제공한다. 경찰에게 "Korean Interpreter"라고 부탁하면 전화로 연결해줄 것이다.

변호사 사무실에 연락해 통역 및 조언을 요청하는 것도 한 방법이다. 대쉬캠(블랙박스)을 차에 설치해뒀다면 더욱 좋다. 사고 시간과 상황이 나와있는 대쉬캠 영상이 있으면 경찰에 설명하고, 이후 사고 처리가 훨씬 편해진다.

■ 상대방이 경찰을 부르지 말래요
한국과 조지아는 교통사고 처리 방법이 다르다. 따라서 경미한 사고라도 911로 경찰을 부르는 것이 중요하다. 한국에서는 보험사간에 상대방 차량과 과실 비율을 따진다. 그러나 미국에서는 911전화를 받고 출동한 경찰의 판단이 크게 작용한다. 경찰이 사고보고서(폴리스 리포트)에 '차량A의 과실'이라고 결론내리면 사고 처리가 훨씬 쉬워진다. 만약 경찰 없이 운전자끼리 알아서 할 경우, 나중에 말이 바뀌고 과실비율 산정에 어려움이 생길 수 있다.

■ 상대방이 잘못해서 내가 받혔어요
경찰이 "상대방 과실이 100%"라고 판단했을 경우, 사고 유발자의 자동차 보험으로 피해자 치료비와 자동차 수리를 해준다. 상대방 보험사는 치료 기록과 수리기록을 보고 보상금 액수를 계산한다. 변호사를 고용하면 이 모든 기록과 보험사 협상을 도맡아서 해준다.

■ 내가 잘못해서 상대방이 사고났어요
보험은 이럴 때 쓰라고 있는 것이다. 본인이 가입한 자동차 보험사가 한도 내에서 상대방에게 치료비, 수리비, 보상금을 지불할 것이다. 그러나 벌점을 받고 앞으로 보험료가 오를 가능성이 높다.

■ 몸이 아픈데 건강보험이 없어요
교통사고 관련 치료비는 자동차 보험에서 한도 내에서 대신 지불한다. 따라서 무보험자라도 끙끙 앓지말고 병원에 갈 것을 권한다.

■ 사고 후 며칠 지나서 몸이 아파요
교통사고 후유증은 며칠 후에 증상이 나타날 수도 있다. 하지만 시간이 너무 지나면 보험사에서 부상을 인정하지 않을 수 있다. 따라서 아무리 사고가 경미하더라도 사고 후 곧바로 병원에서 검진을 받고, 조금이라도 아픈 곳이 있으면 기록을 남겨두는 것이 좋다.

■ 상대방이 뺑소니를 쳤어요
사고 유발자가 뺑소니를 치거나, 무보험자 또는 불법체류자인 경우가 종종 있다. 이런 경우 조지아주에서는 UM(uninsured motorist claim)이라는 제도가 있다. 본인의 자동차 보험사가 조사를 벌여 상대방 운전자를 찾아보고, 찾을 수 없으면 피해자에게 대신 보상을 해준다.

■ 사고 때문에 자동차 중고 가격이 떨어졌어요
사고로 망가진 자동차는 100% 완벽하게 수리를 하더라도 중고가가 떨어진

다. 사고 기록이 남기 때문이다. 이런 불합리를 방지하기 위해서 조지아주는 차량 가격 보상(diminished value)를 법적으로 보장하고 있다. 떨어진 중고가 만큼 보험사에서 추가 보상해주는 것이다. 타주에는 없는 법률이므로 조지아 변호사와 상담하는 것이 좋다.

운전면허 관련

■ 국제운전면허증으로 얼마나 운전할 수 있나요?

한국 경찰청에서 발급하는 국제운전면허증은 유효기간이 12개월이다. 하지만 조지아주는 법률로 '타주에서 온 사람은 1개월 내 조지아주 운전면허증으로 바꿔야 한다'고 규정하고 있다. 비록 조지아주 경찰이 국제운전면허증 발급 기간을 꼼꼼하게 확인하지는 않으나, 되도록 1개월이 되기 전에 조지아주 면허증으로 바꾸는 것이 좋다.

■ 한국 운전면허증을 조지아 면허증으로 바꿀 수 있나요?

한국국적자는 애틀랜타 총영사관에서 '운전면허 총영사관 레터'를 발급받아 조지아주 운전면허국(DDS)에서 제출하면 운전면허 시험 없이 조지아주 운전면허증으로 바꿀수 있다. 자세한 내용은 총영사관에 문의하면 된다.

■과속 벌금을 냈는데 운전면허가 취소됐어요

조지아주의 수퍼 스피더(Super speeder) 법 때문이다. 운전자가 제한속도 20마일 이상 과속으로 적발되면, 그 지역 법원은 수백 달러의 벌금을 부과한다. 게다가 조지아주에서 추가로 200달러의 '수퍼 스피더 벌금'을 부과한다. 상당수 한인 운전자들은 법원에만 벌금을 내고 잊어버린다. '수퍼 스피더' 벌금은 조지아 등 일부 주에만 있기 때문이다. 이 벌금을 내지 않을 경우, 조지아주 DDS에서 운전면허를 취소하는 사례가 종종 있다. 이 경우 법원과 DDS를 방문해 사정을 설명하고 벌금과 이자를 빨리 납부해야 운전면허를 살릴 수 있다.

■ 경찰에게 '딱지'를 받았어요. 어떻게 하죠?

한국과 마찬가지로 조지아주 경찰도 교통위반에 '트래픽 티켓'을 주곤 한다. '트래픽 티켓'에는 티켓넘버(citation number)와 함께, 관할 법원에 몇 월 몇 일 출두하라고 날짜와 시간이 적혀나온다. 이런 경우 두 가지 방법이 있다.

① 만약 법원에 나갈 시간이 없다면, 티켓에 적혀 있는 홈페이지로 들어가 크레딧카드로 벌금을 내면 된다. (시골 지역의 경우 홈페이지가 없고 법원에 전화를 걸어 납부해야 할 수도 있다.) 이러면 법원에 나갈 필요가 없고 사건이 종결된다. 그러나 법적으로 '유죄를 인정'한 것이기 때문에 보험료가 약간 오를 것이다.

② 법원에 직접 출석해 검사(solicitor) 또는 판사와 대화하고 선처를 구하는 방법이 있다. 벌금을 내는 대신 혐의를 낮추거나 없앨 수도 있다. 경험많은 변호사와 동행하는 것도 한 방법이다.

■ 자동차가 견인당했어요

조지아주에 한국식 "렉카차"는 없다. 대신 '토잉 카' '토잉 트럭'(Towing Truck)이라고 부른다. 특히 쇼핑몰, 주택단지, 아파트 주차장 등 '사유지'(private property)에서는 조차를 조심해야 한다. 'private property'라고 적힌 주차장에 허락없이 차를 세우면, 몇 시간 내로 '토잉카'가 당신의 자동차를 견인해갈 수도 있다. 이럴 경우 자동차 주인은 수백 달러의 '보관료'를 내고 차를 찾아가야 함은 물론이다. 주차 전에 반드시 주인의 허락을 받고, 만약 자동차가 견인됐으면 가게 주인과 싸우지 말고, 견인회사에 빨리 전화해 차를 찾아야 할 것이다.

■ 어떤 상황에 911을 불러야 하나요?

아주 사소한 사고나 봉변이라도 꼭 911로 전화해 경찰을 부르자. 영어를 못해서 억울한 일을 당하는 상황은, 오히려 경찰을 안부를 때 더 많이 발생한다. 영어 잘하는 상대방이 "경찰 부르지 말고 우리끼리 해결하자"고 해놓고선, 나중에 "내가 언제 그런말 했느냐. 네가 영어를 못해서 잘못 알아들은 것"이라고 발뺌하는 사례도 수두룩하다. 경찰을 불러 사고보고서(폴리스 리포트)를 남기면 이런 일이 없다.

■ 경찰이 인종차별하는 것 같아요

조지아 경찰들은 이런 주장은 오해라고 말한다. 첫째, 경찰은 한인을 인종차별할 이유가 없다. 요즘같은 세상에 인종차별로 엮이면 곤욕을 치르게 되기 때문이다. TV에 나오는 경찰의 인종차별은 그야말로 극단적 사례일 뿐이다. 둘째, 경찰은 영어 잘하는 상대방 말만 듣지 않는다. 대다수 경찰은 사고 현장만 봐도 대강의 상황을 금방 파악한다. 셋째, 경찰은 필요하면 한국어 통역을 허락한다. 급하면 영어 잘하는 친구에게 전화를 걸어서 요청해도 되고, 또는 변호사에게 연락해서 경찰이 하는 말을 통역해달라고 해도 된다. 일부 한인타운 경찰서는 아예 한인 및 아시아계 경찰을 부르기도 한다.

술·총기·도박·배심원

■ 조지아주에서 술은 언제 구입할 수 있나요?

한국 또는 타주에서 온 한인들에게 가장 낯선 것이 주류 구입 시간 제한이다. 조지아주는 불과 몇 년 전만 해도 한밤중 및 일요일 주류 구입을 금지할 정도로 보수적이었다. 현재는 법을 완화해, 평일에는 대개 오전 9시-저녁 11시45분 사이, 일요일에는 대개 낮 12시 30분-저녁 11시45분까지만 판매한다. (지역마다 조금씩 판매 시간이 다를 수 있다).

■ 공공장소에서 술을 마시면 안되나요?

한국과 달리 조지아주에서는 공원 등 공개된 장소에서 '오픈 컨테이너' 법에 따라 음주가 금지되어 있으므로 조심해야 한다. 또한 차량 내에 개봉된 술병이 발견되는 경우도 마찬가지로 적발될 수 있으므로 주의해야 한다.

■ 조지아주는 총기를 아무데나 갖고 다닐 수 있나요?

조지아주는 미국에서 총기 소지가 가장 자유로운 주 가운데 하나이다. 중범죄 전과자가 아닌 한 총기 소지에 제한이 거의 없으며, 영주권자 및 시민권자는 총기허가증을 합법적으로 발급받을 수 있다. 만약 사업장 및 사무실에 직원 및 손님의 총기소지를 금지하고 싶다면 반드시 잘 보이는 곳에 'No Gun permitted' 공지를 부착해야 한다.

■ 배심원으로 출두하라는 편지를 받았어요

조지아주에 살다 보면 가끔식 배심원 출두 통지서(Summon for Jury Service)를 받을 때가 있다. 너무 걱정할 것은 없다. 배심원 출두는 미국 시민만의 의무지만, 가끔 미국 시민권자가 아닌 사람에게도 무작위로 통지가 갈 수 있기 때문이다. 만약 영주권자 또는 비자 체류자라면 통지서에 적힌 이메일, 전화 등으로 "미국 시민권자가 아니다"라고 통지하면 의무가 면제된다. 이메일 또는 편지로 비자나 영주권 사본을 보내는 것도 한 방법이다.
한인이지만 미국 시민으로 귀화한 후 배심원 출두 통지서를 받았다면, 무시하지 말고 대응해야 한다. 그러나 귀넷카운티를 비롯한 한인 거주지역 법원은 '영어를 잘 못해서 배심원을 할수 없다'는 서류 양식을 이메일 또는 팩스로 제출하면 배심원 의무를 면제해주기도 한다.

■ 조지아주에는 도박이 불법인가요?

조지아주는 미국에서 가장 도박을 제한하는 주이므로 조심해야 한다. 조지아주는 로터리(한국식 로또), 빙고 게임, 복권만을 허용한다. 조지아 주유소 등에 있는 슬롯머신 같은 기계 역시 돈 대신 현물 상품만 받을 수 있다. 조지아

인근 앨라배마와 테네시 주에서는 일부 인디언 보호구역에 한해 슬롯머신 또는 경마 등을 허용한다.

■ 조지아주의 사업체는 어떤 종류가 있나요?

크게 네 가지가 있다. 첫째 자영업(Sole Proprietorship)으로 개인 1인이 운영하는 사업체다. 둘째로 파트너십 (Limited Partnership)이 있는데 개인 2인 이상 파트너십을 맺을 수 있다. 셋째로, 유한책임회사 (LLC or Limited Liability Company)가 있는데 , 개인 뿐만 아니라 회사, 법인, 신탁, 해외법인 등이 회사를 소유할수 있다. 마지막으로 주식회사 또는 법인 (Corporation)이 있는데 , 개인 및 회사, 법인 등이 주식을 구입해서 소유한다.

사업체를 설립할 때 어떤 법적 형태로 설립해야 유리할지 변호사, 회계사 등 전문가와 상담해야 한다. 예를 들어 자영업과 파트너십은 개인이 사업체에 대해 무한 책임을 진다. 그러나 유한책임회사와 주식회사는 투자자의 투자금까지만 책임을 진다.

■ 조지아주에서 회사 설립은 어떻게 하나요?

조지아주는 미국내에서도 회사 설립이 가장 쉬운 주에 속한다. ① 법인 형태를 결정한다.(주식회사, 파트너십, LLC 등) ② 회사 이름을 정한다. (중복된 회사 이름은 사용할수 없다) ③ 조지아주 국무부 홈페이지에 법인등록 신청 서류를 보낸다. 이때, 주정부에서 연락 가능한 1명의 임원의 이름과 주소를 등록해한 설립인(incorporator)이 사인해야 한다. 일반적으로 서류 심사에 며칠이 걸리지만, 수백달러의 급행료를 지불하면 하루만에 심사 결과가 나오기도 한다.

여기까지가 주정부 회사 등록 절차다. 주정부 등록이 끝나면 연방정부 국세청(IRS)에 등록해야 한다. IRS에 연방사업자번호(Federal Employer Identification Number, EIN)를 신청해서 받으면, 회사 명의로 은행계좌 등록 및 운영이 가능하다. ➊

이종원 변호사

고려대학교 졸
조지아주립대 로스쿨 졸
770-800-0332(평일)
404-992-3661(야간·주말)
jwlee@jwleelaw.com

교통사고·이민 전문

이종원 변호사

770-800-0332 주중
404-992-3661 야간 주말

교통사고
보상 없으면
변호사비 무료

Jongwon Lee, Esq

- 조지아 주립대 로스쿨 법학박사(JD)
- 고려대학교 사회학과
- 애틀랜타 시정부 시장실 이민과 근무
- 조지아주 변호사

JW
Law Offices of Jongwon Lee, LLC

3483 Satellite Blvd #211 Duluth, GA 30096
Tel : 770-800-0332 Email : jwlee@jwleelaw.com
(둘루스 파리바게트 맞은편 빌딩 사무실)

4

교육 및 학군

Education

1. 조지아 교육환경

한인들이 미국에 이민 오는 가장 큰 이유는 바로 교육이다. 미국에 올 때는 누구나 아들, 딸이 우수한 성적으로 '아이비리그'에 입학해 국제사회에서 활약하는 꿈을 꾼다. 그러나 막상 미국에 오면 조금은 암울한 교육현실에 직면하게 된다. 소위 '아이비리그'라는 대학에 들어가기가 한국의 소위 스카이대학(서울대, 연고대) 가기보다 훨씬 더 어렵다는 사실을 깨닫기 시작하기 때문이다.

조지아주에는 미국 최고의 명문이라는 이른바 아이비리그 같은, 누구나 이름만 들으면 알 만한 유명대학은 없다. 미국사회 엘리트를 배출한 유서 깊은 명문 사립 기숙학교도 없다. 하지만 속을 잘 들여다보면 조지아에 숨은 알짜대학이 많다는 것은 조지아에 살아본 사람은 다 안다. 또한 미국에 살아보면 학군 따지고, '명문중고등학교-아이비리그'식의 한국식 교육방식이 능사가 아니라는 것도 깨닫는다. 오히려 내 자식이 한국처럼 특정 일류 대학에 들어가야 한다는 고정관념만 버린다면, 오히려 조지아주에서 자녀를 키우는 것이 큰 장점이 될 수도 있다. 조지아 주 교육환경은 미국 타 지역에 비해 훨씬 많은 장점을 갖추고 있기 때문이다. 그렇다고 조지아주 대학이 타주 대학에 비해 입학이 쉬운 것은 아니다. 최근 조지아 주요 주립대학 입학 성적이 가파르게 오르고 있어 갈수록 입학이 어려워지고 있다는 것은 유념해야 한다.

■ 첫째, 실속 있는 명문대학이 많다

US 뉴스 앤 월드 리포트가 매년 발표하는 전국 명문대학 순위'에 따르면 에모리대학은 '남부의 아이비'라고 불리며 매년 전국 20위 권에 오르내린다. 또 한인학생들도 많이 다니는 조지아텍도 MIT, 캘텍에 이은 전국 수준의 명문 공대로 인정을 받고 있다. 한인 학생들이 가장 많이 간다는 조지아대(UGA)는 미국 내 최초의 주립대로 갈수록 입학하기가 힘든 대학이 되고 있다. 굳이 먼 타 주로 자식을 유학 보낼 필요 없이 양질의 대학교육을 받을 수 있다는 이야기다.

■ 둘째, 장학금 혜택이 많다

조지아주는 타주에 비해 장학금 혜택이 많다. 특히 조지아를 대표하는 장학금인 '호프 장학금'을 꼽을 수 있다. 조지아주에 소재한 주립대학에 입학한다면 학비의 80~90%를 호프 장학금으로 충당할수 있으며, 사립대학에 입학하더라도 적지 않은 액수의 장학금을 받을수 있다. 한마디로 조지아 주립대에 자녀를 보내면, 타주 명문대에 보내는 것보다 학부모의 대학 등록금 부담이 크게 줄어드는 것이다. 최근 조지아 한인 학부모들도 학비가 지나치게 비싼 아이비리그보다 학자금이 저렴하고 교육의 질 훌륭한 조지아주 대학을 선호하는 추세다.

■ 셋째, 조지아 주립대 졸업시 취업에서 유리하다

최근 한국 뿐 아니라 미국 타지역의 조지아 투자가 이어지면서 인력 수요가 크게 늘어난 것은 조지아 주 대학 졸업생들에겐 무엇보다 좋은 소식이다. 거기다 조지아 소재 공립대학 졸업생들의 학비 대비 연봉 수준 높기로 이미 전국 최고라는 평가도 있다. 월스트릿 저널 자회사인 스마트머니 매거진 보도에 따르면 전국 50개 주요 대학의 수업료 대비 연봉 수준 비교에 따르면 하버드 등 아이비리그 대학들을 제치고 조지아텍이 최상위를 차지했다.

■ 넷째, 타주에 비해 조기 영재교육이 잘 갖춰져 있다

조지아주 정부는 지난 1995년 전국에서 처음으로 4세 어린이들을 대상으로 한 프리 킨더가튼 프로그램을 도입, 전국적인 주목을 받았다. 현재 이 프로그램은 1055곳의 사설 센터와, 779곳의 공립학교, 13곳의 대학, 그리고 11곳의 군대 기반의 교육기 관에서 시행되고 있다. 2013년 당시 버락 오바마 대통령은 조지아주 영재학교를 방문, "조지아주의 조기교육을 본받아야 한다"고 말했을 정도다.

■ 다섯째, '알짜' 공립학교들이 많다

조지아주 고등학교의 일반적인 학력 수준이 최상위 속하는 것은 물론 아니지만 한인들이 주로 거주하는 귀넷, 풀턴, 포사이스 카운티는 전국적으로도 뛰어난 공립학교들이 즐비하다. 귀넷카운티의 귀넷 과기고나 피치트리 릿지 고교, 풀턴 카운티의 노스뷰, 존스크릭 고등학교, 캅카운티의 월튼 고등학교 같은 곳은 매년 US뉴스 고등학교 순위에서 상위권을 차지하고 있다. 한인 밀집지역에 이런 같은 '알짜 학교'들이 많은 것은 한인 학부모들에겐 큰 행운이다. ●

2. 공립학교

공립학교의 경우, 주택 위치에 따라 근접 학교에 배정하며 같은 카운티의 학교로 배정되는 것이 원칙이다. 진학을 희망하는 학교가 있어 이사를 고려한다면 사전에 그 학교에 등록할 수 있는지 확인부터 하고 주택을 선정하는 것이 좋다.

입학절차는 관할 교육구에 신청하고 학교 배정 후 해당학교에 등록하면 된다. 조지아주에서 공립학교 성적 보고서는 온라인으로 찾아볼 수 있다. 웹사이트(https://georgia.gov/check-school-performance)에서 알고 싶은 학교를 입력하면 조지아 마일스톤 점수, 대학 및 직업 준비 성과지수(CCRPI) 점수, 등록 학생수, 졸업률, 대학 등록률, 연락처 정보 등이 다 나와 있기 때문에 여러 학교 및 학군을 비교할 수 있다.

(1) 귀넷 카운티

한인들이 가장 많이 밀집해있는 카운티로 폭발적인 인구유입이 이뤄지면서 학교 규모도 가장 빠르게 성장하고 있다. 귀넷 교육구 산하에는 140여 개의 학교가 있으며 초등학교 80곳, 중학교 29곳, 고등학교가 21곳이며 기타 온라인 캠퍼스 등이 있다. 재학 중인 학생들의 상당수가 소수계로 구성된 이른바 다인종 구성이 눈에 띈다.

■ 둘루스

귀넷카운티 교육구 소속으로 10개 초등학교, 4개 중학교, 2개 고등학교를 갖췄다. 주요 학교는 리처드 헐 중학교, 둘루스 중학교, 둘루스 고등학교다.

그 중 둘루스고교는 2020년 'US뉴스&월드 리포트' 고교 순위에서 조지아 49위를 차지했다. 2020년도 전교생은 2760명이며, 히스패닉 34%, 흑인 30%, 아시안과 백인이 각각 16%를 차지했다. 졸업률은 81%다.

또 귀넷교육구 산하 2개의 공립 차터스쿨이 있으며 2022학년도 기준으로 838명 학생이 재학중이다.

■ 스와니

스와니는 귀넷 카운티 교육구 소속으로 공립학교 13개, 사립학교 2개와 차터스쿨 등이 있다. 특히 이 도시의 학교 2곳은 조지아 명문고로 유명하다.

피치트리릿지 고등학교는 2003년 개교 후 2009년 조지아 우수 학교로 선정되는 등 짧은 시간에 명문고로 자리잡았다. 애틀랜타에서 한인 학생들이 많이 다니는 학교 중 하나다. 전교생은 2022년 기준 3273명이며 학생대 교사 비율이 19:1로 조지아주 평균인 15:1보다 높다. 또한 41만6000스퀘어피트의 넓은 캠퍼스를 갖추고 있다.

GWINNETT
COUNTY
PUBLIC
SCHOOLS

노스 귀넷 고등학교는 1958년에 문을 연 유서 깊은 학교다. 학교 평점은 10점 만점에 9점으로 우수한 교육 시스템을 자랑한다. 전교생은 2022년 기준 3023명, 교사 1명당 학생 수는 21명이다. 멘토링 및 리더십 프로그램을 제공하며 육상을 비롯해 소프트볼, 치어리딩, 축구, 레슬링, 승마 등에서 다양한 타이틀을 획득할 정도로 스포츠의 수준도 높다.

스와니에는 필라델피아대학(PCOM) 조지아캠퍼스도 있다. 이 대학은 정골의학과, 약학과 등 의료보건 관련 과목을 중심으로 커리큘럼을 운영하고 있다.

■ 노크로스

노크로스는 귀넷 카운티 교육구에 속하며 좋은 평점을 받은 공립학교가 12개 있다. 또 사립 및 차터 스쿨은 5개가 있다. 노크로스 고교는 1827년 설립된, 귀넷에서 가장 오래된 학교 중 하나다. 2001년 당시 44만스퀘어피트 넓이의 대규모 캠퍼스를 조성했다. 이 학교는 귀넷 카운티 처음으로 국제 바칼로레아(IB) 과정을 갖췄다.

메도크릭고교는 세계 90개국 출신의 학생이 다니는 다문화 학교로 유명하다. 레슬링, 축구, 풋볼 대회 등에 출전해 주니어 대회에서 우승하고 밴드, 미술 프로그램 등에서도 수상하며 예체능계에서 두각을 나타내고 있다.

노크로스에 있는 사립학교인 그레이터 애틀랜타 크리스천스쿨은 1967년 설립된 귀넷 카운티의 대표적 사립학교다. 74에이커의 캠퍼스에 19개 건물이 들어서 있으며, 교사의 대다수가 박사 학위를 보유하고 있다.

웨슬리안스쿨은 감리교 창립자인 존 웨슬리안의 이름을 따서 1963년 설립됐

다. 83에이커의 캠퍼스에 총 1457명이 재학 중이다. 노크로스는 둘루스나 스와니 등 인근 한인 밀집지역보다는 비교적 집값과 렌트비가 저렴한 편이다. 따라서 학군을 고려할 필요가 없고 한인 상권에 가까운 주거지를 원하는 한인들에겐 좋은 선택이 될 수 있다.

■ 로렌스빌
로렌스빌은 귀넷 카운티 교육구 소속으로 19개 공립학교가 우수한 학교 평점을 보유하고 있다.

로렌스빌에 있는 귀넷수학과학기술고(귀넷과기고)는 조지아 뿐 아니라 미국 내에서도 손꼽히는 명문고다. 2009년에 설립된 이 학교는 짧은 역사에도 불구하고 2022년 US 뉴스 앤 월드 리포드 선정 전국 최우수 고등학교 9위, 조지아 최우수 고등학교 1위로 선정됐다. 귀넷과기고는 차터스쿨로 학생들의 학비 부담이 전혀 없는 공립학교이면서도 사립학교 방식으로 운영된다. 이 학교는 교육청의 간섭을 받지 않고 자율적으로 운영돼 한인 학부모 사이에서 인기를 끌고 있다. 또한 귀넷 테크니컬 칼리지(일명 귀넷텍)와 조지아 귀넷 칼리지 등 2개 대학이 위치해 있다.

귀넷 테크니컬 칼리지는 2년제 커뮤니티 칼리지로 최근 귀넷 카운티와 주변 지역 최첨단 교육 및 시설을 위해 여러 비즈니스 업계와 협력 중이다. 실제 일자리를 위한 실무교육에 초점을 맞추고 저렴한 학비로 양질의 교육을 받을 수 있다.

조지아 귀넷 칼리지는 2006년에 개교한 4년제 대학이다. 개교당시 118명의 학

귀넷과기고는 미국내에서도 손꼽히는 명문이다

생으로 출발했지만 2019년에는 1만2000명 이상 학생으로 빠르게 성장했다. 현재 7000여명 학생이 재학중이며 500여명 교수가 40여개 전공을 강의한다.

■ 뷰포드

**자체 학군을
갖추고 있는
뷰포드 교육구**

뷰포드는 '뷰포드 교육구'라는 자체 학군을 갖추고 있다. 시 외곽은 귀넷 카운티 또는 홀카운티 교육구에 속한다. 뷰포드 교육구 산하에는 초등학교 2개, 중학교 1개, 고등학교 1개가 있다. 이 교육구 내 뷰포드 고등학교 재학생은 2022년도 기준 1426명이며 교사와 학생의 비율은 1:18이다.

뷰포드고등학교는 규모와 시설 등이 사립학교와 비슷하게 운영되고 있어 한인 학부모들로부터 주목받는 학교다.

(2) 풀턴 카운티

사우스와 노스 파트로 나뉜다. 사우스는 칼리지 파크, 이스트 포인트, 페어번, 헤입빌, 유니온 시티 등으로 다운타운 인근이며 노스 풀턴은 알파레타, 존스크릭, 밀톤, 마운틴 파크, 로즈웰, 그리고 샌디스프링스 등이 포함된다. 조지아 주에서는 4번째로 큰 교육구이며 초등학교 59곳, 중학교 19곳, 고등학교는 18곳이 있다. 그밖에 10개의 차터스쿨이 있다. 노스 풀턴 지역은 특히 한인들이 선호하는 학군 좋은 지역들이 몰려있다. 알파레타와 존스크릭 등이 이에 속한다.

■ 존스크릭

한인들이 존스크릭을 가장 선호하는 이유 중 하나는 바로 학군이다. 인도계와 중국계 등 다른 아시안 인종들이 몰리는 이유도 학군을 배제할 수 없다. 존스크릭은 풀턴카운티 교육구 소속으로 4개 고등학교를 포함한 19개 학교가 있다.

특히 고등학교는 조지아주 톱 수준인 노스뷰 고등학교, 채터후치 고등학교, 존스크릭 고등학교 등이 명문으로 꼽힌다.

노스뷰 고등학교는 한인들이 많이 다니는 학교로, 2021년 'US뉴스 앤 월드 리포트' 고교순위에서 조지아주 8위를 차지했다. 또 주 교육부에 따르면 2020년 SAT평균점수는 1282점을 기록, 조지아 고교 중 2위에 올랐다. 2022년 기준 전교생은 1801명이며, 학생대 교사 비율은 18:1로 조지아주 평균인 15:1보다 높다. 학생의 52%가 아시안, 28%가 백인이다.

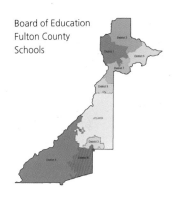

Board of Education
Fulton County
Schools

채터후치 고등학교는 2021년 US뉴스 고교순위에서 조지아주 9위를 차지했다. 2020년 SAT평균점수는 1233점으로 조지아 4위였다. 2022년 기준 전교생은 1966명이며 학생대 교사 비율은 18:1로 학생의 48%가 백인, 25%가 아시안이다.

존스크릭 고등학교는 2009년 개교해 짧은 역사에도 불구하고 우수한 학업성적을 거두고 있다. 2021년 US뉴스 고교순위에서 조지아주 19위를 차지했다. 2019년 SAT평균점수는 1220점으로 조지아에서 6위에 순위를 올렸다. 2022년 기준 전교생은 2142명이며 학생대 교사 비율은 20:1이다. 학생의 56%가 백인, 26%가 아시안이다.

■ 알파레타

풀턴 카운티 교육구 소속으로 우수한 공립학교 교육으로 한인 학부모들도 선호한다. 27개의 우수 공립학교가 속해 있으며, 11개의 사립학교와 차터스쿨도 있다.

학생의 상당수는 알파레타고교와 채터후치고교에 배정된다. 또 알파레타의 학군 일부는 존스크릭과 겹치기 때문에 노스뷰, 존스크릭 고교에 배정되기도 한다. 알파레타 고교의 재학생 수는 2021년도 기준 2294명으로 교사 1명당 학생 비율은 1:18이다. 센테니얼 고교와 사우스 포사이스 고교도 한인 학생들이 많이 다닌다.

알파레타에는 조지아주립대학(GSU) 알파레타 분교와 라인하르트 대학 분교가 자리잡고 있다.

(3) 디캡 카운티

조지아 주에서 세 번 째로 큰 교육구다. 137개 학교에 10만 2000명이 재학 중이다. 디캡 카운티에는 다양한 국가의 학생들이 몰려 있어 수십 가지 언어를 체험하기에 좋다. 76개 초등학교, 19개 중학교, 22개 고등학교, 9개 차터스쿨 등이 소속되어 있다.

■ 도라빌

한인 이민 초창기 한인타운이었던 도라빌은 디캡카운티 교육구에 속하며 초등학교 3개, 중학교 2개, 고등학교 1개가 있다.

미 전역 학교 순위를 매기는 니치닷컴이 연방교육부 통계 및 학생, 학부모 리뷰를 분석해 발표한 '2022년도 최고 학군'에 도라빌 학교들이 이름을 올리며 높은 평가를 받기도 했다.

자녀 학군 문제에 신경 쓸 필요가 없다면 한인 상권에 가깝고 교통이 편리하기 때문에 저렴한 주택을 찾는 유학생이나 젊은 층이 살기에 편한 지역이다.

■ 던우디

샌디스프링스와 도라빌에 인접한 던우디는 디캡 카운티 교육구 소속으로 8개의 공립학교가 있다. 주변 사립학교에 자녀들을 보내는 주민들도 많다.

조지아 주요 주립대학인 조지아스테이트 대학(GSU)도 위치해 있다. GSU는 4년제 대학이지만 다양한 파트타임 프로그램을 제공하며 직장인에게도 실용적 교육을 접할 수 있는 기회를 준다. 때문에 등록 학생의 약 23.5%가 직장과 학업을 병행하는 파트타임 학생이다.

(4) 캅 카운티

캅 교육구의 규모는 조지아 주에서 두번째로 크다. 전통적으로 최고의 학군으로 꼽힌다. 총 114개 학교가 캅 교육구에 소속되어 있으며 초등학교 67곳, 중학교 25곳, 고등학교는 16곳이 있다. 차터 스쿨도 2곳, 성인 교육센터 1곳, 스페셜 교육센터 2곳도 있다.

■ 마리에타

존스크릭의 고등학교가 최근 10년간 세워진 신생 명문 학교라면, 마리에타 고등학교들은 개교 30년이 넘는 전통의 강호다.

월튼고등학교는 1975년에 세워졌다. 학생 수는 2022년 기준 2691명이며 67%는 백인, 19%는 아시안, 흑인은 7%, 히스패닉은 5%다. 학생대 교사 비율은 20:1로 조지아주 평균인 15:1보다 높다. 학교 랭킹은 2018-2019년도 기준 조지아주에 위치한 전체 2196개 학교 중 상위 1% 이내에 선정된 바 있다. 또한 2022년 US뉴스에서 평가한 조지아주 4위, 전국 174위로 우수한 성적을 거뒀다.

래시터 고등학교 역시 우수한 학업 성적을 자랑하는 명문고다. 2022년 기준 2192명이 재학 중이며 학생과 교사 비율은 19:1이다. 5차례에 걸쳐 교육부가 선정한 '블루리본 우수학교'로 선정된 바도 있다.

또한 마리에타에는 공학 분야의 서던 폴리테크닉 주립대학(SPSU, 케네소대와 통합)과 카이로프랙틱으로 유명한 라이프대학이 자리 잡고 있다.

특히 공학 및 엔지니어 분야서 고루 두각을 보이는 서던 폴리테크닉 주립대는 4년제 대학으로 학생수는 2020-2021년도 기준 5744명이다. 교수와 학생 비율은 1:19에 불과할 정도로 소수정예 수업이 매력적이다. 인기 전공은 건축, 컴퓨터, 컴퓨터 소프트웨어 엔지니어링, 엔지니어링 테크놀리지, 경영 등이다.

(5) 포사이스 카운티

최근 스와니, 커밍 등 포사이스 카운티 학군으로 한인들이 몰리고 있어 주목을 받고 있다. 포사이스 교육구에는 총 37개 학교가 소속되어 있으며 초등학교 21곳, 중학교 10곳, 그리고 고등학교가 6곳이다. 최근 아시안 학생 비중이 높아지고 있는 추세다.

■ 커밍

커밍은 한인들의 최우선 주택구매 조건인 학군이 비교적 좋은 편이다. 커밍은 포사이스 카운티 교육청 관할이며 18개 초등학교, 9개 중학교, 5개 고등학교가 있다. 이중 한인 거주지역에 위치한 램버트 고등학교, 사우스 포사이스 고등학교, 리버워치 중학교, 샤론 초등학교는 모두 짧은 역사에도 불구하고 신흥 명문학교로 떠오르고 있다.

2009년 개교한 램버트 고등학교는 2018~2019학년도 동안 조지아 모든 2196개 학교 중 18위로 상위 1%이내에 드는 학교다. 2021년 중간 SAT는 1251점으로 카운티 내에서 가장 높은 점수를 기록하고 있다. 2022년도 기준 3056명의 학생이 다니고 있다. 이중 백인 학생 비중이 60%로 가장 많고, 아시안이 28%, 히스패닉 5%를 차지했다. 학생과 교사 비율은 20:1로 조지아 주 평균인 15:1 보다 높다. 주소는 스와니에 있으나, 실제로 포사이스 카운티 학생들이 대부분 다니고 있다. 2021년 US뉴스앤드월드리포트가 집계한 조지아 순위에서 7위, 포사이스 교육청 순위로는 1위를 차지했다.

사우스 포사이스 고등학교 역시 명문으로 꼽힌다. 2021년도 SAT 평균점수 1241점으로 램버트 고등학교를 바짝 따르고 있다.

(6) 기타지역

■ 애틀랜타

애틀랜타 퍼블릭 스쿨로는 모두 117개 학교가 소속되어 있다. 초중고 별로 초등학교 50곳, 중학교 11곳, 고등학교 11곳, 성인 등 각종 프로그램 6곳, 차터 스쿨 19곳 등이 애틀랜타 공립 학교 산하에 소속되어 있다.

애틀랜타 시는 애틀랜타 교육구 외에도, 풀턴 교육구, 디캡 교육구 등 3개 교육구가 관장한다. 퍼블릭 스쿨리뷰(Publc School Review)에 따르면 2022학년도 애틀랜타 교육구 소속 재학생 수는 5만2115명 이다.

■ 메트로 사바나

교육 평가 전문사이트인 니치닷컴에 따르면, 사바나 지역 최고의 교육구는 에핑햄 카운티 교육구로 평균 이상인 평점을 B+ 받았다. 이는 조지아주 179개 교육구 중 51위, 다양성 부문은 180곳 중 89위, 베스트 교사 부문은 180곳중 106위다.

사바나-채텀 카운티 공교육 시스템도도 B- 평점을 받았다. 이곳은 조지아주 180개 교육구 중 다양성 부문은 21위, 베스트 교사 부문은 179곳 중55위를 차지했다.

현대 전기차 공장이 들어서는 브라이언 카운티는 사바나 도심과는 거리가 있는데 교육구 점수는 평균 이상으로 B+였다. 조지아주 교육구 179곳 중 53위, 다양성 부문은 180곳 중 82위, 운동 잘 하는 교육구로는 179곳 중78위였다.

하편 사바나 지역의 공립대학은 1906년에 개교한 조지아 서던 유니버시티가 있고, 사립대학으로는 '사바나 칼리지 오브 아트앤드디자인'가 유명하다.

■ 뉴난

애틀랜타 남쪽에 있는 뉴난은 코웨타 카운티 교육청 소속이다. 교육구에는 고등학교 3개, 중학교 6개, 초등학교 19개가 있으며 2022년 2만2810명의 학생이 재학 중이다. 교사대 학생 비율은 1대16이다.

또 웨스트조지아대학과 웨스트조지아기술대학이 자리 잡고 있으며, 머서대학은 평생교육 캠퍼스를 두고 있다. 이중 경영, 엔지니어링, 의학 부문에서 높은 수준을 자랑하는 머서대학은 1833년에 개교한 조지아주에서 가장 오래된 명문 사립대학이다. 특히 항공관련 프로그램에서는 미국 최고 엔지니어링 프로그램 중 하나로 꾸준히 선정된바 있다.

US뉴스&월드리포트에서 약 25년간 조지아주 상위 2개 사립대학에서 머서대학을 선정하기도 했다. 또한 US뉴스 가정의학과 순위에서 17위에 올랐다.

■ 라그란지

트룹카운티 교육구 소속으로 캘러웨이고교, 라그란지고교, 트룹카운티 심화고등학교 등 3개 고등학교와 3개 중학교, 15개 초등학교가 있다. 또 남동부에서 가장 오래된 전문대학인 라그란지칼리지의 본교가 있으며, 웨스트조지아기술대학 분교도 이곳에 있다. ◑

바토 카운티 Bartow County

770-606-5800 | bartow.k12.ga.us

학교 수
Elementary School 12
Middle School 4
High School 3

학생 수 13,079

조지아주 마일스톤 점수
3학년 영어 498, 수학 524
5학년 영어 509, 수학 511
8학년 영어 508, 수학 512

평균 SAT 점수 1027

SAT 평균 점수 톱3 고교
Woodland HS 1058
Adairsville HS 1019
Cass HS 1011

체로키 카운티 Cherokee County

770-479-1871 | cherokeek12.net

학교 수
Elementary School 23
Middle School 7
High School 6

학생 수 41,472

조지아주 마일스톤 점수
3학년 영어 517, 수학 537
5학년 영어 524, 수학 535
8학년 영어 519, 수학 526

평균 SAT 점수 1094

SAT 평균 점수 톱3 고교
Sequoyah HS 1112
Creekview HS 1102
Woodstock HS 1098

클레이턴 카운티 Clayton County

770-473-2700 | clayton.k12.ga.us

학교 수
Elementary School 34
Middle School 14
High School 9

학생 수 51,399

조지아주 마일스톤 점수
3학년 영어 467, 수학 495
5학년 영어 486, 수학 476
8학년 영어 495, 수학 483

평균 SAT 점수 919

SAT 평균 점수 톱3 고교
Elite Scholars Academy 1123
M.E. Stilwell School of Art 980
Morrow HS 959

캅 카운티 Cobb County

770-426-3300 | cobbk12.org

학교 수
Elementary School 65
Middle School 26
High School 10
Magnet High School 6
Charter School 1

학생 수 106,141

조지아주 마일스톤 점수
3학년 영어 518, 수학 527
5학년 영어 523, 수학 522
8학년 영어 524, 수학 524

평균 SAT 점수 1104

SAT 평균 점수 톱3 고교
Walton HS 1255
Wheeler HS 1184
Lassiter HS 1183

코위타 카운티 Coweta County

770-254-2800 | cowetaschools.net

학교 수
Elementary School 19
Middle School 7
High School 3

학생 수 22,044

조지아주 마일스톤 점수
3학년 영어 519, 수학 530
5학년 영어 521, 수학 519
8학년 영어 520, 수학 518

평균 SAT 점수 1068

SAT 평균 점수 톱3 고교
Norgate HS 1105
East Coweta HSh 1057
Newnan HS 1055

디캡 카운티 Dekalb County

678-676-1200 | dekalbschoolsga.org

학교 수
Elementary School 69
Middle School 17
High School 19
Magnet School 3
Charter School 5

학생 수 90,737

조지아주 마일스톤 점수
3학년 영어 489, 수학 508
5학년 영어 500, 수학 492
8학년 영어 504, 수학 493

평균 SAT 점수 993

SAT 평균 점수 톱3 고교
Chamblee Charter HS 1176
Dekalb School of the Arts 1131
Dunwoody HS 1109

더글라스 카운티 Douglas County

770-651-2000 | dcssga.org

학교 수
Elementary School 20
Middle School 8
High School 5
Charter School 1

학생 수 257,077

조지아주 마일스톤 점수
3학년 영어 498, 수학 511
5학년 영어 506, 수학 496
8학년 영어 517, 수학 500

평균 SAT 점수 984

SAT 평균 점수 톱3 고교
Alexander HS 1026
Chapel Hill HS 1004
Dougls County HS 996

파예트 카운티 Fayette County
770-460-3990 | fcboe.org

학교 수
Elementary School 14
Middle School 5
High School 5

학생 수 19,596

조지아주 마일스톤 점수
3학년 영어 535, 수학 544
5학년 영어 538, 수학 542
8학년 영어 544, 수학 553

평균 SAT 점수 1123

SAT 평균 점수 톱3 고교
McIntosh HS 1175
Starr's Mill HS 1164
Whitewater HS 1115

포사이스 카운티 Forsyth County
770-887-2461 | forsyth.k12.ga.us

학교 수
Elementary School 23
Middle School 11
High School 7
Charter School 1

학생 수 52,347

조지아주 마일스톤 점수
3학년 영어 537, 수학 557
5학년 영어 541, 수학 562
8학년 영어 538, 수학 554

평균 SAT 점수 1177

SAT 평균 점수 톱3 고교
Lambert HS 1254
Aliance Academy 1239
South Forsyth HS 1218

풀턴 카운티 Fulton County
470-254-3600 | fultonschools.org

학교 수
Elementary School 59
Middle School 19
High School 19
Charter School 7

학생 수 88,236

조지아주 마일스톤 점수
3학년 영어 525, 수학 540
5학년 영어 529, 수학 528
8학년 영어 529, 수학 520

평균 SAT 점수 1085

SAT 평균 점수 톱3 고교
Northview HS 1263
Chattahoochee HS 1225
Johns Creek HS 1219

그리핀 스팔딩 카운티 Griffin Sparlding County
770-229-3700 | gscs.org

학교 수
Elementary School 11
Middle School 4
High School 2

학생 수 9,075

조지아주 마일스톤 점수
3학년 영어 474, 수학 498
5학년 영어 484, 수학 482
8학년 영어 490, 수학 489

평균 SAT 점수 970

SAT 평균 점수 톱2 고교
Spalding HS 1006
Griffin HS 929

귀넷 카운티 Gwinnett County
678-301-6000 | gcpsk12.org

학교 수
Elementary School 80
Middle School 29
High School 21
Charter School 2

학생 수 178,363

조지아주 마일스톤 점수
3학년 영어 513, 수학 530
5학년 영어 519, 수학 524
8학년 영어 520, 수학 526

평균 SAT 점수 1091

SAT 평균 점수 톱3 고교
GSMST 1393
North Gwinnett HS 1192
Brookwood HS 1135

홀 카운티 Hall County
770-534-1080 | hallco.org

학교 수
Elementary School 11
Middle School 6
High School 6
Magnet School 12

학생 수 26,713

조지아주 마일스톤 점수
3학년 영어 485, 수학 511
5학년 영어 498, 수학 503
8학년 영어 501, 수학 506

평균 SAT 점수 1040

SAT 평균 점수 톱3 고교
North Hall HS 1085
Flowery Branch HS 1085
Chestatee HS 1021

헨리 카운티 Henry County
770-957-6601 | henry.k12.ga.us

학교 수
Elementary School 26
Middle School 11
High School 10
Charter School 2

학생 수 42,435

조지아주 마일스톤 점수
3학년 영어 489, 수학 508
5학년 영어 501, 수학 491
8학년 영어 507, 수학 495

평균 SAT 점수 990

SAT 평균 점수 톱3 고교
Union Grove HS 1048
Ola HS 1044
Eagle's Landing HS 994

주요 카운티 및 시티 공립학교 일람

애틀랜타시 공립학교 Atlanta City Public School
404-802-3500 | atlantapublicschools.us

학교 수
Elementary School 42
Middle School 10
High School 10
Charter School 19

학생 수 48,707

조지아주 마일스톤 점수
3학년 영어 492, 수학 511
5학년 영어 503, 수학 498
8학년 영어 501, 수학 494

평균 SAT 점수 949

SAT 평균 점수 톱3 고교
Atlanta Classical Acedemy 1133
Midtown HS 1121
North Atlanta HS 1070

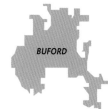

뷰포드시 공립학교 Buford City Public School
770-945-5035 | bufordcityschools.org

학교 수
Elementary School
(K-1, 1st-3rd, 4th-5th) 각 1
Middle School 1
High School 1
Charter School 19

학생 수 5,742

조지아주 마일스톤 점수
3학년 영어 548, 수학 557
5학년 영어 545, 수학 554
8학년 영어 551, 수학 572

평균 SAT 점수 1161

디케이터시 공립학교 Decator City Public School
404-371-3601 | csdecatur.net

학교 수
Elementary School 5
3rd-5th 1
4th-5th 1
Middle School 1
High School 1

학생 수 1,147

조지아주 마일스톤 점수
3학년 영어 549, 수학 559
5학년 영어 551, 수학 558
8학년 영어 547, 수학 537

평균 SAT 점수 1147

마리에타시 공립학교 Marietta City Public School
770-422-3500 | marietta-city.org

학교 수
Elementary School7
6th 1
Middle School 6
High School 1
Magnet School 1

학생 수 8,558

조지아주 마일스톤 점수
3학년 영어 518, 수학 534
5학년 영어 516, 수학 521
8학년 영어 509, 수학 506

평균 SAT 점수 1052

3. 사립학교

애틀랜타 지역에도 유명 사립학교들이 소재해있다. 사립학교는 공립학교와는 다른 수업여건이나 분위기 때문에 한인 학부모들이 한번쯤은 자녀를 사립학교에 보내는 것을 고려한다. 학교정보를 제공하는 니치닷컴이 꼽은 2016년 조지아 지역의 사립학교 순위와 장점들을 알아본다.

(1) 웨스트 민스터 (The Westminster Schools)

학문적으로 또 대입준비 측면에서 좋은 교사진과 수업내용을 보유하고 있는 것으로 평가됐다. 특히 스포츠 활동과 클럽 활동 등도 고루 좋은 점수를 받았다. 학생 8명당 1명의 교 사진이 포진하고 있다.

▶주소 : 1424 West Paces Ferry Rd NW Atlanta, GA 30327
▶웹사이트 : www.westminster.net

(2) 애틀랜타 인터내셔널 스쿨 (Atlanta International School)

학문적인 접근, 교사, 클럽활동, 대입준비 등 모든 부문에서 최고점을 받아 2위를 차지했다. 1985년 벅헤드에 있는 사디스 연합감리교회에서 프리-K, 킨더, 그리고 1학년만 운영되던 것이 1987년 학교로 문을 열게 됐다. 초, 중, 고등학교를 모두 보유하고 있다. 특히 93개 국가에서 50개 이상의 언어를 사용하는 학생들과 학부모들이 있어 이름 그대로 인터내셔널한 분위기가 형성되어 있다. 학생과 교사 비율은 6대 1정도다.

▶주소 : 2890 N Fulton Dr Ne, Atlanta, GA 30305 ▶www.aischool.org

(3) 파이데이아 스쿨 (Paideia School)

40년의 역사를 지닌 학교로 창의적이면서도 자율성을 부여한 교육 스타일이 특징이다. 학생 수는 약 1000명이며, 학생과 교사진 비율은 7대 1수준이다.

▶주소 : 1509 Ponce De Leon Ave Ne Atlanta, GA 30307

▶웹사이트 : www.paideiaschool.org

(4) 페이스 아카데미 (Pace Academy)

학문적으로 뛰어나다. 교사진 역시 훌륭하며 대입준비도 최고로 친다. 다만 다양성 측면에서 다른 학교들과 비교해 뒤처지며 클럽이나 스포츠 활동이 미미하다는 점이 단점으로 꼽힌다.

▶주소: 966 W Paces Ferry Rd Nw Atlanta, GA 30327

▶웹사이트 : www.paceacademy.org

(5) 러벳 스쿨 (The Lovett School)

학문, 교사진, 대입준비, 클럽 및 활동, 스포츠 등 전 부문에서 고루 최고점을 받은 명실공히 최고의 학교로 손꼽힌다. 재학생 수는 1680명, 학생 8명 당 1명꼴로 교사진이 있다.

▶주소 : 4075 Paces Ferry Road, NW Atlanta, GA 30327

▶웹사이트 : www.lovett.org

이밖에 한인들이 다수 재학중인 학교로는 카톨릭 기반의 매리스트가 있고, 마운트 피스가, 그레이터 크리스찬 스쿨, 우드워드 등의 사립학교들이 있다. ⓙ

학교	주소	웹사이트
홀리 이노센트 에피스코팔 스쿨 Holy Innocents Episcopal School	805 Mount Vernon Hwy, Atlanta, GA 30327	www.hies.org
우드워드 아카데미 Woodward Academy	1662 W Rugby Ave, College Park, GA 30337	www.woodward.edu
매리스트 스쿨 Marist School	3790 Ashford Dunwoody Rd NE, Atlanta, GA 30319	www.marist.com
갤러웨이 스쿨 The Galloway School	215 W Wieuca Rd NW, Atlanta, GA 30342	www.gallowayschool.org
웨슬리안 스쿨 Wesleyan School	5405 Spalding Dr, Peachtree Corners, GA 30092	www.wesleyanschool.org
웨버 스쿨 The Weber School	6751 Roswell Rd, Atlanta, GA 30328	www.weberschool.org
마운트 피스가 크리스찬 스쿨 Mount Pisgah Christian School	9820 Nesbit Ferry Rd, Johns Creek, GA 30022	www.mountpisgahschool.org
그레이터 애틀랜타 크리스찬 스쿨 Greater Atlanta Christian School	1575 Indian Trail Rd, Norcross, GA 30093	www.greateratlantachristian.org
애틀랜타 걸스 스쿨 Atlanta Girls School	3254 Northside Parkway NW. Atlanta, GA 30327	www.atlantagirlsschool.org
파인크레스트 아카데미 Pinecrest Academy	955 Peachtree Pkwy, Cumming, GA 30041	www.pinecrestacademy.org

4. 조지아 주요 대학

조지아에는 실속 있는 대학들이 많다. 특히 애틀랜타는 20여개의 대학들이 자리잡은 교육도시다. US뉴스&월드리포트가 매년 발표하는 '전국 대학 순위'에 따르면 '남부의 하버드'로 불리는 에모리대는 조지아를 대표하는 사립대로 매년 전국 20위 권을 기록하고 있다. 또한 한인 학생도 많이 재학 중인 조지아텍은 137년 역사를 자랑하는 명문이다. 'US뉴스 앤 월드리포트' 공대 순위에서 매년 5위권 이내로 평가 받는다. 에슨스에 있는 주립대인 조지아대학(UGA) 역시 공립대학으로서는 전국 명문의 반열에 올라있다. 조지아 주민이라면 굳이 먼 타주로 자식을 유학 보낼 필요 없이 조지아에서도 얼마든지 양질의 대학 교육을 제공받을 수 있다는 얘기다. 조지아 주요 대학에 대해 살펴본다.

(1) 조지아대학 (University of Georgia : UGA)

애틀랜타 북부 애슨스(Athens)에 자리 잡은 조지아대학은 1785년에 설립됐다. 보통 UGA로 불리는 이 대학은 미국 최초의 주립대이자 미국 고등 공립 교육이 시작된 곳이기도 하다. 세계 200대 대학에 포함될 정도로 높은 교육 수준을 인정받고 있다. 남북전쟁 이전 유서 깊은 건물로 가득한 캠퍼스도 면학 분위기를 돋운다.

초대 총장 이브람 볼드윈 설립 초기 대학의 기초를 닦은 사람들 대부분이 예일대 출신이라 캠퍼스가 예일대와 비슷하다는 평을 듣는다. 농학, 환경, 행정·국제관계, 환경·디자인, 교육, 법학, 약학, 경영, 저널리즘 등 16개 단과대학이 있다. 140개 분야에서 22개의 학부가 있으며, 124개 분야 34개의 대학원 석사과정, 91개 분야 4개의 박사과정, 19개의 교육전문가 과정을 두고 있다. 해외 유학 및 교환학생 프로그램도 다양하게 제공한다. 의대와 공대가 없는 대학 중에서 연구·개발에 가장 많이 투자하는 학교로 꼽힌다. 학부생을 위한 '호프 장학금'은 조지아 주 정부 기금으로 운영되는 장학금으로 규모가 크고 수혜자가 많기로 유명하다.

2019 US뉴스&월드리포트 발표에 따르면 조지아대 학부과정은 전국 46위에 랭크됐다. 또 성장 가능성 높은 대학 순위 11위로 에모리대학보다 상위에 올랐다.

조지아대학은 2023년 입시에서 지원자 4만 3700여명 중 1만 5300여명(35%)

이 합격한 바 있다. 대학 측이 공개한 통계에 따르면 합격자들의 SAT 점수는 1270~1470점, ACT 점수는 29~34점이었다. 조지아대학을 얘기할 때 빼놓을 수 없는 게 풋볼팀 '조지아 불독'이다. 전국 주요 대회에서 40회 이상 우승할 정도의 강팀으로, 불독의 경기가 있는 날은 조지아대학 뿐만 아니라 조지아주 전체가 들썩인다. 2022년 1월에는 앨라배마대학을 꺾고 41년 만에 대학 풋볼 챔피언에 오르기도 했다. UGA의 랜드마크인 아치는 조지아 주의 봉인을 상징하며 캠퍼스와 애슨스 시의 경계를 표시한다. 아치의 세 기둥은 지혜와 정의, 절제를 뜻하는 데 이는 곧 조지아 주의 모토다.

이 대학 출신 유명인사는 영화배우 킴 베신저, 인기 요리사 알톤 브라운, 마이클 해밀턴 코닥 부회장, 주지아 주지사를 역임한 젤 밀러, 조지 버스비, 로이 반즈, 소니 퍼듀, 네이선 딜 등이 있다. 미 프로풋볼(NFL) 최우수 선수로 뽑혔던 한국계 하인스 워드도 조지아대 출신이다.

2020년도 합격률은 48.4%, 6년 내 졸업률은 87%. 학생수는 2019년 가을 학기 기준 학부 2만9848명, 대학원 9072명이다. 교수 1인당 학생 수 비율은 1대17이다.

▶주소 : University of Georgia, Athens, GA 30602
▶웹사이트 : www.uga.edu

조지아 주립대 시스템

명문 사립대로 구성된 아이비리그가 있다면 미국 각 주를 대표하는 최고의 주립대학으로 구성된 '퍼블릭 아이비리그 스쿨(Public Ivy School)'도 있다. 입학 승인율과 학부 프로그램의 질, 학생 규모와 시설, 교수진 및 연구, 학교 이미지와 명성 등을 기준으로 선정하는데 조지아대학(UGA)이 여기서 매년 톱 10에 들고 있다. 조지아 주립대에 가려면 먼저 조지아주 주립대 시스템에 대해 알아두는 것이 좋다. 조지아에는 총 62개의 대학이 있는데, 조지아주 주립대 시스템은 이 중 31개 대학으로 구성돼 있다. 2022년 현재 총 33만3507명의 학생이 등록돼 있다. 조지아 주립대 시스템은 연구대학, 주립대학, 주립 칼리지, 지역대학 등 4가지 카테고리로 분류된다. 연구대학은 조지아텍, 조지아대, 조지아 리젠트 대학, 조지아 스테이트 대학 등 4개 대학이다. 또한 노스 조지아대학은 군사대학이며, 흑인 위주의 대학으로는 포트 벨리 스테이트 칼리지, 알바니 칼리지, 사바나 스테이트 칼리지가 있다.

(2) 에모리대학 (Emory University)

에모리대학은 남부의 하버드대로 불리는 최상위권 명문 사립대학이다. 1836년 감리교 교육 기관으로 출발했다. 에모리 칼리지(Emory College)를 비롯해 2년제인 옥스포드 칼리지(Oxford College), 비즈니스 스쿨, 간호대, 의대, 법대, 신학대, 공중보건학대, 인문과학 대학원 등 9개 대학으로 구성돼 있다. 에모리의 옛 캠퍼스인 옥스포드 칼리지와 에모리 칼리지는 지원 과정 및 합격률이 다르다. 때문에 옥스퍼드 칼리지에서 2년 과정을 마친 후, 에모리 칼리지 학부에서 공부할 수 있는 독특한 시스템도 마련돼 있다.

에모리대학은 우수한 리버럴아츠 전공 외에도 의대, 로스쿨, 비즈니스 등 전문 프로페셔널 스쿨로도 유명하다. 그 중 특히 의대가 특화되어 있다.

에모리 헬스케어(Emory Healthcare)는 조지아주에서 가장 큰 의료 시스템으로 7개 주요 병원을 구성하고 있다. 미국 남부에서 의사를 하려면 에모리를 나와야 한다는 말이 있을 정도다. 실제로 애틀랜타 시내 곳곳에 에모리 이름을 딴 대학병원이 있는 것을 쉽게 볼 수 있다.

또 재난영화 등에 자주 등장하는 미국 질병통제예방센터(CDC)가 캠퍼스 안에 자리 잡고 있어, 많은 연구 진행과 함께 공공의료 부부문에서 명성이 높다. 또한 윈쉽 암연구소(Winship Cancer Institute)와 유인원 연구센터(Yerkes National Primate Research Center)를 운영하면서 질병 및 백신 연구에도 힘쓰고 있다. 의학과 함께 법학대학원과 경영대학원도 남부에서 최고 수준을 자랑한다. 전인교육을 지향하기 때문에 많은 교양과목을 들어야만 졸업이 가능하며, 체육과목 4개 또한 필수 과목으로 포함되어 있다. 학교 분위기는 전체적으로 느긋하지만 학부에서는 연구보다 교육을 중점적으로 생각하는 경향이 있다. 애틀랜타 다운타운에서 15분 거리에 위치한 에모리는 코카콜라에서 후원한다는 이유로 '코카콜라 대학'이라는 별명을 갖고 있다. 경영대학 이름을 코카콜라 사장이었던 고이주에타에서 따 온 이름을 유지하고 있다. 또 가장 큰 도서관을 비롯해 많은 건물이 코카콜라 사장 또는 창업자 이름에서 따왔을 만큼 코카콜라와의 인연이 깊다. 학교 자산이 50억 달러가 넘어 학생 재정지원도 좋은 편이다. 재정보조를 받는 '에모리 어드벤티지(Emory Advantage)'도 시행중이다. 이 때문에 건물이 모두 깨끗하고 현대적이며, 앞으로의 성장세가 기대되는 학교다.

2006년 당시 뉴스위크에서 선정한 뉴 아이비리그(New Ivies) 25개교에 꼽히기도 했다. US 뉴스 대학순위에서는 전미 20위 안팎을 꾸준하게 유지하고 있으며, 2022년에는 전미 21위에 올랐다. 2020년 가을학기 기준 합격률은 19.2%였으며 계속 낮아져 입학이 점점 더 어려워지고 있다.

총 학생수는 2021년 기준 1만4415명으로 학부생은 7012명이며 대학원생은 5893명이다. 백인 학생이 45% 가까우며 아시아 학생도 20%가 넘어 비중이 높은 편이다. 학생대 교수 비율은 9:1로 학생과 교수간 관계가 친밀한 것으로 평가되고 있다.

에모리대학은 한국과도 관계가 깊다. 최초 유학생은 구한말 개화파 선구이자 유력한 애국가 작사자로 알려진 윤치호다. 나중에 친일 반민족행위자로 전향함으로써 빛이 바랬지만 개화기 때의 활약은 유명했다. 그가 직접 썼다는 애국가 친필본이 에모리대학교에 남아 있다.

김대중 전 대통령도 이 대학에서 명예 법학박사 학위를 받았다. 이홍구 전총리. 한완상 전 부총리 등도 에모리대에서 공부했다.

▶주소 : 201 Dowman Dr. Atlanta, GA 30322
▶웹사이트 : www.emory.edu

남부의
하버드로 불리는
전통 명문사립대

(3) 조지아텍 (Georgia Institute of Technology)

1885년에 개교한 조지아 주립대 시스템 산하의 대표적인 대학이다. 정식 명칭은 조지아 공과대학교(Georgia Institute of Technology)이며 애틀랜타에 위치해 있다. 흔히 부르는 조지아텍(Georgia Tech)은 약칭이다. 남부를 대표하는 연구 중심 대학으로 매사추세츠 공대(MIT), 캘리포니아 공대(Caltech)와 더불어 미국 3대 공과대학으로 꼽힌다.

공대로 시작했지만 연구중심 종합대학으로 성장했다. 도시공학, 항공우주, 산업공학, 기계, 전자, 컴퓨터 등 공학은 물론 건축, 경영, 인문과학 등도 최고 수준을 자랑한다. 매년 발표되는 US 뉴스 & 월드 리포트 자료에 따르면 미국 종합대학 학부 공대 순위에서 조지아텍 거의 모든 공학과 전공이 미국 내 10위권 안에 들고 있다.

조지아텍은 프린스턴 리뷰가 발표한 2023년 '베스트 밸류'(Best Value) 1위 공립대학으로 뽑히기도 했다. 사립대 부문에서는 매사추세츠 공대(MIT)가 1위였다. 베스트 밸류 대학이란 학비, 거주비용, 생활비 등 학위 취득까지 드는 비용과 학교의 학문적 수준, 재정보조, 졸업 후 소득 등을 종합적으로 고려했을 때 가성비가 높은 학교를 가리킨다.

조지아텍의 잘 갖추어진 환경과 시설은 부러움을 사기에 충분하지만 높은 명성만큼이나 입학도 어렵다. 들어가기도 힘들지만 학점 짜기로도 유명해 졸업하지 못한 사람도 많다. 하지만 졸업생들에 대한 평판과 학문적 성과는 대단해 취업률과 학비 대비 연봉 수준은 미국 내 거의 톱 클래스에 속한다. 뉴욕타임스와 모닝컨설트가 최근 16세~30세 졸업생 4000명을 대상으로 공동 조사한 결과에서도 학비 대비 졸업 후 연봉이 높은 대학 5위로 꼽힌 바 있다.

항공우주공학과 교수진들은 미국 우주왕복선 프로그램에서 자문 부분의 중추적인 역할을 담당하고 있다. 아폴로 계획시절 달을 밟은 우주인 중 존 왓츠영이 대표적인 조지아텍 졸업자다. 나사에서 국장으로 근무했던 리처드 해리슨 트룰리를 비롯해 항공우주공학에서도 두각을 드러낸 이들이 조지아텍 출신이 많다.

미국 39대 대통령이자 노벨평화상 수상자인 지미 카터 전 대통령도 조지아텍을 다녔다. 또 노벨 화학상 수상자인 캐리 뮬리스를 비롯해 각종 연구소, 경제계 등의 분야에서 많은 지도급 인사들을 배출하고 있다.

학생수는 2019년 기준 3만6489명으로 1153명 가량의 교수진을 보유하고 있다. 교수 1인당 학생 수 비율은 1:18이다. 아시안 학생 비율은 학부생 22%, 대학원생 40%에 달한다. 대학 정보 사이트(College Factual)에 따르면 한인 학생의 비중이 높아 전체 학생의 2.4%, 유학생 비율의 10%의 학생들이 유학중이다. 한인 학생이 운영하는 조지아텍 게시판은 애틀랜타 한인들도 많이 이용하는 정보 소통 창구다.

조지아텍은 역동적인 대학생활을 경험하기에도 좋은 곳이다. 전국대회를 4번 우승한 대학 풋볼의 강팀인 '옐로자켓'의 경기가 있는 날은 온 대학이 응원의 열기로 들썩인다. 체육 시설 또한 충분히 잘 갖춰져 있어 1996년 애틀랜타 올림픽 당시에도 경기장으로 사용됐다.

▶주소 : North Ave NW, Atlanta, GA 30332
▶웹사이트 : www.gatech.edu

미국 공대
'톱3'에 드는
세계적 명문대학

(4) 주요 주립대학

조지아 스테이트 유니버시티 (Georgia State University)

조지아 스테이트 유니버시티는 1913년에 세워진 애틀랜타 다운타운의 대표적 대학이다. 다운타운에 대규모 캠퍼스를 갖추고 있으며, 특히 140만 권의 장서를 갖춘 대학도서관이 자랑거리다. 인기 전공은 경영학, 언론학 등이 있다.

4년제 대학이지만 다양한 파트타임 프로그램도 제공하고 있다. 등록 학생의 약 23.5%가 직장과 학업을 병행하는 파트타임 학생이다. 2020-2021학년도 기준 학부생 2만8787명과 대학원생 7573명을 포함한 3만6360명이 다니고 있다. 교수 및 직원은 5436명이다. 약 3606명의 교수가 250개 이상 전공을 가르치고 있으며, 학생 대 교수 비율은 23:1이다.

이 학교 출신 유명인사는 영화배우 줄리아 로버츠, 린 웨스트모어랜드 연방하원의원, 뱅크 오브 아메리카 CEO를 역임한 켄 루이스 등이 있다.

▶주소 : 33 Gilmer St. SE Atlanta, GA 30303
▶웹사이트 : www.gsu.edu

케네소 대학 (Kennesaw State University)

공립 연구대학으로 2차 대전 이후 조지아 경제가 크게 팽창하던 1963년 조지아 연방정부 우주기금과 지방채권을 사용해 설립됐다.

애틀랜타 북쪽 15마일 정도 떨어진 곳에 있는 케네소대학은 조지아주 내에서 세 번째로 큰 종합대학이다. 2020~2021학년도 기준 학부생 3만7390명과 대학원생 3791명을 포함한 4만1181명이 다니고 있다.

글로벌시대에 맞게 국제관계와 교류에 관한 교육을 강조하는 특성화 전략으로, 미국 교육위원회로부터 '글로벌 러닝 우수대학'으로 선정됐다. 80개 이상 온라인 학위 프로그램을 운영하며, 미국 최고 온라인 대학 중 하나로 꼽힌다.

또 케네소대학은 한국 친화적인 프로그램들을 활발하게 운영해 온 대학으로 잘 알려져 있다. 2009년에는 그해를 한국의 해(Year of Korea)로 정해 한국 사회와 다양한 한국 문화를 소개한 바 있다. 대학이 속해 있는 캅 카운티 한국의 성동구와 자매결연을 맺고, 케네소대 학생들이 한국 가정에서 홈스테이를 경험하는 등의 교육 및 문화교류도 이어가고 있다.

▶주소 : 1000 Chastain Rd. Kennesaw, GA 30144
▶웹사이트 : www.kennesaw.edu

조지아
3대 종합대학
한국과도 인연

공학 및
엔지니어 분야서
고루 두각

서던 폴리테크닉 주립대 (Southern Polytechnic State University)

서던 폴리테크닉 주립대는 마리에타에 위치한 4년제 대학이다. 1948년 기술 연구소로 처음 설립됐으며, 1949년에 남부 기술연구소로 이름이 바뀌었다. 이후 1962년 당시 조지아 마리에타에 위치한 현재 캠퍼스로 옮겼다.

2020~2021년도 기준 학생 수는 5744명이다. 교수와 학생 비율은 1:19에 불과할 정도로 소수정예 수업이 매력적이다. 특히 수업의 거의 반 가까이가 학생 수 20명 이하의 소규모 수업이며, 연구실 및 기업 등 현장에서 진행되는 수업도 많다.

서던 폴리테크닉 장점은 무엇보다 실용적인 공학 위주 교육을 펼치는 점이다. 록히드 마틴 등 대규모 방산 업체와 애틀랜타 주요 IT기업, 건축업체와 산학 협력이 활발해 취업에 유리하다.

인기 있는 전공은 건축, 컴퓨터 소프트웨어 엔지니어링, 엔지니어링 테크놀로지, 경영 등이다.

서던 폴리테크닉 대학 출신 유명인사로는 조지아 전력 CEO를 역임한 마이크 개럿이 있다.

▶주소 : 1100 South Marietta Pkwy. Marietta, GA 30060
▶웹사이트 : www.spsu.edu

콜럼버스 주립대 (Columbus State University)

콜럼버스 주립대는 조지아주 남부 중심도시 콜럼버스에 자리 잡은 4년제 종합대학이다. 1958년에 세워졌으며 2020년 가을 기준 약 8300명의 학생이 다니고 있다. 학생과 교수 비율은 15:1이다.

학교 인근 지역에 기아자동차 공장과 앨라배마 현대자동차 공장이 들어서면서 한인들의 주목을 끌었다. 조지아 남부에 관련 한국 회사들이 대거 진출하면서 이 학교 출신자들의 활동 폭이 넓어지고 있기 때문이다.

특히 경영학과는 조지아 기아차 공장은 물론 한국외대, 부경대와 울산 현대자동차, 울산 현대중공업, 포항 포스코를 방문하며 한국과 교류를 넓히고 있다.

콜럼버스 주립대 출신 유명인사로는 공화당 대선주자였던 뉴트 깅리치 전 하원의장, 캐슬린 케네디 전 CNN 앵커가 있다.

▶ 주소 : 4225 University Ave. Columbus, GA 31907
▶ 웹사이트 : www.columbusstate.edu

기아·현대차
공장으로
졸업생 대거 진출

(5) 주지아주 실속 사립대학

머서대학 (Mercer University)

조지아주 남부 메이컨에 메인 캠퍼스가 있는 머서대학은 1833년에 개교한 조지아주의 가장 오래된 명문 사립대학이다. 메이컨 외에 애틀랜타 다운타운, 사바나, 콜럼버스에도 캠퍼스를 두고 있다. 재학생 수는 8700명 정도이며 메이컨 캠퍼스에 가장 많은 4900 여명이 재학 중이다. 법대, 의대, 약대, 경영대, 공대, 신학대, 교육대, 간호대, 음대를 모두 갖추고 있는 명실공히 종합대학이라 할 수 있다. 머서대학은 남부의 실속 있는 대학으로 꼽히고 있다. 프리스턴 리뷰의 2019년도 실속 있는 대학 부문에서도 5위를 차지했다. 공대, 의대가 유명하며 특히 항공관련 프로그램은 미국 최고 엔지니어링 프로그램 중 하나로 꾸준히 선정됐다.

머서 의대는 메이컨에 중부 조지아 메디컬 센터를 운영하고 있으며, US뉴스 의대 가정의학과 순위에서 17위에 올랐다. 머서 법대 전국 순위는 145개 가운데 110위 정도다.

US뉴스&월드리포트 평가에서 389개 전국 국공립대학 중 160위, 학부 교육 부문 49위, 교육 부문 35위로 평가받았다.

남북전쟁 당시 남군의 로버트 리 장군이 이 학교에서 명예 법학박사 학위를 받았다. 조지아주의 유명 변호사인 린 우드(L. Lin Wood) 변호사, 네이선 딜 (Nathan Deal) 전 조지아주지사가 이 학교 출신이다.

엔지니어링
경영과 의학 부문
높은 수준 자랑

▶메이컨 캠퍼스 : 1501 Mercer University Dr. Macon, GA 31207
▶애틀랜타 캠퍼스 : 3001 Mercer University Dr. Atlanta, GA 30341
▶웹사이트 : www.mercer.edu

조지아 귀넷칼리지 (Georgia Gwinnett College : GGC)

2006년 로렌스빌에서 문을 연 4년제 대학이다. 2006년 개교 당시 학생은 118명으로 출발했지만 2019년에는 1만2000명 이상, 2023년에는 2021년 보다 14% 이상 늘었을 정도로 빠르게 성장하고 있다.

GGC는 'ID(Instant Decision) 데이' 프로그램을 만들어 성적증명서 픽업, 상담, 대학 워크숍 등을 제공해 입학사정 과정을 하루 만에 마칠 수 있도록 했다. 이 서비스는 대학 진학을 앞둔 12학년 학생들에게 좋은 반응을 얻고 있다.

이 대학에는 한국, 베트남, 인도에서 온 유학생이 증가하면서 외국 유학생 수 가 계속 늘고 있고 한국인 유학생도 많다.

2010년에는 새로운 도서관을 완공했으며 현재 경영학, 교육학, 인문학, 공대 등 40개 전공을 가르치고 있다. 2023년에는 군사 친화적인 학교(2022-2023 Military Friendly School)'로 지정되기도 했다.

▶주소 : 1000 University Center Ln, Lawrenceville, GA 30043

▶웹사이트 : www.ggc.edu

2006년 개교한
4년제
40여개 전공 개설

그림 같은 캠퍼스
매년 한국의 날
행사도

베리칼리지 (Berry College)

애틀랜타 북서쪽 애팔래치아 산 자락 롬(Rome)에 위치해 있는 4년제 리버럴아츠 대학(Liberal Arts College)이다. 1902년 마르타 맥체스니 베리(Martha McChesney Berry)가 설립한 기독교 학교로 교단을 초월해 성경에 바탕을 둔 생명력 있는 크리스천 리더를 키우기 위해 주력하고 있다.

초창기 헨리 포드, 앤드류 카네기 등이 크게 기부했으며 조지아에 본사를 둔 치킨 레스토랑 체인 칙필에이의 캐시 가문도 든든한 재정 후원자다.

베리칼리지는 미국에서 가장 넓고 아름다운 캠퍼스를 가진 대학으로도 유명하다. 2만 7000에이커가 넘는 캠퍼스에 들어선 고딕 양식의 건물과 예쁜 연못, 분수대 등은 한 폭의 그림이다. 캠퍼스는 일반인들에게도 개방돼 하이킹, 자전거, 승마 등을 즐길 수 있다.

2000명 내외의 학부생과 100명 안팎의 대학원생이 재학 중이다. 학생 대 교수 비율은 11:1이다. 아시안 학생은 1%에 불과하지만 매년 '한국의 날' 행사를 개최해 한인 학생들에게 우호적 환경을 조성하고 있다.

또 기독교 학교인 만큼 크리스천 학생일 경우, 장학금 혜택도 많다. 학업 프로그램은 예술 학사, 음악 학사, 과학 학사, 경영학 석사, 교육 석사 및 교육 전문가 학위를 제공한다.

▶주소 : 2277 Martha Berry Hwy NW, Mount Berry, GA 30149

▶웹사이트 : www.berry.edu

아그네스 스콧 칼리지 (Agnes Scott College)

애틀랜타 동쪽 디캡카운티 디케이터에 위치한 4년제 리버럴 아츠 여자대학
이다. 1889년 프랭크 헨리 게인스 목사에 의해 설립됐으며 미 장로교회와 협
력 관계에 있다.

30개의 전공과 25개의 부전공에서 학사학위를 제공하고 있으며 사회학, 생
물학, 심리학 등이 인기 학과다. 법대, 의대 대학원 준비과정도 유명하다.

1000명 내외의 소수 정예 학생이 재학 중이며 평균 수강 인원 18명으로 학생
개개인이 교수의 관심을 받는다. 리버럴아츠 대학인 만큼 교수진이 학생 지
도 외에 연구와 집필 활동을 벌여야 하는 대부분의 연구 중심 종합대학과 달
리 교수들이 오로지 학생 지도에 주력하고 있다는 장점이 있다.

4년 내내 기숙사에서 생활하는 것이 원칙이다. 실제로 전교생 92%가 100에
이커 남짓 작은 캠퍼스에서 생활한다. 덕분에 교내 학생회나 100여개 이상
동아리 활동이 활발하며 전교생 60% 이상이 클럽 회장 경험을 할 정도로 리
더십 배양 기회도 많다.

고풍스러운 건물과 캠퍼스가 아름답기로도 정평이 나 있다. 1983년 희곡 부
문 퓰리처상 수상자 마샤 노먼과 여성 패션 브랜드 앤테일러 CEO 케이 크
릴, 그래미상 수상 컨트리 가수 제니퍼 네틀즈가 이 학교 출신이다.

▶주소 : 141 E College Ave, Decatur, GA 30030
▶웹사이트 : www.agnesscott.edu

소수 정예
교육으로 여성계
리더 배출

사바나 칼리지 오브 아트 & 디자인 (SCAD)

한인들에겐 보통 사바나 예술대학 또는 스캐드(SCAD)로 불리는 이 대학은 조지아 남부 해변 도시 사바나에 있다. 자타 공인 미국 최고 4년제 미술대학 중 하나로 1978년에 설립됐다.

42개 전공, 52개 부전공을 통해 미술학사, 석사 및 건축학 석사 학위를 수여한다. 사바나 본교 외에 애틀랜타와 프랑스에도 분교가 있으며 SCADnow라는 온라인 과정도 있다.

인기 있는 전공은 건축, 역사, 빌딩 아트, 디자인, 시각 예술 분야 등이며 영화와 디지털 미디어 학과의 성장세가 두드러진다. 그 밖에 컴퓨터 효과, 애니메이션, 필름 디자인, 게임 관련 프로그램도 주목을 받고 있다.

2020년 가을 기준 1만1789명이 재학 중이며 학생과 교수 비율은 18:1이다. 이론과 실습이 균형을 갖춘 커리큘럼으로 최상의 예술교육과 취업이라는 두 마리 토끼를 잡는 학교로도 유명하다. 실제로 졸업생의 80%가 졸업 후 6개월 이내에 취업하거나 대학원 진학을 하고 있다.

한국을 비롯한 세계 90여개 국 유학생들이 이 학교에서 공부 중이다. 영어가 부족한 유학생을 위한 자체 부설 어학원도 운영하고 있다.

매년 10월 말~11월 초에 개최되는 이 학교 주관의 사바나 영화제는 전문 영화 강의, 워크숍, 영화 상영 등으로 이뤄지며 4만 명 이상이 참여한다.

▶주소 : 342 Bull St, Savannah, GA 31401　▶웹사이트 : www.scad.edu

영화·사진 등
예술 분야
미국 최고 수준

(6) 커뮤니티 칼리지

귀넷 테크니컬 칼리지 (Gwinnett Technical College)

2년제 커뮤니티 칼리지로 한인 밀집지역인 둘루스, 스와니와 가까운 로렌스빌과 알파레타 2곳에 캠퍼스가 있다. 한인들에게 '귀넷텍' 이라는 이름으로 잘 알려져 있다.

1984년 처음 개교했으며, 현재 50개 전공에서 준학사 학위를 수여하고 있다. 또한 직장인을 위한 평생교육과정, 직업교육과정을 운영하고 있다. 실제 일자리를 위한 실무교육에 초점을 맞추고 지식을 얻을 수 있으며 저렴한 학비로 양질의 교육을 받을 수 있다.

최근 귀넷 카운티와 주변 지역 최첨단 교육 및 시설을 위해 여러 비즈니스 업계와 협력중이다.

2022년 기준 재학생은 9539명이고 학생 대 교수 비율은 17:1로 조지아주 커뮤니티 칼리지 평균과 동일하다.

▶ 주소 : 5150 Sugarloaf Pkwy, Lawrenceville, GA 30043

▶ 웹사이트 : www.gwinnetttech.edu

뛰어난
실무교육
저렴한 학비

조지아 페리미터 칼리지 (Georgia Perimeter College)

**4년제 대학
편입률 높은
커뮤니티 칼리지**

조지아 페리미터 칼리지는 애틀랜타 한인타운에 가장 가까운 2년제 커뮤니티 칼리지다. 1958년 디캡칼리지로 출발했다가, 1997년 현재 이름으로 변경됐다.

2016년 당시 조지아 주립 대학교와 합병해 조지아 주립 대학의 구성요소가 됐고, 메인 캠퍼스와는 별개로 학위 및 입학 요건을 유지중이다. 또한 다른 조지아 주립대 시스템 대학과의 교류도 활발해 타 대학으로 편입이 쉽다는 것이 특징이다.

매년 졸업생 1/4인 3000여명이 조지아주에 위치한 4년제 주립대로 편입한다. 편입보장(TAG)프로그램을 시행하고 있어, 일정 수준 이상의 성적을 거두면 조지아 이외에도 40개 대학에 편입이 보장된다. 때문에 대학 1~2년은 저렴한 페리미터 칼리지에 다니고, 우수한 성적으로 4년제 주립대에 편입해 3~4학년을 보내는 한인 학생들도 많다. 1만7000 여명이 재학 중이며 학생 대 교수 비율은 1:20이다.

▶주소 : 3251 Panthersville Rd, Decatur, GA 30034

▶웹사이트 : www.perimeter.gsu.edu

(7) 동남부 유명대학

19세기 해운 및 철도 재벌이었던 코넬리어스 밴더빌트가 1873년 설립한 동남부 최고 명문 사립대학이다. 테네시주 최대 도시인 내슈빌에 있으며 동부의 아이비리그에 준하는 대학으로 평가받는다. 2020년 US뉴스 & 리뷰 대학 평가에선 15위를 기록했다.

리버럴아츠 대학이 가진 학부 중심 시스템과 연구 중심의 종합대학 시스템이 적절히 조화를 이룬 대학으로 메디컬 스쿨, 로스쿨이 유명하며 교육대학은 전국 최고로 꼽힌다. 학부는 인문대, 음대, 공대, 사범대가 있으며 법대, 의대, 신학대, 간호대 등은 대학원 과정이다.

학부 합격률은 10% 이내로 갈수록 입학이 어려워지고 있다. 학생 수는 2020년 가을 기준 7057명이며 학생 대 교수 비율 7:1 정도로 양질의 교육을 받는다. 학생 구성은 매년 다르지만 대체로 백인이 약 50%, 아시안 15%, 흑인 12%, 히스패닉 10% 내외다.

2020년 프린스턴리뷰 조사에서 학생들이 가장 행복해하는 학교로 선정될 만큼 재학생들의 만족도가 높다. 45대 부통령 앨 고어가 이 학교 출신이며 다수의 노벨상 수상자, 퓰리처상 수상자들을 배출했다.

▶주소 : 2201 West End Ave, Nashville, TN 37235

▶웹사이트 : www.vanderbilt.edu

아이비리그 수준의
남부 최고 명문

애플 CEO
팀 쿡 배출한
남부 명문

앨라배마주 어번대학 (Auburn University)

어번대학교는 앨라배마 주를 대표하는 4년제 명문 주립대학이다. 1856년 감리교단이 남자 대학으로 설립한 동앨라배마대학이 전신이다.

1872년 앨라배마 농업기계대학으로 개칭되었으며, 1899년 앨라배마 공과대학교로 다시 이름이 바뀌었다가 1960년에 지금의 어번대학교로 최종 확정됐다. 대학 주변으로 대학촌이 형성되어 있어 어번 도시 전체가 안전하고 쾌적하다. 어번대학은 연방 정부 지원 및 투자가 많은 연구중심 종합대학으로 하이테크 연구소가 있으며 NASA에 엔지니어와 과학자를 많이 배출한 학교로도 유명하다. 또 2008년 문을 연 어번대학 연구단지에서는 자동차, 재료공학, 의료공학 등의 연구가 활발하다.

공학 및 비즈니스 전공이 전국 상위권을 유지하고 있으며 유학생들에 대해서도 학업관리, 생활지원, 취업준비, 국제학생 장학금 등 다양한 지원 프로그램을 마련하고 있다.

학생 수는 2021~2022년도 기준 학부생 2만4931명과 대학원생 5510명이다. 학생 대 교수 비율은 20:1 이다.

이 대학 풋볼팀 '어번 타이거스'는 도시 전체의 자랑이며 경기가 있는 날이면 어번 주변 도시 전체가 들썩인다. 스티브 잡스 이후 애플사를 이끌고 있는 CEO 팀 쿡이 어번대학 출신이다. ⓙ

▶주소 : 182 S. College St. Auburn University, AL 36849

▶웹사이트 : www.auburn.edu

5

Real Estate

내집 마련

1. 미국 주택의 종류

조지아에도 다양한 형태의 주택이 있어 명칭에 대해 혼동될 때가 많다. 거주용 건물(Residential Property)로 분류되는 주택은 기본적으로 단독주택 (Single Family Home)과 다세대 거주 주택(Multi-family Home)으로 나눌 수 있다.

단독주택 (Single Family Home)

단독주택이란 주택 건물이 각각 떨어져 있고 개인 소유의 대지가 있는 형태를 말한다. 단독 주택에는 트랙트 홈과 커스텀 홈, 그리고 제조 홈이 있다. 이는 건물의 형태가 아닌 건축 방법에 따라 달리 불리는 명칭이다.

■ 트랙트 홈 (Tract Home)

일반적으로 미국 단독주택은 주택개발 회사들이 몇 개의 모델 홈을 만든 후 일반인에게 분양하는데 이를 트랙트 홈이라고 한다. 따라서 트랙 홈 단지 내 주택들은 서로 같은 구조의 주택들이 있으며, 이 같은 트랙 홈 단지들은 세월이 흐를수록 개인 주택 소유주들이 집 안팎의 구조를 바꾸면서 모습이 달라지는 것이다.

일률적으로 건축되는 것이라 개인이 집을 지을 경우보다 비용이 적게 드는 것이 장점이다. 조지아 등 미국 동남부 지역의 경우 한인들이 많이 거주하는 서브디비전(Subdivision)에 있는 집들도 일종의 트랙트홈이라 할 수 있다. 서브디비전 내 집은대부분 주택소유주협회(HOA)가 있어 매월 일정액의 관리비를 내는 대신 관리가 잘 되어 있고 안전하고 편리하다는 것이 장점이다.

■ 커스텀 홈 (Custom Home)

커스텀 홈은 개인 건축업자를 고용해 개개인이 취향에 맞게 주택을 짓는 것이다. 따라서 비용이 많이 들기 때문에 커스텀 홈은 대부분 고급주택이 많으며 최근에는 일부 대형 주택개발 회사에서도 개인의 취향에 맞도록 커스텀 홈 단지를 조성, 주문제작을 통해 커스텀 홈을 짓고 있기도 하다.

■ 제조 홈 (Manufactured Home)

제조 홈은 한인들에게는 친숙하지 않은 주택형태인데 벽과 바닥, 지붕, 그리고 기타 주택구조에 필요한 모든 것이 제작된 후 운반돼 조립되는 것으로 일반 주택보다 건축비가 저렴한 것이 가장 큰 장점이다.

모빌 홈 역시 제조주택으로 일반 제조주택이 이동할 수 없는데 비해 모빌 홈은 이동이 가능한 제조주택이다.

공동주택 (Multi-Family Home)

개인 소유의 콘도미니엄(이하 콘도) 및 타운홈과 임대용으로 이용되는 아파트가 있다. 콘도 및 타운홈은 일반 단독주택과는 달리 건물의 내부와 특정 공간에 대해서는 각자가 소유하지만 단지내 수영장 등 기타 주변 시설은 공동으로 소유 및 관리하는 주택을 말한다. 따라서 콘도나 타운홈도 서브디비전내 단독 주택처럼 주택소유주협회(HOA)가 있고 협회는 매월 각자의 소유주가 내는 관리비로 단지를 관리, 운영해나가고 있다.

■ 콘도 (Condo)

미국의 콘도는 한국의 아파트와 같은 개념이다. 콘도미니엄과 타운홈은 소유권 형태의 차이에 따라 명칭이 달리 되는 것으로 외형상으로 나눌 수는 없다. 일반적으로 콘도미니엄은 각각의 유닛을 개인이 소유하고 부수적인 프라퍼티 즉 대지를 포함해 기타 공동이용 문화시설과 같은 부속물들은 다른 소유주들과 일정 비율로 소유하게 된다.

콘도는 크게 두 종류가 있다. 첫째는 일반 콘도(general condominium)다. 개인 명의로 소유하기 때문에 매매가 언제든지 가능하고 재산세를 따로 낸다. 대부분의 콘도가 이에 해당한다.

두번째로 코압 콘도(co-operative condominium)가 있다. 코압 콘도는 건물을 개인이 소유하는 것이 아니고 주식 회사가 소유한다는 점이 일반 콘도와 다르다. 따라서 입주자들은 그 단지에 해당된 주식의 일정 부분을 사서 입주해 사는 셈이다. 주식 회사의 지분을 매입하는 것으로 보면 된다.

코압 콘도는 재산세를 관리비에 포함시키기 때문에 별도의 재산세를 내지 않는다. 단점은 매매할 수는 있으나 융자 얻기가 까다롭고 시간이 많이 걸린다. 융자 비용도 일반 콘도에 비해 많이 든다. 새로 입주할 경우에는 이사회의 승인을 거쳐야 하는등 제약 조건이 많아 집 가격이 약간 싼 편이다.

콘도는 계단이나 복도, 차고 등 공동 이용 공간이 많기 때문에 타운홈의 소유권보다 좀 더 복잡하며 때론 불분명하기도 하다. 또한 콘도미니엄은 현관문 안 실내공간에 대해서만 단독 소유권이 있으므로 실내를 제외한 외부 및 공동 이용 공간에 대해서는 개별적으로 페인트칠을 한다거나 시설물 등을 바꾸는 행동은 할 수 없다.

각 유닛의 소유주들은 전체 콘도 단지의 소유 및 투자에 대해 소유하고 있는 유닛의 크기에 비례해 소유권(master deed)을 갖고 있다.

■ 타운홈 (Town Home)

타운홈은 소유주가 각 유닛 뿐만 아니라 유닛의 대지도 함께 소유하게 되며 콘도미니엄과는 달리 지붕도 각각 따로 있다. 또한 단독주택처럼 차고와 개인이 관리할 수 있는 작은 마당이 있는 것이 대부분이다.

타운홈이 한국의 아파트와 같이 한 층으로 되어 있는 경우가 많다면 타운홈은 2~3층 복층으로 되어 있는 경우가 많다는 것이 차이다. 또 옆 벽은 이웃과 공유하지만 위나 아래에는 이웃이 거주하지 않는 다는 것도 차이다.

최근의 소유 형태는 콘도미니엄이면서 건물 형태는 타운홈처럼 차고와 패티오가 따로 있는 형태도 많이 볼 수 있는데 이러한 경우 대부분 지붕이 연결되어 있으며 지붕관리 또한 입주자협회(HOA)에서 하고 있다. 이러한 경우는 타운홈이라고 불리지만 실제 법적으로 소유권 형태는 콘도미니엄이다.

■ 아파트 (Apartment)

미국의 아파트는 한국과 달리 다세대가 있는 건물을 한 개인이 소유하고 각각의 유닛을 개인에게 렌트해 주는 거주용 렌탈 프로퍼티를 말한다. 한국에서의 아파트처럼 자신이 소유권을 가진 가지는 것을 미국에서는 콘도(Condo)라고 부른다.

아파트에 입주할 때 세입자는 보통 2개월 치의 월세에 해당하는 보증금(security deposit)을 선불로 내야 하는데 이는 주택의 상태가 좋지 않아 보수해야 하는 경우나 사전통보 없이 이사가 버리는 경우를 대비해 미리 받아 놓는 선수금이다. 참고로 한국 사람끼리는 아파트라고 해도 알아듣지만 미국 사람 앞에선 생략하지 말고 '아파-트먼트(apartment)'라고 모두 발음해야 알아듣는다.

2. 헌 집 살까, 새 집 살까

집을 새로 장만하려는 사람들은 누구나가 어떤 집을 살 것인가에 대해 고민하게 된다. 집의 종류를 따지자면 여러 가지가 있겠지만 막 분양하는 새 집이냐, 아니면 지은 지 어느 정도 되는 기존 주택을 살 것인지를 결정해야 한다. 새로 분양하는 신규 주택과 기존 주택을 구입할 때의 장단점과 주의해야 할 점 등을 알아 본다.

■ 장단점

요즘 빌딩코드에 맞춰 짓기 때문에 생활하기에 부족함이 없다. 각종 전자 장치가 잘 돼 있고 또 집이 전체적으로 널찍한 맛이 있다. 부엌, 리빙룸 등의 구조도 현대식으로 설계했다. 창문에 틈새가 없어 냉난방 비용이 적게 든다. 또 대형 시공회사가 지을 경우 홈 워런티가 잘돼 있다. 입주 1년 동안 모든 고장은 워런티로 수리가 된다. 기초, 소음 같은 큰 결함은 10년 동안 건설회사가 책임지기도 한다. 단점으로는 이사 들어가는 시점을 제대로 맞추기 힘들 때가 자주 있다. 가이드 라인은 있지만 꼭 맞아 떨어지지는 않는다. 지방정부의 허가가 늦게 나면 심하면 한달 정도 입주가 지연되는 경우도 있다. 또 새 집을 사는 바람에 예상치 못한 지출이 많이 들어갈 수 있다. 새 집에 입주하는데 10년 이상 된 낡은 가구를 가지고 들어가려는 주부는 없을 것이다. 조경, 커튼 등에 돈이 쏠쏠하게 들어간다. 대개 집 값의 10%는 추가로 들어간다고 본다. 그리고 아직 쇼핑몰 등이 들어서지 않아 생활이 불편할 수도 있다. 지역에 따라 다르지만 신흥 도시의 경우 일종의 개발 부담금(Mello Roos fees)을 내는 곳이 있다.

■ 신규주택 구입시 주의사항

새로 분양되는 단지는 아무래도 학군이 새롭다. 가장 신경 써서 챙겨야 할 사항이다. 또 근처에 쇼핑몰이 어느 정도 떨어진 곳에 있는지, 하이웨이와의 거리 등도 기본적으로 살펴야 한다. 그리고 시공 회사의 지명도가 높아야 앞에서 언급한 워런티를 제대로 받을 수 있다. 아무래도 새 집이면 처음부터 모든 시설이 완벽하게 돌아가지 않는다. 이럴 때 시공회사의 규모가 크면 애프터서비스를 빨리 받을 수 있다. 새로 분양되는 서브디비전(주택 단지)의 경우 먼저 적은 액수의 디파짓을 한 후 각 유닛의 판매 추이를 지켜보는 것도 좋다. 만약 분양이 원활하게 이뤄지지 않는 단지라면 차후 구입을 위한 융자가 제대로 이뤄지지 않을 수도 있기 때문이다. 대부분의 렌더들은 단지의 총 유닛 중 적어도 75% 정도 판매가 이뤄져야만 개별 바이어들이 각각의 융자를 통해 구입할 수 있도록 하고 있다. 만약 판매가 부진할 경우 주민들의 어소시에이션이 형성되지 못하고 개발회사가 단지의 운영권을 여전히 갖고 있게 되기 때문이다. 단지는 크면 클수록 좋다. 입주 인구가 많으면 쇼핑몰 같은 상업 지구가 빨리 형성될 것이고 그러면 집 값 형성도 빠르기 때문이다.

기존 주택

보통 콘크리트의 수명은 60년을 보지만 나무의 수명은 관리하기에 따라 다르다. 5-6년마다 페인트를 해 터마이트를 방지했다면 수명이 수백 년 갈 수도 있다. 전 주인이 집 관리를 얼마나 잘했는지를 살핀다. 인스펙션을 잘해야 한다는 얘기다. 주택을 구입할 때 입주 후 드는 수리비를 생각하지 않고 집을 덜컥 사면 나중에 후회하는 경우가 많다. 특히 집은 막상 사고 보면 살 때는 안 보이던 문제가 드러나는 수가 많다. 주택을 구입하려고 마음 먹었다면 반드시 다음과 같은 부분은 세밀히 살펴봐야 한다.

① 집의 기초를 살펴봐야 한다

특히 지대가 높아 축대가 있는 경우에는 집터를 지지하는 축대나 지지대에 균열이 있는지 살펴야 한다.

② 배수 상태 및 조경 검사

물이 흐르는 배수 상태나 큰 나무 등이 심어져 있는 조경도 살펴야 한다. 대지의 경사나 정원의 높낮이가 집 방향으로 기울어 있을 경우 비나 눈이 오게 되면 물이 빠지지 않고 집 쪽에 고이게 된다. 또 큰 나무는 시원한 그늘을 만들고 조경에도 좋지만 주택의 기초나 상하수도관을 파괴하기도 한다. 큰 나무들이 있으면 뿌리가 퍼진 방향과 상하수도관의 설치 방향 등을 비교해 보는 것이 바람직하다.

③ 지붕과 굴뚝 살펴봐야 한다

가능한 지붕에 직접 올라가서 보는 것이 좋지만 그렇지 못하면 육안으로라도 자세히 봐야 한다. 대부분 지붕널이 얼마나 오래되고 떨어진 데가 없나를 살펴보지만 실제 가장 중요한 것은 지붕 선이다. 굴뚝은 브릭이 헐겁거나 금이 가거나 모르타르가 부식되지 않았는지 여부를 살펴야 한다. 굴뚝 덮개, 지붕과 굴뚝의 이음새도 관찰 대상이다. 또한 지붕에서 내려오는 물받이 홈통도 점검해야 한다. 이런 것은 아무래도 인스펙션시 전문 인스펙터의 조언을 받는 것이 좋다.

④ 실내 벽과 천정도 잘 살펴봐야 한다

실내 벽 특히 천정과 맞닿는 부분에 균열이 있다면 기초가 제대로 놓여있지 않든지, 아니면 집의 골조 어딘가에 이상이 생기고 있다는 증거다. 천정이나 벽에 물 흐른 자국이 있다면 물이 새거나 이전에 물이 샜던 것을 고친 것으로 반드시 원인을 확인해야 한다. 특히 누수는 주택을 크게 상하게 하는 것으로 생명을 위협하는 안전사고의 원인이 되기도 한다.

⑤ 플러밍을 확인하라

상하수도 관을 확인 않고 집을 산다면 나중에 후회하는 일이 많이 생긴다. 집을 팔 때 상하수도관을 새로 깐 뒤에 집을 내놓은 셀러는 많지 않다. 따라서 상수도관의 수압을 확인해서 약할 경우 누수부위가 있는지를 조사한다. 하수도관이 집 어딘가로 샐 때는 반드시 원인을 규명해서 고쳐야 한다. 주택을 붕괴시킬 위험이 있을 뿐만 아니라 질병의 원인이 되기 때문이다.

⑥ 전기도 챙겨라

전기는 최소한 200 암페어 이상 되는 서비스 패널이면 바람직하다. 구식 퓨즈 패널대신 신석 서킷 브레이커로 된 집이 좋다. 구식 너브 튜브(knob-and-tube) 와이어링은 위험하고 신식으로 교체하는 데 비용도 많이 든다.

⑦ 문과 창문도 세심히 점검하면 좋다

유리가 한장으로 된 구식 창문은 에너지 소모가 매우 많다. 이중창이나 단열재가 들어간 창문으로 바꿔야만 겨울철 난방 비용을 줄일 수 있는데 목돈이 들기 때문에 집을 구매하기 전 이를 감안해야 한다.

콘도 및 타운 홈

편리한 생활에 주안점을 두는 미국인들의 라이프스타일과 함께 베이비부머 은퇴자들의 증가로 인해 콘도나 타운홈을 찾는 사람들이 갈수록 늘어나고 있다. 콘도와 타운홈 구입시 주의할 점에 대해 알아본다.

① 전문적인 매니지먼트가 잘 이루어지는지 확인한다

2-6유닛 정도의 작은 단지는 전문적인 관리회사를 고용하지 않는 경우도 있지만, 6유닛 이상의 중대형 단지는 전문 관리회사를 고용해 단지를 운영하고

있다. 수영장이나 테니스코트, 기타 공동이용시설, 단지내 청소, 랜드스케이핑 등이 깔끔하게 관리되고 있는지 눈여겨 봐야한다.

② HOA의 운영 및 재정상태를 파악한다

콘도와 타운홈 단지는 주민대표로 구성된 HOA에 의해 운영되며 일반적으로 HOA에서 전문관리회사에 단지 관리를 위탁한다. 그러므로 주민들이 적극적으로 참여하고 정기적인 주민대표 모임이 제대로 이뤄지는 HOA인지 확인해보는 것이 좋다. 가능하면 HOA의 재정상태를 파악해보는 것도 좋은 방법이다. 현재 재정상태가 양호하지 않다면 향후 기금 부족으로 인해 어소시에이션 비용이 올라갈 수 있기 때문이다.

③ 보험 가입한도액을 확인한다

화재보험은 총 재건축비용에 해당하는 액수가 보험에 가입돼 있어야 하며 책임보상보험 한도액은 대형 단지일 경우 적어도 300만 달러는 가입돼 있어야 바람직하다고 전문가들은 조언하고 있다.

④ 인근 단지와 HOA 비용(관리비)을 비교해 본다

콘도를 구입하기 전 반드시 HOA 비용을 인근 다른 단지와 비교해보는 것이 바람직하다. 특히 향후 12개월 내 HOA 비용 인상 계획이 있는지 또는 보험 보상금 등으로 인해 HOA 비용의 인하계획이나 또는 단지 내 수리계획이 있는지에 대해서도 알아보는 게 좋다.

매월 지급해야 하는 HOA 비용(건물 관리비)에는 일반적으로 주택보험 및 단지 내 청소, 물값, 쓰레기 수거료 등이 포함돼 있으며 경우에 따라 잔디관리. 수영장, 테니스장 등과 같은 공동이용 시설물의 유지, 관리비 및 전기료 등이 포함된다.

⑤ 방음시설과 이웃에 대해 파악한다

콘도나 타운홈은 집과 집이 붙어 있으므로 방음시설이 제대로 되어 있는지 확인하는 것이 중요하다. 또 아래 윗 층이 다른 유닛으로 이뤄져 있는 콘도를 구입할 때는 특히 가족 구성원에 따라 구입을 결정하는 것이 바람직하다. 어린 자녀가 있는 경우는 아래층이 여러모로 생활에 편리하며 또한 건물 끝에 위치한 유닛이 좀 더 조용하고 프리이빗한 생활을 즐길 수 있다.

⑥ HOA 규정상 특별한 것이 있는지 확인한다

오퍼를 쓰기 전 HOA에 특별한 규정이 있는지 확인하거나 오퍼 작성 시 수락할 수 없는 규정이 있을 경우엔 오퍼가 무효라고 조건을 첨부하는 것이 바람직하다. 예를 들어 애완동물 사육을 금지한다거나, 렌트를 줄 수 없다는 등의 조건이 있을 수 있다. 또 일부 단지는 FHA 등의 융자가 이뤄지지 않는 경우가 있어 융자를 이용하려는 바이어라면 구입 전 확인해야 한다. **J**

3. 부동산 매매

모든 약속은 서류로 만들어 두어야 문제가 생기지 않는다. 매매계약서 체결은 집을 사고 파는 과정의 기본이다. 이민자들로서는 아무래도 영어가 부족하고 관습과 문화의 차이도 큰 탓에 매매계약 작성에 있어 심적 부담이 클 수밖에 없다. 물론 부동산 에이전트의 도움을 받긴 하겠지만 그래도 집을 보고 ,오퍼를 넣고, 카운터 오퍼를 주고받아 계약이 성립되는 과정을 알고는 있어야 할 것이다.

주택 구입 절차

재산 목록 1호인 집을 사는 것은 결혼만큼이나 복잡하다. 여윳돈과 은행 대출부터 관련 세금과 중개료까지 곰곰이 따져 봐야할 사항이 한두 가지가 아니다. 제대로 모르고 덤볐다간 낭패 보기 십상. 집을 사는 과정에서 필요한 몇 가지 상식을 소개한다.

① 부동산 에이전트 선택

부동산 에이전트는 셀러측 에이전트와 바이어측 에이전트로 나뉜다. 셀러 측 에이전트는 집을 파는 사람을 위해 일한다. 대개 매도인이 대개 매매가의 6%를 중개 수수료로 내기 때문이다. 물론 집 주인이 직접 파는 물건이라면 에이전트가 필요 없다. 중개 수수료 부담이 없는 만큼 값을 흥정할 수 있는 여지도 많다. 바이어측 에이전트는 집을 사는 사람을 위해 일한다. 좋은 에이전트는 여러 모로 도움이 된다. 우선 MLS(Multiple Listing Service) 통해 매물을 폭 넓게 확인할 수 있고, 주변 학교와 모기지 대출에 관한 정보도 풍부하다. 주택 보수 비용과 관련한 셀러와의 갈등을 중재해줄 수도 있다. 특히, 잘 모르는 지역에 집을 구입할 때는 현지 사정에 밝은 에이전트를 구하는 것이 좋다.

② 대출자격 확인

은행이나 모기지 회사는 대출에 앞서 직장 근무 연한이나 신용 상태 등 여러 가지 조건을 따진다. 그러나 가장 중요한 심사 기준은 연간 소득과 부채. 이를 통해 평가한 상환 능력에 맞춰 대출 자격과 한도를 결정하게 된다. 특히, 은행에서 꼼꼼히 따지는 대목은 주택 구입 이후 전체 소득 중 얼마를 주택 관련 비용으로 지출하게 될 지와 신용카드와 자동차 론, 자녀 양육비 부담은 얼마나 되는 지다. 미국의 대출 금융기관은 관행적으로 주택 관련 비용이 전체 소득의 28%, 이를 포함한 과외 비용이 전체 소득의 43%를 넘기지 않는 선에서 대출 한도액을 결정하고 있다.

③ 다운페이먼트 준비

주택 구입 가격의 최대 20% 다운페이먼트를 생각하고 그 정도의 돈만 준비되면 되는 것으로 생각해선 곤란하다. 대개 클로징 비용에다 두세 달 치 운용 비용은 뒷돈으로 갖고 있어야 여유가 생긴다. 그쯤 되어야 금융기관과 대출 협상도 쉽게 끝낼 수 있다.

④ 모기지 융자기간 고려

신청이 얼마나 몰리느냐에 따라 다르지만, 최대 30~45일이 걸린다. 과거에는 한달 정도면 충분했지만 소비자 보호하는 규정이 까다로워지면서 점점 더 시간이 더 소요되고 있다. 전문가들은 "융자 기간에 맞춰 여유를 갖고 클로징 기간을 잡는 것이 좋다"고 조언한다.

⑤ 사전점검 (인스펙션)

정작 입주하기 전에는 주택의 숨은 문제들을 찾아내기 어렵다. 사전에 지붕과 냉난방, 배관, 전기 시스템에 대한 안전 진단을 받는게 최선이다. 비용은 집의 크기에 따라 차이가 나면 보통 300~600달러 정도다. 최소한 매매 계약서 서명에 앞서 안전진단을 위한 보증금을 내거나 매매 계약서 상에 인스펙션 결과에 따라 거래를 취소할 수 있다고 명시해 두면 좋다. 그러나 천정이나 벽에 누수 흔적이 있는지, 전기 스위치가 정상인지, 따뜻한 물이 제대로 나오는지 등 본인이 직접 확인 할 수 있는 부분에 대해서는 바이어 스스로 도 적극적으로 점검해야 할 것이다.

⑥ 매매계약 체결후 할 일
우선 변호사(일부 주는 에스크로 회사)를 통해 은행에 제출할 타이틀(소유권) 관련 서류를 확인한 뒤 모기지 다운페이먼트와 각종 수수료를 준비해야 한다. 다운 페이먼트가 대출액의 20% 미만이면 모기지 보험료도 필요하다. 안전진단도 서둘러야 한다.

⑦ 세금 감면
집을 사는 것이 세금을 줄이는 최선의 방법이라고들 말한다. 실제로 모기지 상환액이 매달 1200달러라면 실제로는 매달 900 달러의 렌트비를 내는 셈이다. 주택 구입 첫 해에 매달 1200달러씩 모기지를 상환한다면 이중 1,080달러가 세금 감면 대상이며, 연간 과세 대상 소득 규모가 1만3000달러쯤 줄어든다. 27.5%대 세율이 적용되면 개인이라면 매달 300달러씩 세금을 절약하는 셈이다.

오퍼 및 카운터 오퍼

■ 오퍼 쓰기
처음 내 집을 장만하는 바이어는 자신이 사고 싶은 집을 발견했을 때 그 집을 얼마에 내가 사겠다고 하는 내용의 오퍼를 보내게 된다. 하지만 오퍼에 대한 경험이 전혀 없어 셀러에게 주택가격 등 오퍼를 제시할 때 어떤 규칙이 있는지 궁금해 하는 경우가 많다. 그러나 바이어는 자신이 해당 주택을 얼마 정도

면 사겠다는 내용 등을 임의대로 결정해 전달할 수 있다. 오퍼를 쓸 때 리스팅 가격을 기준으로 어떤 선에서 결정해야 한다든지 하는 규칙은 없다. 그러나 매물이 부족하고 마음에 드는 집을 구하기가 힘든 상황(셀러스 마켓)이라면 하나의 집을 두고 여러 개의 오퍼가 몰리는 경우가 많다. 이럴 때는 다른 바이어들과 가격 경쟁을 치러야 하기 때문에 정식 오퍼에 앞서 가격 책정에 있어서 시세를 고려해 신중하게 결정하는 것이 바람직하다. 오퍼에는 가격 뿐만 아니라 따로 요구사항이 있다면 그것까지 포함시켜 셀러에게 보낼 수도 있다. 하지만 오퍼에 단서 조항을 최소한으로 줄이는 게 유리하다. 가령 현재 자신이 살고 있는 집이 팔리면 클로징을 한다든지 하는 조건을 붙이면 셀러는 다른 오퍼로 눈길을 돌릴 게 분명하다. 중개인을 통해 셀러가 가장 중시하는 매매조건이 무엇인지 알아보고 오퍼를 내는 것도 방법이다.

■ 바이어의 오퍼 철회

바이어는 자신이 제시한 오퍼에 대해 셀러로부터 응답을 받기 전에는 아무때나 이를 취소할 수 있다. 물론 오퍼 시 셀러에게 일정액을 계약금(Earnest Money)으로 맡겼다면 이 또한 돌려받을 수 있다. 예컨대 바이어가 셀러에게 오퍼를 보냈고, 셀러는 바이어의 오퍼 내용이 마음에 들어 수락하려고 마음먹고 있었다고 해도 셀러가 바이어에게는 아직 이런 내용을 통보하지 않은 상태라고 하면 바이어는 언제라도 먼저 오퍼를 철회할 수 있다는 말이다. 다시 말해 셀러로부터 오퍼에 대한 응답을 받기 전에 바이어는 오퍼를 취소할 수 있다는 것이다.

■ 셀러의 카운터 오퍼

셀러는 카운터 오퍼를 통해 바이어의 오퍼 내용에 대해 동의하지 않거나 수정할 부분을 표시할 수 있다. 가령 바이어가 오퍼를 통해 세탁기와 건조기까지 포함해 구입하고 싶다고 요청했을 경우 이에 대해 셀러는 카운터 오퍼에서 이를 수락하지 않는다는 내용을 담아 바이어에게 보낼 수 있다. 그러나 겨우 몇 백 달러 정도의 물건 때문에 원하는 가격을 모두 지불하겠다는 바이어를 놓칠 수 있다는 점을 명심해야 한다.

■ 카운터 오퍼의 법적 효력

오퍼는 특별한 법적 효력이 없지만 카운터 오퍼는 계약서가 될 수 있다. 셀러로부터 카운터 오퍼가 있을 경우 바이어의 오퍼는 효력을 잃게 된다. 반면, 바이어도 셀러의 카운터 오퍼에 대해 응답을 해야 할 의무가 없다. 예컨대 바이어가 처음 오퍼에 리스팅 가격 전액을 지급할 의사가 있다고 했더라도 셀러가 보낸 카운터 오퍼가 마음에 들지 않는다면 카운터 오퍼에 대해 응답하지 않으면 그만이다. 그러나 바이어가 카운터 오퍼를 수락, 이곳에 사인을 하게 되면 카운터 오퍼는 곧 계약서의 효능을 발휘하게 되면서 바이어는 카운터 오퍼의 내용을 실천할 의무가 생긴다.

■ 카운터 오퍼를 하는 경우

여러 개의 오퍼가 들어왔을 경우 셀러가 모든 오퍼에 대해 일일이 카운터 오퍼를 보내야 할 의무는 전혀 없다. 그 중에서 가격뿐 아니라 모기지 승인 여부나 클로징 시점 등의 조건을 따져보고 자신의 마음에 드는 것만 골라 카운터 오퍼를 하면 된다. 다만, 바이어는 오퍼를 하면서 일반적으로 카운터 오퍼에 대한 시한을 보통 3일 이내로 정하는데 이 기간 내에 셀러로부터 카운터 오퍼를 받지 못하면 가격흥정은 자동적으로 끝나는 것으로 보는 게 좋다.

그러나 언제 카운터 오퍼를 보내느냐는 전적으로 셀러의 마음이다. 만약 셀러가 실수로 2개 이상의 오퍼에 대해 카운터 오퍼를 보냈다 하더라도 셀러가 카운터 오퍼 기본 양식을 사용했을 경우 이를 수락하는 바이어의 사인과 최종적으로 셀러의 사인이 있어야만 효력을 발휘하는 것이므로 셀러는 하자가 없다.

최종 계약 및 인스펙션

오퍼와 카운터 오퍼가 오고간 후 최종 카운터 오퍼까지 수락되면 계약에 들어가고 어니스트 머니가 변호사나 에스크로로 보내진다. 이후 일반적으로 7일에서 10일의 실사기간(Contingent Due Diligence)을 갖게 되고 홈 인스펙션 등을 거치게 된다. 그 다음 별다른 하자가 없다면 정해진 날짜에 클로징을 한다. 만약 인스펙션에서 사고자 하는 집에 중대한 하자가 발견된다면 바이어는 계약을 취소할 수도 있고, 셀러 측에 수리를 요구할 수도 있다.

바이어가 챙겨야 할 것들

주택 매매의 첫 단계는 일반적으로 바이어가 마음에 드는 집을 결정해 오퍼를 작성, 셀러에게 보내고 셀러는 이 오퍼에 대해 수정사항을 게재, 카운터 오퍼를 보내는 것으로 시작된다. 바이어가 셀러의 카운터 오퍼를 수락하게 되면 계약이 성립되고 곧 카운터 오퍼 서류가 계약서가 된다. 최종 계약 성립까지 바이어가 고려해야 할 주요 내용을 소개한다.

■ 홈 인스펙션 조건조항 (A Home Inspection Contingency)

두 가지가 있다. 한 가지는 바이어가 인스펙션 결과 주택의 큰 문제점을 발견, 구입할 의사가 없어지면 계약은 무효가 되며, 바이어가 디파짓한 금액을 곧바로 환불해야 한다는 내용이다. 다른 한 가지는 바이어의 인스펙션에 대해 좀 더 구체적으로 언급하는 방법이다. 바이어는 계약이 성립된 날, 즉 최종적으로 오퍼 또는 셀러의 카운터 오퍼에 수락 서명을 한 날로부터 일정기간(일반적으로 7일, 주말을 뺀 5일. 영어문장으로 보통 'within five working days'라고 표현) 내에 인스펙션을 한 뒤 수리할 부분에 대한 요구를 셀러에게 할수 있으며, 셀러는 바이어가 제시한 기간 내에 이를 수리해야만 유효한 계약이 진행될 수 있다는 내용이다. 만약 이 기간 내 셀러가 수리를 하지 않거나 아무런 응답이 없을 경우엔 계약이 무효가 되며 바이어의 디파짓은 곧 환불되는 것이다. 이때 바이어가 셀러에게 제시하는 수리 기간은 일반적으로 주

말을 뺀 5~7일이다. 'As Is condition' 즉, 있는 그대로의 상태로 매각하는 주택을 구입할 때도 바이어는 전문적인 인스펙션을 통해 주택 결함 정도를 정확히 파악한 후 구입 여부를 결정하는 것이 바람직하다. 셀러가 수리해주지 않으므로 수리비용이 많이 드는 결함이 발견됐을 경우 바이어는 구입 여부를 심각하게 고려해야한다.

■ 융자 조건조항 (Financing Contingency)

바이어가 전액 현금이 아닌 융자를 이용, 주택을 구입할 경우 일반적으로 이 조항이 첨부된다. 즉, 바이어가 융자 승인을 통해 융자를 받았을 경우 계약이 성립되는 것으로 융자를 받지 못하면 계약은 자동적으로 무효화된다. 이 때 바이어는 반드시 이 조항의 문장을 잘 살펴야 한다. 즉 바이어가 융자를 받기 위해 최선을 다했음에도 불구하고 융자를 받지 못한 경우 바이어(셀러가 아닌)는 계약을 무효화시킬 수 있으며 디파짓은 즉시 돌려받을 수 있다고 명시해야 한다.

■ 주택 상태 조건조항 (Property Condition)

'as is'(있는 그대로의 상태) 컨디션으로 매각하는 주택을 구입할 경우 바이어는 그 시점을 분명하게 이해해야 한다. 즉, 'as is'가 계약서에 서명할 때의 상태인지 또는 모든 매매과정이 완료된 시점의 상태인지 분명하게 짚고 넘어가야 한다. 예를 들어, 워터히터가 계약을 한 후 인스펙션을 했을 때는 제대로 작동이 되었지만 막상 매매가 끝나는 시점엔 고장이 날 수도 있다. 계약서에

어떻게 명시하느냐에 따라 바이어는 이 같은 상황이 발생했을 경우 셀러에게 수리를 요구 할 수도 있고 요구하지 못할 수도 있다. 또 매매과정이 모두 끝난 뒤에도 바이어의 양해에 따라 셀러가 일정 기간 해당 주택에 더 머무를 경우 바이어는 계약서에 이 기간 내 고장이 나는 부분에 대한 셀러의 수리 책임을 명시하는 것이 바람직하다.

■ 계약성립 (Settlement)

매매계약이 성립되면 바이어는 구입을 위한 디파짓을 하고 매매대행 에이전트는 매매 종결까지 바이어의 디파짓을 은행 등 금융기관 계좌에 보관해야 한다. 이때 바이어가 어느 정도 디파짓을 해야 하는가에 대해 특별한 규정은 없지만 구입하는 집값의 2~5% 정도 하는 것이 일반적이다.

■ 터마이트 검사 (Termite Inspection)

터마이트는 나무를 갉아먹는 흰개미의 일종으로 주택소유주들이 가장 경계해야할 해충이다. 터마이트로 인해 주택의 기본 골격에 손상이 가고 그대로 방치했다가는 주택 자체가 붕괴될 수도 있기 때문이다. 이로 인해 일부 주에서는 반드시 셀러가 라이선스를 소지한 전문 터마이트 회사를 통해 터마이트 검사를 한 후 터마이트나 터마이트로 인한 주택 손상부분이 발견됐을 경우 이를 수리하고 터마이트 서식지를 없애도록 법으로 규정하고 있다. 따라서 셀러는 매매절차가 진행되는 동안 터마이트 증명서를 제시해야 하며 이 증명서가 있어야만 매매계약이 끝날 수 있다. 바이어는 매매가 종결되기 전 반드시 ㄹ 터마이트 증명서를 확인해야 한다.

첫 주택구입자가 챙겨야 할 것들

처음 내집을 마련하는 이른바 '루키 홈바이어'들이 시행 착오를 피할 수 있는 점검사항들을 알아본다.

① 크레딧 상태를 미리 점검

주택 쇼핑을 나서기 전에 반드시 크레딧 점수를 확인한다. 3대 신용정보 회사인 Experian, Equifax, Trans Union등에 의뢰해 정확한 점수를 알아보고 잘못된 크레딧 기록을 빠른 시일 내에 정정해야 한다. 기록을 정정하는데는 6~8주 정도 예상하는 것이 바람직하다.

② 클로징비용을 충분히 마련

대부분 첫 주택 바이어들이 다운페이먼트만을 마련해 놓는 경우가 많다. 그러나 매매에 필요한 비용인 클로징 비용을 반드시 충분히 준비해 두어야 차질이 없다. 클로징 비용은 융자비용이 가장 많은 비중을 차지하며 융자액수에 따라 비용도 달라지지만 일반적으로 30만 달러를 융자할 경우 4000~5000달러 정도 마련해 놓아야 한다.

③ 모기지 페이먼트와 재산세 세금혜택 알아놓기

오랫동안 렌트 주택에 거주한 경우 모기지 이자분에 대한 세금공제 혜택을 미처 생각하지 못하고 단순히 월 페이먼트가 늘어나는데 대해 부담을 느껴 주택 구입을 꺼리는 경우가 있다. 그러나 모기지 페이먼트가 렌트비보다 다소 많아진다 해도 이 같은 세금 공제혜택으로 환불 받는 금액을 염두에 둔다면 그다지 부담이 늘어나는 것은 아니다.

④ 구입을 지나치게 서두르지 않기

첫 주택 구입자들이 가장 많이 찾는 가격대의 주택이 매물 품귀현상을 빚으면서 바이어들이 주택쇼핑을 하는 가운데 오퍼를 넣는 것을 서두르는 경우가 많다. 그러나 로컬마켓을 충분히 파악한 뒤 구입을 결정, 오퍼 작성을 경솔하게 하지 않는 것이 바람직하다.

⑤ 가능한한 많은 질문하기

첫 주택 구입자들은 경험이 없으므로 에이전트나 셀러에게 매물이나 주택매매에 대해 궁금한 사항을 물어보는 것에 대해 익숙하지 않다. 그러나 에이전트는 바이어가 질문하지 않는다면 대답할 사항도 없으므로 바이어가 충분한 정보를 얻지 못할 수 있다. 그러므로 많은 질문을 하는 것이 좋다.

⑥ 너무 이상적으로 주택쇼핑을 하지 않기

많은 첫 주택 바이어들이 주택 쇼핑을 하는 동안 예상 구입가격이 높아진다. 그러나 처음에 설정한 예산에 맞추어 주택을 구입하는 것이 최선의 방법이다. 재정상태는 주택 구입 후 나빠질 수도 있으므로 예산을 초과한 주택구입은 다시 한 번 생각하는 것이 바람직하다.

⑦ 사전 융자승인 미리 받기

갑작스럽게 주택을 구입하는 경우가 아니라면 가능한 한 렌더로부터 융자 전 승인을 받아놓는 것이 주택구입에 따른 기간을 줄일 수 있는 좋은 방법이다.

⑧ 20%미만 다운페이시 PMI 염두

첫 주택 구입자 가운데 적은 다운페이먼트로 주택을 구입하는 경우가 많다. 그러나 이때 염두에 둘 것이 프라이빗 모기지 보험 즉, PMI다. PMI는 20% 미만의 다운페이먼트로 주택 구입을 할 경우 렌더가 바이어로 하여금 모기지 보험을 들게 하는 것으로 세금 공제혜택이 없다.

⑨ 현실적인 면 고려

건축 상태 및 집앞 주차 공간, 실내 구조, 관리상태, 직장과의 거리 등 실제 로 거주하면서 생활에 편리한 점, 불편한 점 등을 염두에 두고 집을 고른다.

⑩ 조닝 확인

대부분 주거전용 지역이지만 도심에 있는 콘도미니엄이나 단독주택들은 비 즈니스가 가능한 상업용 조닝이 겸용일 수도 있고 또 바로 인근에 소방서가 있는 경우라면 소음으로 인한 문제도 겪을 수 있다. 따라서 에이전트를 통해 조닝을 확인하는 것이 바람직하다.

⑪ 가능한한 단독 에이전트 도움 받기

에이전트의 커미션은 어차피 셀러가 부담하게 되어 있으므로 바이어는 리스 팅 에이전트가 아닌 자신만의 단독 에이전트를 두는 것이 바람직하다. 바이 어 입장에 서서 바이어만의 이익을 대변해줄 수 있는 에이전트의 도움을 받 는 것이 현명한 방법이다.

⑫ 반드시 인스펙션 하기

인스펙션은 바이어의 부담이다. 상태가 좋고 새 집이나 다름없는 집이라 해도 가능한 한 전문적인 인스펙션을 고용해 주택 안팎을 면밀하게 살펴 추후 들어 갈 비용을 고려하는 것이 바람직하다. ⓙ

4. 주택보험 및 세제 혜택

집 장만 과정에는 두 가지 보험이 필요하다. 하나는 거주하게 될 집에 대한 주택 소유주 보험과 또 하나는 그 집의 명의를 보호하는 타이틀 보험이다. 대개의 경우 그 집에 더 큰 지분을 가지고 있다고 말할 수 있는 융자기관에서 두가지 보험을 모두 요구한다.

주택 소유주 보험

주택 소유주 보험(Homeowners Insurance, 이후 주택보험)의 구입 시 보상내용, 보상금액 등 전반적인 내용을 점검하는데 이를 소홀히 하면 손해를 보는 경우가 많다. 특히 첫 주택을 구입하는 경우 무조건 싼 보험료만 고집하다가 더 큰 손해를 입기도 하므로 첫 주택구입자는 주택보험의 내용을 정확히 알고 보상범위 등을 파악하고 있는 것이 무엇보다도 중요하다. 주택의 손실 및 주택 안팎에서 발생된 사고 및 피해에 대해 보상하는 것으로 일반적으로 보험에 가입된 프로퍼티 및 프로퍼티에서 발생된 손실과 손해를 커버하는 것과 주택 안팎의 사고로 인한 타인의 신체적 피해 및 보상을 포함하는 책임보상(Liability)으로 구분된다. 주택구입 시 현금 구입이 아닌 렌더를 통해 융자로 주택을 구입할 경우에는 렌더가 바이어로 하여금 반드시 이같은 보험에 가입할 것을 의무조항으로 제시한다.

집을 거래할 때는 타이틀 보험료를 내게 마련. 보통 소유권 이전에 따른 수수료로 생각하지만, 정작 돈내기는 아까울 때가 많다. 그러나 타이틀 보험은 매입한 부동산 소유권에 이상이 있을 경우 거래 자체를 중단시키거나 가입 한도액 내에서 소유권 관련 소송비용을 커버해준다. 소유권이 애매한 부동산을 매입한 사람에게는 가장 확실한 안전판인 셈이다. 일단 타이틀 보험에 가입하면, 소유권 분쟁에 대해 크게 걱정할 필요가 없다. 소유권 분쟁이 발생하면 타이틀 보험회사가 매입자의 소유권을 보호하거나, 소송 결과 패소하더라도 일정액을 보전해주기 때문이다.

주택 소유주의 세금 혜택

매년 4월 15일 소득세 신고 시즌이 오면 주택 소유자들은 전년도에 지출한 각종 주택 관련 비용을 어떻게 보고해야 더 많은 절세를 할 수 있을지 고민한다. 회계사들은 주택관련 비용들을 꼼꼼히 챙겨두면 의외로 많은 세금 공제 혜택을 받을 수 있다고 조언한다. 주택 소유자들의 세금 절감을 위해 주택비용 관련 소득공제 내역을 항목별로 살펴본다.

■ 주택매매 차익

살고 있던 주택을 팔았다면 차익에 대해 소득세 공제 혜택을 준다. 부부가 주택을 구입해 2년 이상(최근 5년 중 2년을 소유하고, 실제 거주한 경우) 주 거주지(only for a principal residence)로 살아야 정해진 금액까지의 매매 차익 내에서 공제를 받을 수 있다. 세금을 내는 매매차익도 순이익에만 한정돼 있다. 매매차익 중 집을 고치는데 들어간 수리 비용이나 부동산 중개인에게 지불한 수수료 등은 제외된다. 다시말해 주택개조와 판매과정에서 들어간 비용을 제외하고 집을 팔아 손에 쥔 순수입에 대해서만 세금을 내면 된다. 한편, 매매차익에 대한 세금감면은 매 2년마다 집을 사고 팔게 되면 계속해서 적용받을 수 있다.

주택보험 보상내용

화재(Fire Coverage) 및 도난(Theft Coverage)에 대한 보상, 그리고 주택 안팎의 사고로 인한 타인의 신체적 피해에 대한 보상(Liability)으로 나눌 수 있다. 화재보상의 경우 의도적인 방화가 아니라면 어떤 상황이든 건물과 재산의 피해보상을 받을 수 있으며 이에 따른 수리 및 재건축을 위해 보험가입자가 그 주택에 거주할 수 없을 경우 숙박시설 이용비까지 보험으로 커버 되는 경우가 대부분이다. 이 부분은 보험가입 시 살펴야 하는 내용이다. 또 도난에 대한 보상은 대부분 영수증만 소지하고 있으면 도난손실에 대해 보상 받을 수 있다. 이 범위에는 차 안에 두었다가 분실한 골프채, 카메라 등도 포함된다. 그러나 영수증이 없는 경우에는 대부분 보상 받을 수 있는 방법이 없으므로 반드시 영수증을 간직해 두는 것이 중요하다. 이외 현금, 보석, 귀금속, 미술품 및 총기류 등은 도난당했을 경우 영수증이 있더라도 보상 받기가 불가능하거나 보상 받더라도 그 액수가 1000~2000달러에 머무는 것이 보통이다. 한편, 상대방 책임보상의 경우 집안뿐만 아니라 집밖에서 일어난 상대방의 피해보상도 해주는 것으로 법적인 소송을 거쳐 보상을 받을 수 있다. 예를 들어 마켓에 가서 실수로 타인에게 부상을 입혔다면 주택보험을 통해 피해자에게 보상을 해줄 수 있다.

■ 집을 산 뒤 1년 지나서 팔 때

 그러나 1년 이상 살고 2년을 채우지 못했다면 특별한 경우에만 부분적으로 세금 공제를 받을 수 있고, 최고 12만5000달러(부부합산 25만달러)까지로 한정돼 있다. 특히 다음과 같은 조건을 갖췄을 때에 한해 혜택을 받을 수 있다. 첫째, 직장이 50마일 이상 떨어진 곳으로 이사해서 1년 이상 살고 난 뒤 집을 팔고 이사했을 때다. 통근 거리가 늘어난 것으로 발생하는 경제적, 시간적인 불편을 해소하기 위해 집을 팔았을 때 세금 공제를 받을 수 있다. 둘째, 직장에서 해고돼서 실업수당을 받는 실직자가 됐을 때다. 경제적인 능력이 떨어져 모기지를 상환하기 힘들기 때문에 집을 팔 경우 세금공제를 받을 수 있다. 셋째, 이혼이나 법적 별거 등으로 집의 소유권에 변경이 생겨 집을 팔았을 때도 해당된다. 넷째, 본인의 의사와 상관없이 자치단체에서 지역개발 등으로 집을 수용했을 때다. 이 때는 자치단체로부터 보상을 받을 수도 있지만 1년이 지나고 2년 전에 집을 팔아도 세금 공제를 받는다. 다섯째, 홍수 등 천재지변이나 테러 등으로 집이 파괴된 뒤 다시 짓지 않고 팔았을 때다. 여섯째, 거주 환경의 특수성으로 인해 건강이 나빠졌을 때 의사 조언에 따라 집을 산 뒤 1년 뒤에 집을 판 경우도 해당된다. 위에서 지적한 조건 이외의 특별한 경우는 전문 회계사와 상담해야 한다.

■ 홈 오피스 (Home Office)

과거에는 모든 일을 가정에서 처리하는 개인과 사업자에게만 세금 공제 혜택을 줬다. 그러나 지난 2000년부터 집에서도 일부 일을 하면서 밖에서 일하는 개인 및 사업자들에게도 세금공제 혜택을 주는 것으로 바뀌었다. 예를 들자면 한 플러머가 집을 사무실로 쓴다고 했을 때 밖에서 일하는 시간이 대부분이지만, 집에서 행정업무를 본다면, 주택의 일부를 홈 오피스로 인정 받아 일부 주택 유지비를 공제받을 수 있다. 주의할 것은 반드시 집의 일부를 오로지 업무 수행 용도(exclusive)로만 정기적(regular)으로 사용해야 한다는 점이다. 또 홈 오피스 부분을 상업용으로 인정, 주택구입가격에서 홈오피스로 인정받은 비율만큼을 27.5년에 걸쳐 매년 감가상각비로 처리해 공제해 준다.

■ 의료목적 보수비용

의료 목적으로 주택을 개조하고 보수했을 때 여기 들어간 비용은 공제 대상이다. 그러나 조건은 까다로우니 회계사를 통해 정확히 알아보는 것이 좋다. 노인환자를 위해 계단에 휠체어가 오르내릴 수 있는 특수 장치를 설치한다든지 화장실을 고치고 복도 폭을 넓힌다든지 했을 때 들어간 비용도 공제받을 수 있다. 또 집을 너싱홈과 같은 기능으로 사용할 경우 주택유지비를 의료비에 더할 수 있다.

■ 개인 모기지 보험 (PMI, Private Mortgage Insurance)

세금감면 혜택이 없다. 많은 주택 소유주들이 PMI에 대해서도 세금 공제혜택이 있는 줄 알고 있는데 이는 잘못된 상식이다. 모기지 보험은 모기지 이자와는 달리 세금 공제를 받을 수 없다.

■ 홈에퀴티론

홈 에퀴티론 이자는 대출 금액 10만 달러까지의 이자에 대해 전액 공제 대상이다. 가끔 주택의 현재 시가 이상의 에퀴티론도 이루어지는데, 이때 시가 초과분의 이자에 대해서는 공제가 안 된다. 가령 시가가 30만달러이고, 모기지를 25만달러, 홈 에퀴티론을 6만달러를 받았다면 홈 에퀴티론 중 1만달러는 시가를 넘는 금액이기 때문에 공제받을 수 없다.

■ 모기지 포인트

집을 구입하고 모기지를 받으면서 금융기관에 수수료 형식으로 지불한 포인트에 대해서도 주택매매 계약을 클로징한 해의 소득세 신고 시 전액 소득공제를 받을 수 있다. 특히 1포인트는 대출금액의 1%에 해당하는 금액으로 적지 않다는 것에 유념해야 한다.

■ 모기지 연체료와 이자

모기지 연체료는 공제 대상이다. 세무 당국에서 이를 모기지 이자로 간주해주기 때문이다. 또 모기지 이자도 공제 대상이다. 첫 주택이나 두 번 째 주택을 구입하면서 모기지를 받을 경우 모기지 금액 최고 100만 달러까지 이자비용에 대해 세금 감면 혜택이 있다. 그러나 세 번째 주택을 구입하면서 받은 모기지부터는 적용되지 않는다.

■ 재산세 주택과 관련해 납부한 재산세는 소득 공제 대상이다.

■ 이사비용

새로 집을 사서 이사했을 때 들어가는 비용도 공제 대상이다. 그러나 요건을 갖춰야 한다. 우선 이사 전에 살던 집에서 전에 근무하던 직장까지의 거리와 새로 옮긴 직장까지의 거리를 비교해서 50마일 이상 차이가 나야한다. 이사비용이란 운송비, 포장비, 발송비 및 이사 후 최고 30일까지의 창고료, 보험료 등이다. **J**

5. 렌트살기

한국에서 처음 미국에 왔거나, 타주로 이주할 경우 바로 집을 구입하는 대신 먼저 주택이나 아파트 세를 얻어 매달 렌트비를 내며 사는 것이 보통이다. 한 국에서도 세입자와 집주인과의 관계가 쉽진 않지만 법규와 규정, 관습이 다 른 미국에서는 신경을 써야 할 부분이 훨씬 많다. 주택 임대와 관련하여 알아 두면 좋은 내용들을 정리한다.

(1) 아파트 입주 자격

마음에 드는 주택이나 아파트를 찾아 임대 신청을 했지만 거절당하는 경우가 있다. 미국에서는 어떤 기준으로 임대 자격을 결정하는지 알아본다. 랜드로드 (임대인)가 테넌트(세입자)를 선별할 때 법적으로 허용되는 권리와, 연방 세 입자 보호법(FFFA) 정한 테넌트 권리는 다음과 같다.

랜드로드가 입주신청을 거절할 수 있는 경우

● 나쁜 크레딧 기록이거나 임대료에 비해 수입이 적은 경우, 또는 임대료를 내지 않은 기록이 남아 있거나 현재 수입으로 해당 임대료를 내기 벅찬 경우
● 전에 살던 집주인으로부터 평판이 나쁠 때(Negative References)나 항상 임

대료를 제때 못내고 리스 계약서의 합의 조항을 위반했다거나 집안을 엉망으로 해놓고 이사 간 경우
● 세입자가 강제퇴거 소송(Eviction)이나 리스 계약 위반으로 민사소송에서 패소한 기록이 있는 경우
● 세입 신청자가 중범죄(살인, 강도, 마약거래 등)기록과 형무소 복역 기록이 있을 경우
● 세입신청서의 질문사항 등을 허위 기재 또는 부정확하게 작성했을 경우
● 세입자 스스로가 월세 보증금(Security Deposit)이나 리스 계약 기간 등 임대 계약서상의 일반적으로 통용되는 기본 조건 등을 지킬 수 없을 때
● 애완동물(주로 개나 고양이)을 데리고 이사 오려는 세입자도 입주가 허용되지 않을 수 있다. (단 맹인, 지체 불구자의 안내견이나 보호견은 예외)

입주 거절시 처벌되는 경우

● 특정 인종 또는 종교인들에게만 렌트를 주거나 특정 국적만 원하거나 또는 배제할 경우
● 거주 공간이 충분함에도 불구하고 임산부나 아이들이 있는 가족을 거절하거나 입주 가족 수를 제한하는 경우
● 신체장애자의 입주를 거절할 경우
● 나이를 문제 삼거나 독신남녀, 동거남녀라는 이유로 입주를 거부할 경우
● 동성애자, 트랜스젠더 등 성 정체성을 이유로 입주를 거절할 경우
● 지방정부로부터 렌트비 보조를 받는다는 이유로 입주 거부할 경우

(2) 집 주인과 세입자의 책임과 권리

아파트를 렌트하거나 일반주택을 리스할 경우 소유주(랜드로드)와 세입자(테넌트)의 관계가 형성된다. 이민 초기 한인들의 경우 대부분 리스나 렌트의 개념이 정확히 와 닿지 않아 테넌트의 권리를 제대로 행사하지 못하는 경우가 많다. 또 투자용 주택이나 아파트를 처음 구입해 랜드로드로서 첫발을 내디진 한인들도 많은데 랜드로드로서 해야 할 의무사항이나 행사할 수 있는 권리를 자세히 알지 못해 불이익을 당하는 경우가 있다.

소유주(Landloard) 의무

● 세입자(Tenant)의 건강 및 안전에 해가 되지 않도록 아파트나 하우스 건물을 지방정부 규정에 따라 청결하게 관리해야 한다. 그렇지 못할 경우 세입자는 법적 대응을 할 수도 있다.
● 집 안팎의 고장 난 부분은 세입자가 사는 데 불편함이 없이 반드시 수리해주어야 한다. 그러나 이는 생활에 필요한 시설을 언급하는 것으로 페인트를 새로 한다든지, 정원을 가꾸는 것 등 외관상의 문제와는 별개다.
● 전기 배선, 플러밍, 히팅, 환기 등의 시설을 양호한 상태로 유지해야 한다.
● 더운 물과 히터는 항상 충분한 양이 공급되도록 해야 한다.

- 현관이나 입구, 계단은 안전하고 깔끔하게 유지해야 한다.
- 다세대 주택 소유주일 경우 공동 쓰레기 용기를 세입자에게 제공해야 한다.
- 만약 소유주가 1번에 언급한 것처럼 관련 규정을 지키지 않아 세입자가 불평하거나 신고했다고 해서 일방적으로 세입자에 대한 서비스를 중단하고 렌트비를 올린다거나 강제 퇴거 조치를 취하는 등의 위협적인 행동을 할 수 없다.
- 세입자를 강제 퇴거시키기 위해 소유주가 임의로 전기, 가스, 수도 등 유틸리티 서비스를 중단하거나 출입문 잠금 장치를 바꾸는 행위를 할 수 없다.
- 소유주라 해도 임의로 건물 내에 들어가거나 또는 이를 요구할 수 없다. 반드시 이에 합당한 이유가 있어야 하며 24시간 전 세입자에게 출입 통보해야 한다. 만약 이를 지키지 않을 경우 세입자는 관계 당국에 신고할 수 있다.
- 소유주는 렌트비 책정 시 인종이나 성별, 종교, 나이 등을 차별할 수 없다.

세입자(Tenant) 의무

- 살고 있는 집을 깨끗하고 안전하게 유지해야 한다.
- 집 밖의 쓰레기 처리는 랜드로드가 담당하더라도 집안의 쓰레기나 더러운 물건 등은 제때 버려 청결한 상태를 유지해야 한다. 만약 집을 더럽게 사용할 경우 나중에 렌트나 리스가 끝나 집을 나올 때 보증금(시큐리티 디파짓)을 돌려 받지 못할 수 도 있다.
- 오븐이나 에어컨디셔너 등 랜드로드가 제공하는 모든 가전제품은 원래 상태대로 잘 유지하며 사용해야 한다.
- 전기배선이나 플러밍과 관련하여 세입자가 잘못 사용해서 고장 날 경우에는 소유주는 는 세입자에게 수리비용을 청구할 수 있다.
- 다른 세입자들을 성가시게 하거나 생활에 불편을 주어서는 안 된다. 특히 모든 세입자들은 조용하게 살 권리가 있으므로 음악을 크게 튼다거나 해서 이웃에게 불편한 환경을 초래해서는 안 된다.
- 만약 랜드로드가 건물 내로 들어온다는 통보를 24시간 전에 해올 경우 들어오게 해야 한다. 그러나 너무 자주 통보를 해 집안을 늘 살피는 행동을 할 경우에는 관계 당국에 신고할 수 있다.
- 랜드로드에게 어떤 통보도 하지 않고 장기간 다른 사람과 함께 거주하는 것은 안 된다. 식구가 늘어날 경우에는 랜드로드에게 통보하는 것이 원칙이다.

소유주가 세입자 집에 들어갈 수 있는 경우

- 불이 나거나 집안에 가스가 새는 등 긴급상항이 발생한 경우, 또는 세입자의 신변이 위험에 처했을 때는 사전 통보가 없더라도 가능하다.
- 세입자에게 사전 양해를 했을 경우
- 리스 만기로 소유주가 새 세입자를 들이고 싶을 때는 24시간 전 통보하고 다른 사람에게 집을 보여줄 수 있다.
- 세입자가 갑자기 사망했을 경우나 아무런 통지 없이 집을 떠났을 경우.

(3) 렌트 계약시 주의사항

주택 임대차 4원칙

한국과 문화적인 배경이 다른 미국에서 주택 임대 혹은 임차 시 한인들이 간과하기 쉬운 4가지 사항을 살펴본다.

① 모든 내용은 서면으로 남겨라 리스 계약서에 구체적으로 명시돼 있지 않은 내용은 어떤 형태로든 서면으로 남겨야 한다. 그렇지 않으면 나중에 무슨 일이 생겼을 때 보호 받기 어렵다. 단순한 수리요청에서부터 계약서의 수정에 이르기 까지 모든 것을 서면으로 남겨야 한다.

② 계약서 중 이해 안 되는 부분이 있으면 서명하지 말라 이 원칙은 매우 단순한 것처럼 들린다. 그러나 현실적으로 많은 사람들이 이를 따르지 않는다. 계약서에는 애매한 표현이 많기 때문에 이를 제대로 알지 못한 상태에서 사인을 하면 자칫 곤란을 당할 수 있다.

③ 계약서는 법적 구속력을 지닌 문서임을 명심하라 계약서 내용이 무엇이든 사인을 한다면 지켜야 한다. 만일 주인의 허락 없이 이를 어기면 임대보증금(시큐리티 디파짓)은 물론 신용점수(크레딧)에 이르기까지 많은 것을 잃을 수 있다.

④ 집주인과 상의하는 것을 어려워 말라 만일 임대료를 못 내는 상황이 벌어지거나 계약 내용을 지키지 못할 처지가 되면 즉각 주인과 상의하는 게 최선의 해결책이다. 임대료를 내야 할 기간을 넘긴 뒤에 주인을 찾는 것보다 그 전에 협의를 하면 주인 입장에서도 호의적으로 나올 확률이 높다.

렌트비 협상

임대 수요가 늘면 렌트비가 고개를 들고 좋은 임대주택을 찾기는 쉽지않다. 직장과 가깝고 주변 동네가 좋을수록 흥정의 여지도 없어진다. 그러나 꾸준한 월세를 기대하는 소유주 입장에선 좋은 세입자를 들이고자 하는 욕망도 크기 때문에 임대료 담판의 여지는 늘 있다. 임대료 협상을 위한 몇 가지 팁을 알아본다.

① 입주 시기 당장 입주는 어렵고 맘에 드는 아파트를 놓칠 것 같아 불안할 때는 정면 돌파가 상책이다. 서너 명의 대기자가 있을 때는 더욱 그렇다. 실제 입주 날짜에 앞서 디파짓을 선불, 소유주의 마음을 붙들어 두는 좋다.

② 하자 보수 구하려는 집의 위치는 좋은데 상황이 지저분하다면 보수를 요청하자. 카펫만 교체해달라는 요청을 거절할 집주인은 없다. 그것도 거절하는 집주인이라면 다른 임대주택을 찾아라. 집이 마음에 든다면 개축이나 보수 비용을 공동 부담하자고 제안하는 것도 방법이다.

③ 리스조항 변경 소유주의 변호사가 작성한 리스 조항이지만 바꾸지 못하는 법은 없다. 특히 가족이나 친척 방문과 체류 기간에 관한 조항이나 렌트비 납부 기한 등은 소유주와 협상할 수 있다. 이야기하기에 따라서는 납부기한 이

후 5일을 유예 기간으로 정할 수도 있다.

④ 열쇠 교체 열쇠 교체는 소유주의 책임은 아니다. 그러나 건물 안전을 위해 리스 계약서 서명에 앞서 열쇠와 자물쇠를 바꿔 주는 소유주도 꽤 있다. 계약서 상에 열쇠 교체를 명문화하는 것도 방법이다.

⑤ 아파트 내 이사 입주한 방이 맘에 안 들면 단지 내에 다른 방이 비는 대로 짐을 옮기겠다는 의사를 밝혀 두자. 일단 대기자 명단에 이름을 올려 두면 수 개월 안에 맘에 드는 방으로 이사할 수 있다. 보통 추가 비용이 들지만 기존의 방을 잘 관리하면 돈을 받지 않는 랜드로드도 있다.

⑥ 보증금 아파트 임대료 인상에 따라 보증금도 만만치 않다. 입주 때까지 그 돈을 마련하지 못하면 랜드로드에게 분할 납부를 제의할 수도 있다. 드물긴 해도 보증금을 깎아주는 랜드로드도 있다.

⑦ 애완 동물 '노 펫(No Pets)'라고 입구에 써 붙인 아파트에서 애완 동물을 키우는 사람도 적지 않다. 랜드로드가 비교적 너그러운 경우 'No Pets'이라는 문구에 기죽지 말고 소유주게 애완 동물을 키울 수 있는지 직접 확인하자.

렌트비 깎기

광고에 나온 월 렌트비를 꼭 그대로 낼 필요는 없다. 다른 지역보다 임대료가 비싸다면 깎아야 한다. 특히 아파트 공실률이 높을 때는 집 주인보다 협상 우위에 있는 셈. 임대 기간을 2년 정도로 제시하면 까다로운 소유주라 해도 오히려 계약을 서두르는 경우가 많다. 렌트비를 감당할 자신이 없으면 아파트 단지 안에서 일감을 찾는 것도 방법이다. 소형 아파트 일수록 소유주가 직접 관리하는 경우가 있기 때문이다. 정원관리나 진입로 청소, 재활용 쓰레기 분류 등 궂은 일을 자원하면 뜻밖에 렌트비를 줄일 수도 있다. ⬇

6. 조지아주 부동산 관련 뉴스

부동산 시장은 살아있는 유기체와 같다. 외부 환경에 따라, 혹은 정부 정책 변화에 따라 시시각각 분위기가 달라진다. 부동산 시장에 관심이 있다면 시ㅂㅁ장의 변화와 흐름을 꾸준히 살피는 것이 필요한 이유다. 애틀랜타중앙일보가 2024년 보도한 조지아주 부동산 관련 최신 뉴스 10개를 모았다.

(1) 조지아로 '인구 쏠림' 이어진다
이사업체 '유나이티드밴' 조사 ··· 8년째 이사 유입이 유출 앞서

조지아주의 인구 증가세가 가파르다. 다양한 업종의 기업들이 일자리를 창출하고, 인종과 문화 다양성, 교통·물류 허브로서의 장점 등이 어우러져 인구유입을 촉진하고 있다.

전국 최대 이사업체인 유나이티드 밴 라인이 2024년 봄 발표한 연례보고서에 따르면, 지난해 조지아주 전체 이사물량 중 타주에서의 유입이 차지하는 비중은 53.7%로 유출률(47%)을 앞섰다. 조지아의 유입률이 유출률을 앞선 것

은 이 회사의 2016년 통계 작성 이래 8년째 이어지고 있다. 신규 유입의 주된 이유로는 가족(29.9%), 일자리(28.4%), 은퇴(14.7%) 순으로 꼽혔다.

조지아주 등 동남부로의 인구 쏠림 현상은 여러 지표에서 확인된다. 센서스국 데이터에 따르면 2022년 대비 2023년 메트로 애틀랜타 지역 인구가 6만 8585명 늘어 휴스턴, 댈러스-포트워스 지역 다음으로 전국 3번째로 많았다. 애틀랜타 지역위원회(ARC)는 2021~2022년 조지아주 인구가 12만 8000명 늘어난 것으로 추산했다. 이는 출생자 수에서 사망자 수를 뺀 조지아주 자연 인구 증가분의 4배에 달하는 수치다.

이같은 인구 유입은 조지아의 경제 성장을 촉진하는 주된 요인으로 작용한다. 애틀랜타 저널(AJC)은 "인구 유입이 생산성을 끌어올리며 미래의 더 많은 고용과 상품 및 서비스 수요를 촉진하고 있다"고 분석했다. 신문은 특히 "이주민과 이민자들이 일자리를 잠식할 것"이라는 편견이 깨졌다고 지적했다. 극심한 구인난을 겪은 지난 수년동안 국내외 이주민 증가가 경제 성장에 큰 도움이 됐다는 것이다.

부동산 컨설팅 업체인 세빌스의 웨인 기어리 이코노미스트는 "제조업, 금융업 등이 골고루 성장하며 식당 종업원과 같은 서비스업 종사자부터 회계사, 건설업자, 의료 종사자 등 다양한 분야의 인력 수요가 증가하는 도미노 효과를 일으키고 있다"고 분석했다.

문화적 다양성과 교통도 경제발전을 촉진시키는 또다른 요인들이다. ARC는 2000년 이후 유입된 청년층 인구의 대부분이 유색인종인 것으로 추산했다. 리맥스 애틀랜타의 브루스 앨리온 브로커는 "한국, 인도, 베트남, 러시아 등의 다양한 커뮤니티가 형성돼 있다"고 말했다. 이에 더해 애틀랜타 하츠필드-잭슨 국제공항이 전세계 200여개 이상 도시를 연결하고, 암트랙 철도망이 동서부를 잇는 편리한 교통망도 애틀랜타의 장점이다.

시급한 과제는 급증하는 인구를 감당할 인프라를 정비하는 것이다. AJC는 "주 정부는 인구 증가에 상응하는 도로와 주택, 학교를 제대로 공급하지 못하고 있다"고 지적했다. ARC는 지난 2월 보고서를 통해 인프라 구축에 1680억 달러의 재정을 투입해야 할 것으로 추산했다. (2024년 4월 17일 애틀랜타 중앙일보)

(2) '귀넷'은 조지아의 코리아타운

센서스 한국 출신 이민자 분석 … 한인 인구 절반이 귀넷에 거주

조지아주에 거주하는 한국 태생 한인 이민자의 절반이 귀넷카운티에 몰려 사는 것으로 조사됐다.

연방 센서스국이 2024년 4월 발표한 미국 내 외국 태생 인구 보고서에 따르면 전국의 한국 태생 이민자는 103만4299명이다. 이 중 가장 많은 31만5248명의 한인 이민자가 캘리포니아주에 사는 것으로 집계됐다. 미국 내 한국 태생 이민자 3명 중 1명은 캘리포니아주에 사는 셈이다.

조지아에는 전체 한국 태생 이민자의 4%인 4만3956명이 살고 있다. 카운티별로 보면 귀넷카운티에 한국 태생 이민자가 2만명 가까이 살고 있는데, 이는 전체 카운티 인구의 2%에 해당하는 수치다. 이어 풀턴(6430명), 캅(2558명), 포사이스(2295명), 디캡(2032명) 등의 순으로 나타났다.

조지아 서남부의 베이커 카운티의 경우 한국 태생 거주자가 48명에 불과하지만 전체 카운티 대비 인구 비중은 약 1.7%로 귀넷에 이어 두 번째로 비율이 높았다.

센서스국이 지난 10년간(2008~2012·2018~2022) 한국 출생자의 변화 추이를 분석한 결과 전국적으로 한국 태생 이민자는 5만 명 이상 줄어든 것으로 파악됐다. 특히 뉴욕, 캘리포니아, 일리노이, 메릴랜드 등을 중심으로 한국 태생 이민자가 감소했다. 반면 텍사스(6525명), 앨라배마(2461), 워싱턴(2306) 등은 증가했다. 조지아도 662명 증가한 것으로 파악됐다.

조지아에는 같은 기간 귀넷카운티에 한국 태생 이민자 1191명, 포사이스 카운티에 613명, 페이엇 카운티에 431명이 각각 새로 유입됐다. 반면 디캡 카운티에서는 가장 많은 1516명이 줄었으며, 캅카운티는 734명, 풀턴은 374명이 각각 줄었다.

한국 태생 이민자의 기간별 유입 분포를 보면 60% 이상은 2000년대 이전에 미국으로 이민 온 것으로 집계됐으며, 2000~2009년 21.3%, 2010년 이후가 18.3%인 것으로 나타났다. 특히 2010년대 이후 한국 태생 이민자는 다른 동아시아 국가에 비해 크게 줄었다. 반면 일본과 중국 출신 이민자는 전체 이민자의 30%가 넘는다. (2024년 4월 11일 애틀랜타중앙일보)

(3) 애틀랜타서 집 사려면 연 11만불 이상 벌어야

집값 올해도 꾸준히 상승 ⋯ 중간가 40만 달러 넘어서

바이어들의 주택 구매 여력이 갈수록 위축되고 있다. 부동산 서비스 플랫폼 질로의 분석에 따르면 메트로 애틀랜타 지역에서 중간가격 수준의 주택을 사려면 연소득 11만5430달러가 필요하다. 이는 팬데믹 이전보다 거의 2배로 높아진 금액이다.

주택시장 분석회사인 마켓앤사이트에 따르면 메트로애틀랜타 지역의 주택 판매가격 중간값은 지난 5년간 67% 뛰었다. 모기지 금리와 주택가격이 동시에 상승하면서 소득 중위계층 기준 바이어는 5년전 18.9%에 비해 현재 소득의 31.2%를 모기지 페이먼트에 써야 한다.

메트로 애틀랜타 지역의 주택 매물가격 중간값도 40만달러를 넘어선 것으로 나타났다. 온라인 부동산 서비스 업체 리얼터닷컴은 2024년 3월 애틀랜타 주택시장 동향 보고서를 통해 애틀랜타–샌디 스프링스–알파레타 지역의 지난 2월 주택 리스팅 가격 중간값이 40만 9000달러를 기록했다고 밝혔다. 이는

작년 같은 달 대비 2.3%, 스퀘어피트(sqft)당 4.1% 오른 가격이다.

한편 봄철 주택시장 성수기를 앞두고 메트로 애틀랜타 지역 주택거래가 오랜만에 활기를 띠고 있다. 조지아 멀티플 리스팅 서비스(GMLS)가 집계한 2024년 2월 주택거래 자료에 따르면 메트로 애틀랜타 12개 카운티의 2월 거래량은 3916채로 1월 대비 23.5% 늘었다. 매물 리스팅도 활발해 1월 대비 7.7%, 지난해 같은 달 대비 24.9% 늘었다. 또 주택 판매가격 중간값은 39만9000달러로 1월 대비 3.6%, 지난해 같은 달 대비 7.1% 오른 것으로 나타났다.

존 라이언 GMLS 수석 마케팅 담당자는 "대기 수요가 여전히 많다"며 "부활절을 지나면서 시장이 활력을 회복하는지 여부를 볼 수 있을 것"으로 예상했다. 2월 주택매매 건수는 작년 같은 달보다 여전히 6.5% 낮은 수준이다.

2024년 2월 모기지 금리는 소폭 올랐지만 2023년 가을 정점보다는 낮은 수준을 유지했다. 이로 인해 많은 주택 소유주들이 리스팅에 올렸고, 전문직종의 젊은층을 비롯한 바이어도 크게 늘었다. 2021년 1월 2.65%였던 모기지 평균 금리는 2023년 10월 7.79%까지 치솟았다. 모기지 업체 프레디맥에 따르면 2024년 2월 29일 기준 모기지는 6.94%로 안정된 수준을 유지했다. (2024년 3월 9일 애틀랜타중앙일보)

(4) 부동산 '지각변동' ⋯ 6% 커미션 반으로

셀러 수수료 6% 조항 없어져 ⋯ 판매자 부담 25~50% 줄 듯

내집을 팔 때 셀러들이 부담해온 부동산 소개료가 곧 현재의 6%에서 3% 이하로 낮아질 예정이어서 미국 부동산 시장에 지각변동이 일어날 것으로 전망된다. 셀러들은 더 이상 바이어 측 에이전트에게 커미션을 주지 않아도 된다.

전국부동산인협회(NAR)는 2024년 3월 15일 집단 소송 당사자들과 사전합의로 4억 1800만달러를 손해 배상하고 커미션 6% 조항을 없애기로 최종 합의했다. NAR이 사전합의서에 서명, 연방법원에 제출해 판사의 승인을 받으면 늦어도 7월에는 시행에 들어갈 전망이다. 이에 따라 집을 팔려고 내놓는 셀러가 집값의 6%나 되는 커미션을 모두 내는 관행이 없어지게 된다. 셀러는 앞으로 집값의 3% 정도만 자신의 에이전트에게 지급하고 집을 사는 바이어 측 에이전트에게는 수수료를 지급하지 않는다는 의미다.

지금까지의 관행은 셀러가 집을 팔 때 커미션으로 집값의 6%를 내면 셀러 에이전트와 바이어 에이전트가 3%씩 나눠 갖는 식이었다. 예를 들어 전국 주택 가격의 중간값인 40만달러짜리 집을 팔 때 지금까지는 2만 4000달러의 소개료를 셀러가 모두 부담해야 하지만 앞으로는 1만 2000달러 이하로 줄어든다. 세계에서 가장 높은 수준인 미국 부동산 시장의 셀러 커미션이 절반 이하로 낮춰지면 부동산 가격 하락과 거래 활성화에 기여할 것으로 예상된다. 하지만 이런 부동산시장 변화는 한인 에이전트들에게도 적지 않은 영향을 미칠 것으로 보인다.

NAR 측은 협회 소속 150만 회원 가운데 100만명 정도가 부동산 업계를 떠나게 될 것으로 예상했다. 5~6% 수수료 관행이 폐지됨에 따라 중개인들은 고객 유치를 위해 수수료 경쟁도 불가피하게 됐다.

중개인들이 매물을 찾아 투어를 제공해도 거래가 보장되지 않는 구매자보다 판매자를 선호하는 데다가 새 규정으로 구매자 중개인 수수료가 줄어들 수 있어 판매자만 대리하려는 경향이 강해질 수도 있다. 고객들이 낮은 수수료를 받는 중개인을 찾아 선택할 수 있게 됨으로써 수수료가 25~50%까지 감소할 것으로 예상되고 있다.

한편 새 규정이 시행되면 바이어(부동산 구매자)는 자신의 중개인에게 구매 가격뿐만 아니라 받고 싶은 서비스, 수수료에 대해 직접 협상할 수 있게 된다. 또한 구매자와 중개인 사이에 구체적인 합의 내용이 명시된 서면 계약서 작성이 의무화된다. 구매자가 중개인에게 수수료를 지급하므로 요구 서비스에 맞춰 수수료를 1~2%로 낮게 제시할 수 있으며 주 7일, 24시간 중개인 서비스를 원할 경우는 3% 이상을 제시해 고용할 수도 있다. (2024년 3월 16일 애틀랜타중앙일보)

(5) 조지아 내집마련 지원 새 대출 프로그램 시행

소득·집값 상한선 대폭 높여 … 첫 주택구입자에 기회 확대

조지아 주 정부가 서민층의 내집마련을 지원하기 위한 새로운 주택 융자 프로그램을 신설, 시행에 들어갔다.

주 정부 산하 커뮤니티국은 2024년 4월 15일 '조지아 드림 피치 플러스 (Georgia Dream Peach Plus)'라는 이름의 새 대출 프로그램을 마련하고 본격

시행에 들어갔다. 새 프로그램은 30년 고정 연방 주택청 대출로 소득 상한선과 주택가격 상한선을 높여 적정 가격의 주택을 살 수 있는 기회를 넓히고, 다운 페이먼트 자금까지 지원하는 것이 특징이다.

이와 관련, 커뮤니티국은 보도 자료를 통해 "새 프로그램은 과거 요건을 맞추기 어려웠던 홈 바이어나 연방 주택청 보증 모기지 대출을 받을 수 있는 주민들을 위한 제도"라며 "기존 홈 오너십 프로그램의 혜택을 받을 수 없었던 많은 세대들의 내집마련 열망을 현실로 만들어줄 것"이라고 설명했다.

'조지아 드림'으로 불리는 기존 프로그램은 수십 년이 지난 탓에 소득 상한선 등 첫 주택 구매자들이 요건을 맞추기가 어려운 점들이 많다. 메트로 지역을 예로 들면, 1인 또는 2인 가구의 소득이 16만2000달러, 3인 또는 4인 가구 소득이 18만6000달러이면 대출을 신청할 수 있다. 기존 '조지아 드림' 프로그램에서는 소득 상한선이 각각 10만8000달러, 12만4000달러로 제한돼 있다. 또 메트로 지역에서 구입할 수 있는 주택가격 상한선도 40만달러에서 50만달러로 상향 조정됐다. 아울러 홈 바이어는 주택 구입가격의 3.5%에 해당하는 다운 페이먼트를 최고 1만 달러까지 지원받을 수 있다. 경찰, 소방관, 응급 의료요원, 현역 군인, 교사, 간호사 등은 집값의 4%, 최고 1만2500달러까지 지원해준다.

이밖에 최저 크레딧 점수는 640점이며, 적정 소득부채비율(DTI)을 넘지 않아야 한다. 소득 상한선은 거주하는 해당 카운티 평균 중간소득의 150%를 넘지 않아야 하며 연방 주택도시개발부(HUD)의 홈바이어 교육을 받아야 한다.
(2024년 4월 20일 애틀랜타중앙일보)

(6) 조지아 '부동산 타이틀 사기' 설 자리 없어진다

등기절차 규정 법안 통과 … 소유권 이전 시 신분확인

부동산 소유권을 이전할 때 신분증 없이도 등기가 가능한 허점을 노리는 '타이틀 사기'를 방지하는 법규가 시행된다.

조지아주 상원은 2024년 3월 28일 부동산 서류의 법정 효력을 인정받으려면 신분증을 제시할 것을 규정한 부동산 등기제도법안(HB 1292)을 통과시켰다. 2022년 애틀랜타에서 부동산 소유권 이전 사기 사례가 보도된 지 2년이 지나서야 처음 취해진 재산권 보호 조치다.

이 법안이 시행되면 조지아주에서 처음으로 표준화된 부동산 등기 절차가 마련된다. 민원인은 소유권 이전, 근저당권 설정 등을 신청할 때 사진이 부착된 법정 신분증을 제시하고, 공무원은 서류상 신원이 부정확하거나 도용된 것이 아닌지 확인해야 한다. 여태껏 현행법상 관련 규정이 전혀 없었던 탓에 조지아 주민은 부동산 등기 시 주택 실소유자 입증은커녕, 신분증 제시를 하지 않아도 됐다.

아울러 주 정부는 부동산 거래 서류 디지털화를 위해 전산시스템을 구축하고 관련 업무에 종사하는 법원 공무원들의 교육 연수를 실시한다. 공무원은 제출받은 서류를 모두 전자화해 보관해야 한다. 또한 주택 매도가격이 카운티 세무국의 부동산 산정가치보다 낮을 경우 계약에 "공시가보다 낮다"는 경고문을 삽입해 집주인의 재산권을 보호하는 규정도 마련됐다.

사기 피해자들을 위한 금융 지원 등 구제방안도 담겼다. 먼저 법규를 위반할 시, 그로 인해 발생한 피해액의 3배에 달하는 금액의 손해 배상 명령이 내려질 수 있다. 피해자의 변호사 수임료 등도 배상해야 한다.

(7) 애틀랜타 지역 '상업용 부동산' 계속 부족

공급보다 수요 2배 많아 … 공실률 3.4% 사상 최저

조지아주 애틀랜타 지역에서 상업용 부동산 임대 수요가 공급을 초과하고 있는 것으로 나타났다. 글로벌 부동산 컨설팅 업체 컬리어스의 2023년 4분기 시장 보고서에 따르면 메트로 애틀랜타 지역의 상업용 부동산 공실률은 3.4%로 역대 최저치를 기록했다. 지난 분기 기준 상업용 부동산 신규 착공 면적은 70만 스퀘어피트(sqft)인데, 신규 임대 수요는 공급의 2배 가량인 140만 스퀘어피트(sqft)로 집계됐다.

에이미 핑거허트 CBRE 애틀랜타 지사 부사장은 애틀랜타 비즈니스 크로니클(ABC)에 "사상 최고로 치열한 경쟁 시장이 형성됐다"며 "매물량이 가장 부족한 1800스퀘어피트(sqft) 미만의 소형 매장과 1만 5000스퀘어피트(sqft) 이상의 대형 상점 매물의 경우, 평균적으로 4~6명이 경쟁을 벌이고 있다"고 전했다. 도심에서는 애틀랜타 미드타운과 벅헤드, 벨트라인 지역이, 교외에서는 알파레타와 페리미터 인근의 수요가 가장 높다.

애틀랜타의 상업용 부동산 시장은 상대적으로 낮은 최저임금으로 인건비를 절약할 수 있는 데다 인구 유입이

지속되면서 높은 점수를 받고 있다. 다만 고금리·고물가에 건축 비용 부담이 커 건설업계가 공급을 대폭 늘리지 못하고 있어 상가 부족은 2024년에도 지속될 전망이다. 보고서는 지난 분기 임대료가 2021년 1분기 대비 29% 상승했다고 밝혔다. (2024년 3월 20일 애틀랜타중앙일보)

(8) '주민 위에 군림' 조지아 HOA 11,200개

50개주 중 8번째로 많아 … 조지아 주민 230만명 규제

메트로 애틀랜타 지역에서 주택 단지를 관리·감독하는 주택소유주협회(HOA)와 지역주민 간의 갈등이 끊이지 않고 있는 가운데 조지아의 HOA 숫자가 더욱 늘어난 것으로 나타났다.

HOA 관련 연구단체인 커뮤니티협회연구재단(FCAR)은 최근 보고서를 통해 지난해 전국에 등록된 HOA가 36만 5000여 곳에 달한다고 밝혔다. 이중 조지아에서 운영되는 HOA는 약 1만 1200곳이다. 이는 캘리포니아, 플로리다 등을 이어 전국에서 8번째로 많은 규모다.

87만 4000개 유닛의 230만 2000명 조지아 주민이 HOA의 규제를 받는다. 이는 조지아 전체 가구(453만 9156유닛)의 19%에 해당하는 수치다.

신규 주택 공급이 확대되면 앞으로 HOA는 더욱 늘어날 것으로 예상된다. 재단은 올해 HOA가 37만 곳까지 늘어날 것으로 봤다. 연방 센서스 자료에 따르면, 2022년 신축 주택의 84%가 HOA 관리 아래 놓여있다.

예산과 인력 부족을 겪는 지방 정부가 교통, 치안, 쓰레기 수거 등 공공서비스 운영의 많은 부분을 HOA에 외주로 준다. 조지아 역시 공동주택법과 부동산 소유자 규정에 기반해 주택 구매시 HOA 가입을 의무화하고 있다.

현행법상 HOA는 조합원에 대해 관리비 징수 권한과 주택 유지보수 책임을

지닌다. 인터넷 매체 악시오스는 "저렴한 가격의 콘도라도 HOA 회비가 월 수백 달러에 달할 수 있다"고 경고했다.

FCAR에 따르면 조지아 내 연간 회비 규모는 2021년 기준 32억 달러다. 협회로부터 부과된 벌금, 회비 등을 제때 내지 않으면 주택 압류 또는 유틸리티 차단 등의 불이익을 받을 수 있다. 문제는 광범위한 권한에 비해 재무회계 보고 등의 감시대책이 없다는 점이다. 실제 2020년 풀턴카운티의 한 콘도 HOA가 화재 사고 보험금 150만 달러를 유용해 기소됐다.

애틀랜타 저널(AJC)는 "전국 7개 주가 HOA의 경영 투명성을 위해 옴부즈맨 제도를 시행하고 있다"며 "조지아 주법은 주민에게 불공정한 방식으로 짜여 있다"고 비판했다. (2024년 2월 17일 애틀랜타중앙일보)

(9) 애틀랜타 집값 "백인 집이면 더 비싸"

"주택시장도 인종 차별 존재" … 흑인소유 집 시세 18% 낮아

메트로 애틀랜타 지역의 주택 가격이 인종별 거주지역에 따라 큰 편차를 보인다고 2024년 2월 인터넷 매체 악시오스가 부동산 서비스 플랫폼 질로의 자료를 분석, 보도했다.

보도에 따르면 메트로 애틀랜타 지역의 흑인 소유 주택 평균 가격은 32만 3400달러로 백인 소유 주택 평균 가격(39만 2700달러) 대비 17.7% 낮다. 이는 조지아 동부 외곽에 위치한 어거스타의 인종간 주택가격 격차(5%)의 3배 이상에 달하는 수치다. 조지아 내에서도 집값이 높은 대도시에 가까울수록 시세 격차가 큰 것으로 나타났다.

전국에서 인종간 주택가격 격차가 가장 큰 도시는 앨라배마주 버밍햄이다. 이 도시의 흑인 소유 주택 평균 가격은 14만 7100달러로 백인 소유 집값(27만 4600달러)의 절반(46.4%) 수준에 불과하다. 버밍햄은 지난해 기준 흑인 인구 비율이 68.6%에 달하지만 여전히 자산 등의 부는 소수 백인에 편중된 것으로 보인다.

이같은 집값 차이는 인종별 소득격차 때문이기도 하지만 주택 감정평가의 구조적 차별 탓도 있다고 매체는 지적했다. 감정평가사는 주택 담보대출과 부동산 리스팅을 위해 주택의 시세를 평가하는데 전국 감정평가사의 96.5%가 백인이다. 주택의 위치와 편의시설 등 객관적 조건이 아닌 소유자의 인종에 따라 주관적 감정 평가를 받을 수 있다는 지적이다.

뉴욕타임스(NYT)에 따르면 지난 2022년 메릴랜드 볼티모어 주민 네이선 코놀리는 주택 소유자 인종을 흑인에서 백인으로 바꾸자 같은 주택이 47만 2,000달러에서 75만 달러로 2배 가량 높아졌다며 감정평가사를 고소하기도 했다.

이처럼 인종 차별이 부동산 자산 불평등을 심화시킨다는 지적이 이어지자 2023년 조 바이든 행정부는 주택 감정평가의 형평성을 개선하기 위해 태

스크포스(TF)를 신설하기도 했다. 마샤 퍼지 주택도시개발부(HUD) 장관은 지난해 6월 "집을 소유하는 것은 아메리칸 드림의 핵심"이라며 "인종적 편견으로 인해 주택 가치가 과소평가되는 것은 대출 승인 여부는 물론, 향후 은퇴 생활에도 큰 영향을 미친다"고 지적했다. (2024년 2월 23일 애틀랜타중앙일보)

(10) 귀넷 신도시 '멀베리' 탄생 초읽기

브래즐턴·해밀턴밀 등 포함 … 주민투표 거쳐 2025년 출범

조지아주 귀넷카운티의 17번째 도시 탄생 여부가 주민들의 손에 의해 결정된다. 브라이언 켐프 조지아 주지사는 2023년 2월 13일 상원과 하원을 통과한 귀넷 '멀베리' 신도시 신설법안에 서명했다. 이에 따라 5월 21일 프라이머리(예비선거) 기간 주민 투표에서 과반 이상의 찬성표를 얻으면 2025년 1월 새 도시가 공식 출범한다. 투표는 새 도시 구역에 편입될 어번, 대큘라, 브래질턴 시 주민들을 대상으로 실시된다.

멀베리 시 신설 법안은 클린트 딕슨 조지아주 상원의원(공화·뷰포드)과 척 에프스트레이션 하원 원내대표(공화·어번)가 각각 상정했다.

브래즐턴과 해밀턴밀을 중심으로, 어번 시와 대큘라 시 일부 지역과 맞닿는 멀베리 시가 출범하면 귀넷 카운티 내 최대 면적을 자랑하는 도시가 된다. 인구수 역시 4만 1000명으로 피치트리코너스(4만2000명)에 이어 두 번째로 많다.

멀베리 시의 가장 큰 특징은 재산세를 폐지한다는 것. 집값 상승으로 인한 재산세 부담을 크게 느끼는 주민들에게는 희소식이다. 시의 재정은 연간 940만 달러 규모의 판매세, 보험료, 사업자 등록세 등으로 충당한다.

멀베리 시는 행정 자치권을 행사한다는 점에서 행정법상 도시로 분류되지만, 경찰과 소방 서비스는 자체적으로 운영하지 않고 카운티의 인력에 의존한다는 점에서 완전한 자생도시는 아니다. 10여 년 전 고안된 모델로 터커, 피치트리코너스 등이 이런 도시 유형에 해당한다.

지역 매체 WSB-TV에 따르면, 멀베리 시 지역은 귀넷카운티에서 주민 소득 수준이 가장 높은 곳이다. 2022년 브래즐턴 시의 가구당 평균 소득은 16만 2202달러이며, 빈곤률은 4.43%에 그쳤다. 골프장과 좋은 주택단지가 많아 한인들이 많이 거주하는 해밀턴밀도 이곳에 걸쳐있다.

하지만 귀넷카운티 정부는 재정 위축을 우려하며 신도시 신설에 난색을 표하고 있다. 귀넷 카운티 측은 "성급한 신도시 건설은 카운티 재정 건전성과 공공서비스의 원활한 운영에 부정적 영향을 줄 것"이라는 내용의 호소문을 카운티 소속 의원들에게 전달했다. 멀베리 시 독립으로 인한 귀넷의 세수 손실액은 910만 달러에 달한다. 세수 손실 부담은 결국 멀베리 시에 통합되지 않는 16개 지역 주민이 감당해야 한다고 위원회는 주장했다. (2024년 2월 15일 애틀랜타중앙일보) ⓙ

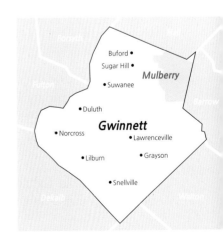

유용한 부동산 용어 상식

주택거래나 융자를 신청 할 때 불필요한 오해나 실수를 방지하기 위해 관련 용어에 대한 정확한 이해가 필요하다. 부동산 거래 시 명확한 커뮤니케이션을 위해 다음과 같이 자주 쓰이는 용어의 뜻을 정리해 본다.

● **다운페이(Down Payment)** : 주택 구입시 바이어가 융자기관에서 빌린 주택융자 액수를 제외하고 현금으로 지불해야 하는 금액. 이것은 바이어의 크레딧에 따라 최소한 총 부동산 가격에 몇 %를 해야 하는지 결정되는데 주택 구입시는 일반적으로 5%~10% 선에서 하기도 하지만 20% 이상을 하기도 한다. 그 이유는 Down Payment를 20%이상 할 경우에는 Mortgage Insurance를 따로 구입할 필요가 없기 때문이다. Mortgage Insurance란 주택 소유주의 채무불이행시 융자기관의 손실을 방지하기 위한 보험이다.

● **사전 융자승인서(Pre Qualification Letter)** : 융자 금액을 신청할 수 있는 기본소득과 신용 요건을 갖추고 있음을 증명할 수 있는 서류로써 융자기관에서 해 주는 서류.

● **세러스 마켓(Seller's Market)** : 판매자 우위의 시장. 수요가 공급에 비해 많기 때문에 판매자가 유리한 입장에서 가격과 조건에 맞는 구입자를 고를 수 있는 시장을 말한다.

● **바이어스 마켓(Buyer's Market)** : 구매자 시장. 공급이 수요에 비해 많기 때문에 구매자가 유리한 입장에서 가격을 흥정할 수 있는 상태.

● **제2저당(Secondary Financing)** : 하위저당이라고도 한다. 이미 저당 잡혀있는 부동산을 따로 담보로 잡히고 돈을 빌리는 것.

● **MLS(Multiple Listing Service)** : 브로커들을 위해 매물로 나온 주택의 정보를 모으고 분배하는 서비스.

● **CMA(Compartive Market Analysis)** : 최근 팔린 집과 매물로 나온 주택을 가격을 비교해 가격 변동이나 가격 추세로 알아 보는 방법.

● **타이틀 보험(Title Insurance)** : 소유권 사기행위 방지 보험

● **크레딧 리포트(Credit Report)** : 신용보고서를 의미하는 것으로 이것은 바이어가 은행에서 부동산 구입에 필요한 대출을 받을 때 대출 가능성의 여부를 파악하는 아주 중요한 자료이다. Credit Report는 그 동안의 금융 거래상황이나 직장, 거주지 이전 등 해당인의 개인역사를 기록한 보고서이다. 그 결과는 점수로 평가하는데 대체로 700점 이상일 경우에는 대부분의 부동산 구입에 큰 문제가 없다.

● **디파짓, 어니스트 머니(Deposit, Earnest Money)** : 처음 부동산을 계약할 때 내는 계약금으로 바이어가 셀러에게 자신의 신중한 매입의사를 확정하고자 계약 초에 지불된다. 이것은 나중에 종료 절차 시 Down Payment의 일부 선불금 역할을 한다.

● **론닥(Loan Document)** : 융자승인이 은행으로부터 최종적으로 결정되면 론 오피서는 은행으로부터 융자액을 실질적으로 받는데 필요한 서류를 은행에 신청하게 되는데 이 서류들을 일명 '론 닥'이 라 하며 '론 닥'이 나오는데 소요되는 기간은 은행에 따라 차이가 있다. 일반적으로 3~7일 정도 소요된다.

● **펀딩(Funding)** : '론 닥'에 바이어가 사인을 하게 되면 일반적으로 24시간, 또는 48시간 내에 은행으로부터 융자액이 에스크로 회사로 전달 된다. 이를 펀딩이라 한다.

● 클로징(Closing) : 부동산 거래가 확정되고 모든 절차가 끝난 뒤 마지막으로 돈을 주고받으며 법적 서류에 서명날인하는 과정이다. 조지아 주에서는 바이어와 셀러의 합의 하에 클로징 날짜를 정한다. 셀러에게 다운페이먼트를 제시하는 LA지역과는 달리 조지아 주에서는 셀러에게 다운페이먼트를 주지 않는 것이 일반적이다. 새집의 경우 클로징 날짜는 빌더에 의해 결정되는 것이 일반적이다. 집이 지어지는 기간에 따라 빌더가 바이어에게 예상 가능한 날짜를 제시한다.

● 클로징 코스트(Closing Costs) : 마지막 클로징 할 때 드는 비용으로 바이어와 셀러가 지불하는 비용의 총 합계를 의미한다. 이 비용에는 융자에 드는 비용, 에스크로(Escrow) 또는 변호사, 양도세, 등록세, 타이틀 보험료, 커미션 등을 포함한 비용을 의미한다.

● 컨딘전시(Contingency) : 한마디로 조건이란 뜻이다. 소유권이 이전되기 전에 해당 부동산의 결함이나 상태를 수리, 수정하도록 요청하는 것을 의미한다. 또는 대출이 이뤄지기 전에 은행측이 요구하는 바이어의 크레딧 한도에 맞도록 바이어의 자격조건을 맞추는 행위를 의미한다. 이 행위에는 직장 재직 증명서, 은행잔고 증명서, 수입 증명서, 세금보고서 등을 포함한다.

● 애즈이즈(As is) : 집이 'As is'로 팔렸다면 있는 상태 그대로, 수리를 하지 않고 팔았다는 것이다.

● 셀프 매매(For Sale by Owner) : 보통 집 값의 6% 정도 하는 중개 수수료를 아끼기 위한 집 주인이 직접 집을 내놓고 판해라는 것을 말한다. ●

KIM PARMENTER TEAM

Certified Luxury Home Specialist

한번 만난 손님이 또다른 손님을 소개하는

김혜득 부동산팀

Cell: 678.462.2246 / Email: kim.parmenter@harrynorman.com

※ Property Management Service 합니다.

김혜득

HARRY NORMAN에서 가장 많은 리스팅과 세일즈
- Certified Luxury Home Specialist
- NAMAR Top Small Team 2020, 2021, 2022
- NAMAR Top Individual 2015, 2016, 2017, 2018, 2019
- Lifetime Million Dollar Club DIAMOND Member
- Senior Marketing Consultant

1986년부터 Atlanta 거주
타주에서 이사 오신 분 친절하게 도와드립니다.

#1 Realtor® - NAMAR

Cell: 678-462-2246

Office: 678-957-3844
Email: kim.parmenter@harrynorman.com
Website: kim.parmenter.harrynorman.com

Harry Norman, Realtor®
6470 E. Johns Crossing. #100
Johns Creek, GA 30097

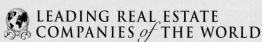

6

여행 & 레저

Travel & Leisure

1. 애틀랜타 가볼만한 곳

(1) 센테니얼 올림픽 파크 (Centtennial Olympic Park)

센테니얼 올림픽 파크(올림픽 100주년 기념관)는 애틀랜타올림픽협회장을 역임한 빌리 패인이 그의 사무실에서 밖을 내다보다가 도시를 가로지르는 큰 공원을 생각해 낸 것에서부터 시작된다. 애틀 랜타 시는 그의 의견을 적극 지지, 각각의 공원 섹터별로 기부금을 받아 조성한 750만 달러로 공원 건립을 시작했다. 올림픽 기간 동안 이 공원은 매일 새로운 모습으로 변신했다. 사람들이 모여드는 공간들을 나눠서 이를 활용하는 식의 공원 운영방법은 지금도 이어지고 있다. 독립기념일과 같은 미국의 기념일이면 불꽃놀이와 각종 공연 등이 다채롭게 펼쳐진다. 또 여름이면 분수대에서 뛰어 노는 아이들로 붐비고, 겨울이면 간이 스케이트장에 인파가 몰려들기도 한다. 21에이커에 달하는 공간은 애틀랜타의 허파 역할을 훌륭히 해내는 동시에 시민들이 애용하는 랜드마크로 기능하고 있다.

▶주소 : 265 Park Ave. W NW, Atlanta, GA 30313
▶개장시간 : 오전 7시~저녁 11시

센테니얼 파크, 알고 계세요?

센테니얼 파크는 21에이커에 달하는 공원을 꾸미기 위해 투입된 벽돌은 무려 80만 개에 달한다. 이 벽돌을 한 줄로 세우면 뉴욕에서 필라델피아까지 야트막한 벽을 쌓을 수 있다. 여기에 조각이 새겨진 벽돌만 68만6천 개가 사용됐다. 또 이 공원을 밝혀 주기 위한 전깃줄의 길이만 30마일에 매립된 수도관의 길이는 11마일이다. 애틀랜타 브레이브스의 홈구장 터너필드를 세 번 이상 덮을 수 있는 녹지가 있다. 센테니얼 파크는 지난 25년간 지어진 미국 전체 도심 공원 중에서 가장 큰 곳이며 오륜기 모양으로 지어진 분수는 1분에 5,000갤런의 물을 필요로 한다.

(2) 코카콜라 (World of Coca-Cola)

코카콜라는 애틀랜타에 본사를 둔 세계적인 음료 회사다. 특히 CNN과 센테니얼 파크 인근에 위치한 '코카콜라 박물관(정식 명칭은 코카콜라 월드)'은 화려한 외관과 볼 것들이 다양하다. 2007년 5월 개장한 이 박물관은 20에이커의 부지에 92,000sqft 규모로 들어서 있다. 이곳에 서는 코카콜라의 제조 비법과 전 세계 60개국에서 맛볼 수 있는 다양한 코카콜라의 맛을 느껴 볼 수 있다. 아울러 4D 영화도 볼거리다.

▶주소 : 121 Baker St NW, Atlanta, GA 30313

▶웹사이트 : www.worldofcoca-cola.com

▶개장시간 : 매일 오전 10시에 문을 열고, 마지막 티켓 판매 시간은 오후 5시다.

▶입장료 : 2023년 기준 성인(13세~64세) $19, 시니어(65세 이상) $17, 유스(3세~12세) $15, 유아(0세~2세) 무료.

※ 웹사이트를 방문하면 단체 할인, 생일 할인 등의 패키지 티켓을 구입할 수 있으며 애틀랜타 시티패스를 이용하면 할인가를 적용 받을 수 있다.

> **코카콜라 제조 비법의 진실**
>
> 애틀랜타 소재 선트러스트 은행의 금고 안에는 산업계에서 가장 신성시 되는 비밀 중 하나가 들어있다. 120년 된 코카콜라의 제조 공식이다. 코카콜라의 제조 비법은 계속 공개되어 왔으나 코카콜라에 들어가는 성분 중 1%가 안 되는 원료가 바로 핵심 기술인데, 이 기술이 여전히 밝혀지지 않았다. 이 원료는 '7X'라고 부른다. 다만 이 원료가 실재하는 영업 비밀인지, 아니면 신비스럽게 포장된 마케팅 전술인지 의문을 제기하는 이들이 많다.

(3) 마틴 루터 킹 국립역사공원
(Martin Luther King, Jr. National Historical Park)

미국 민권 운동의 상징이자 인종 화합의 기수였던 마틴 루터 킹 목사 출생지와 묘소가 있는 곳이다. 국립 사적지로 지정 됐다가 2018년 국립 역사공원으로 격상됐다. 약 34에이커 규모의 역사공원에는 킹 목사 기념관을 비롯해 킹 목사가 나고 자란 생가와 생전에 목회했던 에벤에셀 침례교회, 킹 목사 부부의 묘소가 모두 모여 있다. 먼저 킹 목사의 생가(501 auburn Ave)를 둘러보고 방문자 센터와 길 건너 '비폭력적 사회 변화를 위한 킹 센터'를 방문하면 1960년대 미국의 역사를 피부로 느낄 수 있다. 매년 100만 명 이상이 찾는 애틀랜타의 관광 명소로 교육 차원에서 학교에서 단체로 오는 청소년들이 많이 방문한다. 특히 수영장처럼 가득 고인 물 한가운데에 마치 둥둥 뜬 것처럼 만들어진 킹 목사 부부 묘소에 새겨진, 전능하신 하나님 나라에서 마침내 완전한 자유를 누린다는 의미의 'Free at last. Free at last. Thank God Almighty. I'm Free at last'라는 말은 많은 이들에게 영감을 준다.

▶주소 : 450 Auburn Ave NE, Atlanta, GA 30312

▶개장시간 : 매일 오전 9시부터 오후 5시까지. 일요일은 문을 닫는다. 입장료 무료. 주차장이 있지만 매우 좁아 스트릿 주차를 해야 할 때가 많다.

(4) 조지아 아쿠아리움 (Georgia Aquarium)

조지아 아쿠아리움은 세계 최대 규모를 자랑하는 수족관 이다. 2012년까지는 전 세계에서 가장 큰 규모였으나 싱가포르에 있는 마린 라이프 파크 개장 이후 2위로 내려 앉았다. 크기는 550만 스퀘어피트로 주택 1채의 평균 면적을 2,500 스퀘어피트로 잡았을 때 주택 220채가 들어서는 거대 단지와 맞먹는 규모다. 아쿠아리움에는 220만 종의 바다 생물들을 볼 수 있다. 주제별로 돌고래 쇼, 4D영화, 물개쇼 등을 관람할 수 있다. 벽면 전체가 유리로 된 수족관에서 고래와 상어 등 다양한 바다 생물들을 볼 수 있는 장관을 경험할 수 있다. CNN, 필립스 아레나, 코카콜라 박물관 등에서 도보로 10분 이내에 방문 가능하다.

▶주소 : 225 Baker Street, Atlanta, GA30313

▶웹사이트 : www.georgiaaquarium.org

▶개장시간 : 오전 9시부터 개장하며, 월요일은 오후 8시까지, 화목은 오후 6시까지. 금, 토, 일 주말은 오후 9시까지 개장한다.

▶입장료 : 성인(13~64세) $36.95+텍스. 2023년 5월 기준으로 당일 구입시 $47.99, 사전 예매시 $42.99다.

(5) 애틀랜타 민권센터
(National Center for Civil and Human Rights)

남부 인권운동의 성지 애틀랜타 다운타운에 위치한 민권센터는 인권과 민권 운동의 역사적 사실과 인물들에 대한 정보들이 담겨 있는 박물관이다. 지난 2014년 6월에 문을 열었으며 조지아 아쿠아리움, 코카콜라 박물관 인근에 위치해 있다. 이곳에는 미국 민권인권 운동의 역사적 사실뿐 아니라, 과거의 사실이 현재와 어떻게 연관되어 있는지를 보여주는 조형물들이 전시되어 있다. 우선 민권운동의 아버지 마틴 루터 킹 목사가 생전에 쓴 편지와 자료 등이 전시되어 있다. 또 그의 어린 시절부터 암살당하기까지의 스토 리도 만나볼 수 있다. 센터를 돌아보려면 약 75분이 걸린다. 민권센터에는 위안부의 실상을 알리는 '평화의 소녀상'이 들어설 예정이었으나, 일본 측의 방해 공작으로 건립 계획이 무산돼 지역 한인사회의 비판의 목소리를 듣기도 했다.

▶주소 : 100 Ivan Allen Jr. Blvd, Atlanta, GA 30313

▶개장시간 : 화~금요일, 일요일 낮 12시부터 오후 5시, 토요일 오전 10시부터 오후 5시 (4시까지 입장)

▶입장료 : 1인당 $19.99, 65세 이상은 $17.99

(6) 조지아 주 청사 (Georgia State Capitol)

미국 주 청사는 어디나 모양이 비슷하다. 조지아 주 청사(State Capital)도 남부 다른 주의 주 청사나 텍사스 오스턴의 주 청사와 흡사하다. 천장은 둥근 돔이고 돌로 견고하게 지어진 이 건물은 황금색 돔지붕으로 유명하다. 조지아 주 청사 내에 있는 주지사 집무실은 열려 있어 주지사가 일하는 모습을 볼 수 있도록 되어 있다. 강한 남부의 햇빛을 받아 하루 종일 황금색 광채를 내는 주 청사는 조지아 주 역사 박물관도 겸하고 있다. 특히 남북전쟁 당시 교통의 요지라는 이유로 시달림을 받아야 했던 조지아의 시련과 비행기 개발 후 경제 부흥의 요지로 서게 되는 주도 애틀랜타의 번영의 역사를 상세하게 들을 수 있다. 이 황금색 주 청사 앞에는 지미 카터 전 대통령의 동상이 서 있다. 지미 카터는 조지아 주지사 출신이다. 그는 상류층 출신이 아닌 일반 평민 출신 대통령이기도 하다. 대통령 임기보다 임기를 마친 이후의 행보가 미국인들에게 더욱 큰 주목과 존경을 받고 있다. 메트로 애틀랜타에는 그의 이름을 딴 도로도 있다.

▶주소 : 206 Washington St SW, Atlanta, GA 30334

조지아주 깃발

2001년 조지아는 1956년부터 사용했던 깃발을 교체했다. 이는 남부동맹의 이미지를 강하게 연상시킨다는 반대 여론을 반영한 결과다. 기존의 기는 붉은 바탕에 흰색 별들과 파란색 "X" 등 남북전쟁 당시 백인우월주의자들이 사용하던 남부연합군기의 상징을 사용해 만들어져 흑인들로부터 비판을 받아 왔다. 남부연합군기 미국 남북전쟁(1861~1865) 당시 사우스캐롤라이나 등 남부 13개 주가 노예제도를 지지하며 연방에서 탈퇴해 꾸린 남부연합 정부의 공식 국기다. 미국에선 백인우월주의와 인종차별의 상징물로 인식된다. 사우스캐롤라이나 주 의회는 2015년 6월 찰스턴의 흑인 교회에서 백인 딜런 루프(22)가 총기를 난사해 9명을 살해한 이후 50여년 만에 처음으로 의사당 건물에서 남부연합기의 게양을 폐지하기도 했다.

(7) 마가렛 미첼 하우스 (Margaret Mitchell House & Museum)

퓰리처상을 받은 명작 소설 '바람과 함께 사라지다(Gone with the Wind'의 저자인 마가렛 미첼이 살았던 집으로 국립 사적지(National Register of Historic Places)로 등재되어 있다. 애틀랜타 다운타운 한복판 빌딩 사이에 숨어 있는 작은 2층 주택이다. 20세기 초에 지어진 집인데 세월의 무게를 견디지 못하고 두 번이나 화재 피해를 입었지만 1997년에 다시 복원, 현재에 이르고 있다. 마가렛 미첼이 '바람과 함께 사라지다' 집필 당시 사용했던 타자기와 세계 각국 언어로 번역된 책, 영화 포스터, 미첼이 소설가가 되기 전 신문기자로 활약할 당시의 기사가 전시돼 있다.

▶주소 : 979 Crescent Ave. NE, Atlanta GA 30309
▶개장시간 : 매일 오전 9시부터 오후 5시까지. 일요일은 문을 닫는다. 입장료 무료. 주차장이 있지만 매우 좁아 스트릿 주차를 해야 할 때가 많다.

마가렛 미첼은 누구?

애틀랜타에서 태어난 미국의 대표 작가. 매사추세츠 주 스미스칼리지에서 의학을 전공했고, 고향 애틀랜타로 돌아와 '애틀랜타 저널' 기자로 일했다. 1925년 재혼한 남편의 권유로 10년이 넘는 시간을 들여 남북전쟁을 배경으로 한 역사 소설을 집필했는데, 그 작품이 바로 1936년 출간된 '바람과 함께 사라지다'이다. 1,037쪽에 달하는 대하소설인 이 작품은 발간 즉시 베스트셀러가 됐고, 1937년 퓰리처상을 받았다. 영화로도 만들어져 8개의 오스카상을 거머쥐며 세계적인 흥행 기록을 세웠다. 하지만 미첼은 더 이상 집필 활동을 하지 않고 10년을 애틀랜타의 한 아파트에서 조용히 살았다. 1949년 교통사고로 세상을 떠났다.

(8) 웨스틴 호텔 전망대 (The Westin Peachtree Plaza)

애틀랜타 다운타운을 둘러보다 보면 둥글고 높은 건물이 눈에 확 들어온다. 이곳은 웨스틴 피치트리 플라자(The Westin Peachtree Plaza)로 애틀랜타의 명소로 꼽힌다. 이유는 호텔 꼭대기에 위치한 전망대와 식당 때문이다. 맨 꼭대기에 위치한 선다이얼 바와 그 아랫층인 73층에 위치한 선다이얼 식당은 한쪽 벽면이 유리로 되어 있으며 360도로 회전한다. 이 때문에 음료나 음식을 즐기면서 애틀랜타를 비롯한 메트로 지역의 풍경을 한눈에 볼 수 있다. 데이트 하기 좋은 장소로 젊은 남녀부터 애틀랜타를 방문하는 방문객들이면 꼭 들르는 명소다. 바는 평일 오후 4시, 주말엔 오후 2시부터 문을 열고 대개 밤 12시에 닫는다. 식당은 매일 낮 11시 30분부터 2시 30분, 오후 5시부터 10시까지만 운영한다. 사전에 예약을 하는 것이 좋다.

▶주소 : 210 Peachtree Street NE Atlanta, GA 30303

▶웹사이트 : www.sundialrestaurant.com

(9) 폭스 시어터 (Fox Theatre)

폭스 시어터 건물은 약 100년 전인 1920년대에 지어진 이국적이고 아름다운 이슬람 사원이 모체다. 양파 모양의 돔과 뾰족한 첨탑이 유명했다. 1930년대 경영난에 허덕이던 사원은 영화업계 대부 윌리엄 포크에게 넘어갔고 이후 폭스 시어터는 1940~60년대에 걸쳐 애틀랜타 극장계의 신화로 군림했다. TV 보급과 함께 극장 관객이 줄어들면서 입지가 흔들렸으나 1976년과 1987년 두 차례의 모금 운동으로 폭스 시어터는 영화만이 아닌 다른 종류의 예술을 모두 다루는 종합 공연장으로 새롭게 태어났다. 총 4,665석 규모의 대형 공연장으로 애틀랜타 발레단과 브로드웨이 전국 순회공연단의 공연을 비롯해 유명 아티스트의 콘서트 등 다양한 문화 예술 행사를 소화하고 있다.

▶주소 : 660 Peachtree St. NE, Atlanta, GA 30308

▶웹사이트 : www.foxtheatre.org

(10) 애틀랜타 식물원 (Atlanta Botanical Garden)

보태니컬 가든은 도심 속의 아기자기한 녹색 공간으로 애틀랜타 주민들의 휴
식처가 되고 있는 피드몬트 공원의 한쪽에 자리잡고 있다. 규모는 약 30에이
커. 가든 안에는 장미정원과 허브정원 등 특색 있는 정원과 산책로가 조성돼
있다. 특히 40피트 높이의 시원한 구름다리 캐노피워크(Canopy Walk)를 걷
다 보면 식물원 내 우거진 수풀 지대의 환상적인 절경이 한눈에 들어와 일상
의 피로가 싹 가실 것이다.

▶주소 : 1345 Piedmont Ave. NE Atlanta, GA 30309
▶웹사이트 : www.atlantabotanicalgarden.org
▶개장시간 : 화~일 오전 9시부터 오후 9시까지.

(11) 애틀랜타 칠드런스 뮤지엄 (Children's Museum of Atlanta)

단순히 관람하는 박물관이 아니라, 어린이들이 직접 체험할 수 있는 놀거리들
이 다양하다. 총 16,316스퀘어피트 규모의 건물에는 여러 섹션별로 나뉘어져
있다. 농장에서 작물을 기르고 마트로 옮겨지고 판매가 이뤄지면 식당에서 먹
을 수 있는 음식으로 판매가 이뤄지는 과정을 놀이처럼 꾸며 좋은 펀더멘털리
푸드와 크레인을 이용해 플라스틱 공을 운반하거나, 공기압을 넣어 스티로폼
로켓을 하늘로 쏘아 올리는 등 과학적 사고를 기를 수 있는 다양한 체험을 할
수 있다. 아울러 스토리텔링과 같은 공연도 마련된다.

▶주소 : 275 Centennial Olympic Park Drive, Atlanta
▶웹사이트 : childrensmuseumatlanta.org
▶개장시간: 오전 10시부터 오후 4시. 주말은 오후 5시. 수요일은 휴관.

(12) 메르세데스 벤츠 스타디움 (Mercedes Benz Stadium)

미 프로풋볼리그(NFL)의 애틀랜타 팰컨스와 미 프로축구리그(MLS) 애틀랜타 유나이티드 FC의 홈 경기장이다. 2017년 8월 개장과 동시에 애틀랜타의 명물이 되었다. 특히 삼각형 모양의 여덟 개로 분리된 패널을 이용해 마치 카메라 조리개를 조절하는 것처럼 지붕을 열고 닫을 수 있게 설계된 지붕이 가장 큰 특징이다. 또 경기장 지붕을 원형 형태로 둘러싸는 전광판은 스포츠 전광판으로는 세계 최대 크기다. 총 수용 인원은 75,000석. 2015년 8월 메르세데스-벤츠 사가 27년간 이름 사용권을 획득해 메르세데스-벤츠 스타디움으로 명명되었다. 주요 스포츠 경기는 물론 비 시즌에는 유명 가수들의 대형 콘서트장으로도 활용되고 있다.

▶주소 : 1 AMB Dr NW, Atlanta, GA 30313

(13) 스테이트팜 아레나 (State Farm Arena)

CNN 건물과 붙어 있는 스테이트팜 아레나는 1999년 완공한 실내 종합경기장이다. 전에는 '필립스 아레나'라 불렸다. 미 프로농구 NBA(National Basketball Association:미국프로농구협회) 이스턴 콘퍼런스 중부지구에 소속된 프로농구팀 애틀랜타 호크스와 여자프로농구팀 애틀랜타 드림의 홈구장으로 사용되고 있다. 2009년부터 2011년까지는 프로아이스하키팀 애틀랜타 스래셔스의 홈으로 사용되기도 했다. 총 수용 인원은 21,000명이다. 농구 경기 이외에도 각종 공연 및 행사가 열린다. 특히 각종 초대형 공연이 열리는 곳으로 유명하다. 마돈나, 비욘세, 스팅 등 애틀랜타에 다녀간 많은 빅스타들이 필립스 아레나 무대에 올랐다. 애틀랜타 풀턴카운티 리크리에이션 공사(Atlanta-Fulton County Recreational Authority) 소유이며, 총 건설비용으로 2억 1,350만 달러가 들었다. 철근 콘크리트 건물로, 지붕은 세 부분으로 만들어졌다.

▶주소 : 1 State Farm Dr. Atlanta, GA 30303
▶웹사이트 : www.statefarmarena.com

(14) 하이 뮤지엄 (High Museum of Art)

매년 60~70만 명 이상이 방문하는 미 남동부 최대 규모의 미술관이다. 5개의 건물로 구성되어 있는 하이뮤지엄은 1980년 미국을 대표하는 세계적인 건축가 리차드 마이어(Richard Mayer)가 첫 번째 건물을 설계했고, 프랑스 국립현대미술관인 퐁피두 센터를 설계한 이탈리아 건축가 렌조 피아노가 2005년 7년여의 작업 끝에 증축 작업을 마침으로써 지금의 모습을 갖췄다. 총 7개 분야의 테마별로 구성된 312,000스퀘어피트(28,985m2)의 전시 공간에 1만8000점 이상의 시대별, 대륙별 예술작품을 소장하고 있다. 특히 19세기 및 20세기 미국 장식 예술, 민속 및 독학 예술, 사진, 현대 미술 컬렉션으로 유명하다. 또 전시뿐 아니라 라이브 공연, 예술, 영화 상영 및 교육 프로그램도 연중 개최하고 있다. 하이 뮤지엄이 속해 있는 우드러프 아트 센터 산하 애틀랜타 심포니 홀과 애틀랜타 컬리지 오브 아트도 함께 둘러볼 수 있다.

▶주소 : 1 AMB Dr NW, Atlanta, GA 30313

▶웹사이트 : www.high.org

▶개장시간: 화~토요일 오전 10시부터 오후 5시까지. 일요일은 낮 12시에 오픈하고, 월요일은 휴관이다. 입장료는 18.5달러다. 후원 멤버는 무료.

(15) 애틀랜타 연준 화폐 박물관
(Atlanta Fed's Monetary Museum)

애틀랜타 연방준비은행(Federal Reserve Bank of Atlanta) 본사 건물에 있는
흥미로운 화폐 박물관이다. 다양한 화폐 관련 전시뿐 아니라 연방준비은행의
실제 업무를 엿보는 재미도 있다. 애틀랜타 연준은 미국의 12개 연방준비은
행 중 여섯 번째 지구로 본사가 애틀랜타 미드타운에 있다. 애틀랜타 연준은
앨라배마, 플로리다, 조지아, 테네시 동부, 루이지애나, 미시시피 남부를 관할
한다. 이곳에선 물물교환 시대부터 현대에 이르기까지 화폐에 관한 다양한 전
시물을 볼 수 있다. 또 미국 은행의 역사와 희귀 동전, 화폐도 전시돼 있다. 달
러 지폐가 분류되고 폐기되는 과정도 쉽게 볼 수 없는 흥밋거리다.

▶주소 : 1000 Peachtree St Ne, Atlanta, GA 30309

▶정보: 월~금요일 오전 9시부터 오후 4시까지. 입장료 무료. 신분증을 제시하고 금속
탐지기를 통과해야 한다. 내부 사진 촬영도 금지돼 있다. 미드타운 마르타(Marta) 역
건너편에 위치해 있으며, 주차는 인근 공영주차장을 이용해야 한다.

(16) 스카이뷰 애틀랜타 (Sky View Atlanta)

애틀랜타의 전경을 한눈에 바라보고 싶다면 스카이뷰 애틀랜타를 방문해 보는 것도 좋겠다. 20층 높이의 페리스 휠은 파티에 초대한 손님들이나 타 지역에서 온 주요 고객들과 함께 방문하기 딱 좋은 애틀랜타의 명소다. 애틀랜타 다운타운의 센테니얼 공원 인근에 위치해 있어 CNN, 조지아 아쿠아리움, 코카콜라 박물관 등을 한눈에 내려다 볼 수 있다.

▶주소 : 168 Luckie St. NW Atlanta, GA 30303
▶개장시간: 월~목요일 낮 12시부터 오후 10시, 금요일 낮 12시부터 밤 12시, 토요일 오전 10시부터 밤 12시, 일요일 오전 10시부터 밤 10시
▶주차 : 인근의 LAZ 주차장. 100 Luckie St and 101 Cone St. The Corner of Luckie and Cone Streets. 주차시 $5 할인쿠폰을 제공한다.

(17) 태버내클 (Tabernacle)

'더 태비(The Tabby)'라고도 불리는 태버내클은 애틀랜타에 위치한 중형 콘서트 홀이다. 록밴드 블랙 크로우스, 팝스타 아델 등 유명 가수들과 밴드들의 공연이 펼쳐진다. 뿐만 아니라 스테판 린치, 밥 새겟 등 유명 코메디 스타들의 투어 장소로도 활용된다. 태버내클은 1898년부터 1994년까지 태버내클 침례교회의 본당 건물로 활용됐다. 1996년부터 1997년까지 '하우스 오브 블루스'라는 이름으로 다양한 공연이 펼쳐지기도 했다. 이후 1998년 200만 달러가 투자돼 리모델링이 이뤄지면서 다시 태버내클 이름을 되찾았다. 총 2,600여 명을 수용할 수 있다.

▶주소 : 152 Luckie St. NW Atlanta, GA 30303
▶웹사이트 : www.tabernacleatl.com

(18) 오클랜드 역사 묘지 (Historic Oakland Cemetery)

1850년에 개장한 애틀랜타에서 가장 오래된 공공 공원이자 첫 시립 묘지다. 다운타운에서 1마일도 안 되는 거리에 있으며, 48에이커 규모의 이곳은 묘지라기보다 공원이라고 하는 편이 더 어울린다.

잘 가꿔진 정원과 오래된 조각품, 건축물, 다양한 수종의 고목과 꽃나무가 가득 차 있다. 결혼식 장소로도 활용되고 있으며, 풍부한 녹지 공간은 산책과 조깅에도 훌륭한 분위기를 제공한다.

▶주소 : 248 Oakland Ave SE, Atlanta, GA 30312

▶웹사이트 : oaklandcemetery.com

▶개장시간: 일출부터 일몰 시간까지 문을 열며, 입장료는 무료다. 방문자센터와 뮤지엄 스토어는 오전 9시부터 오후 5시까지 오픈한다. 토, 일 주말은 오전 10시부터 오후 2시까지다.

(19) 지미 카터 기념관 (The Jimmy Carter Library & Museum)

39대 지미 카터 대통령의 삶과 업적을 기리기 위해 만든 곳이다. 퇴임 후 부인 로잘린 여사와 함께 세운 비영리 단체 '카터센터'도 이곳에 있기 때문에 '라이 브러리 앤드 뮤지엄' 이라는 긴 이름 대신 편하게 '카터센터'로도 불리기도 한다. 기념관은 1984년 10월 착공돼 2년 뒤인 1986년 10월 1일, 그의 72회 생일에 맞춰 개관했다. 땅은 고속도로 건설을 위해 가지고 있던 조지아 주 정부 부지였고, 건축비 2600만 달러는 개인 기부금으로 충당했다.

뮤지엄에는 카터 전 대통령의 고향 플레인스에서의 어린 시절부터 대통령 재임 기간, 퇴임 후 활동에 대해 섹션별로 잘 정리돼 있다. 카터 대통령의 평생 동반자이자 사회 활동가였던 퍼스트레이디 로잘린 여사에 관한 기록도 꽤 많다.

뮤지엄을 둘러본 후 건물 밖 정원을 한 바퀴 둘러보는 것도 빼놓지 말아야 한다. 35에이커에 이르는 기념관 경내는 2개의 아담한 호수와 꽃과 나무가 가득한 정원으로 꾸며져 있어 20~30분 산책하기에 좋다.

일, 월요일은 휴관이며 화~토요일 오전 10시부터 오후 4시 45분까지만 문을 연다. 마지막 입장은 오후 3시 30분이다. 입장권은 현장에서 구매 가능하지만, 온라인으로 미리 입장시간을 예약하고 가면 편하다.

▶주소 : 441 John Lewis Freedom Pkwy NE, Atlanta, GA 30307
▶웹사이트 : www.jimmycarterlibrary.gov

(20) 애틀랜타 히스토리 센터 (Atlanta History Center)

애틀랜타는 남북전쟁의 최대 격전지이자 피해지였다. 남부의 중심으로서 패배의 상흔이 너무나 컸다. 지금의 애틀랜타는 그런 아픔 위에 다시 세워진 기적의 도시다. 그 과정을 오롯이 모아놓은 곳이 바로 애틀랜타 히스토리 센터(Atlanta History Center)다.

애틀랜타 최고 부촌이라는 벅헤드에 자리 잡은 이곳은 9개의 상설 전시관과 주제별 임시 전시관을 갖춘 미국 최대의 역사박물관이자 연구소다. 전체 부지가 33에이커에 달한다. 거대한 전시관은 물론이고 1920년대 저택 스완하우스(Swan House)를 비롯해 농장과 캐빈 등 남부인들의 옛 생활 공간까지 센터의 일부로 포함되어 있다. 주제별로 가꿔놓은 정원도 훌륭하다. 역사센터 내에 있는 키난연구소(Kenan Research Center)는 미국에서 가장 많은 남북전쟁 관련 자료를 보유하고 있는 연구소로 꼽힌다.

1996년 올림픽 게임에 관한 기록을 모은 기록관과 남북전쟁 다시 애틀랜타 전투 상황을 재현해 놓은 원형 파노라마 극장 '사이클로라마(Cyclorama)', 남북전쟁 기념관 '터닝 포인트(Turning Point)', 애트랜타 형성 과정을 보여주는 생활 문화 전시관 '개더라운드(Gatheround)' 등이 볼만하다.

▶ 주소 : 130 W Paces Ferry Rd NW, Atlanta, GA 30305
▶ 웹사이트 : www.atlantahistorycenter.com

(21) 스완하우스 (Swan House)

애틀랜타 히스토리센터와 인접해 있어 하나의 입장권으로 동시에 둘러볼 수 있는 곳이다. 백조의 우아한 자태를 모티프로 건축된 집이라 해서 스완하우스(Swan House)라는 이름이 붙었다. 연방 사적지로 보호되고 있으며, 젊은 세대에게 큰 인기를 모았던 영화 '헝거게임' 촬영 세트장으로도 유명하다.

1928년에 완공된 이 집은 지하와 지상 3층 규모다. 1층과 지하는 이 집의 설계자였던 필립 슈츠(Philip Trammell Shutze)의 생활 수집품을 모아놓은 전시실로 중국산 수입 가구, 양탄자, 그림, 도자기 등이 볼 만하다.

지하 주방은 물론 1층의 중후한 서재, 2층의 화려한 생활공간은 1920년대 남부 부유층의 생활 모습을 엿볼 수 있게 한다. 3층은 소박한 하인들 숙소가 당시 모습 그대로 복원되어 있고 인만 아내의 여성참정권 운동 기념관도 따로 꾸며져 있다. 집 주변으로 아기자기한 조경을 따라 여러 갈래 산책로가 나 있어서 가볍게 걷기에 좋다. ❿

▶주소 : 130 W Paces Ferry Rd NW, Atlanta, GA 30305

▶www.atlantahistorycenter.com/buildings-and-grounds/swan-house

2. 조지아주 관광 명소

(1) 스톤마운틴 (Stone Mountain)

스톤 마운틴은 글자 그대로 거대한 돌 하나로 된 산이다. 애틀랜타 시내에서 동쪽으로 16마일 가량 떨어진 이곳은 지상으로 솟은 화강암 중 세계 최대 높이를 자랑한다. 고도 251미터로 서울 남산보다는 낮지만 평원으로 둘러싸여 있어 정상에 오르면 애틀랜타 시내도 볼 수 있다. 비가 온 후 산 정상에 오르면 고인 물이 폭포처럼 산 아래로 흘러내리는 장관이 기다리고 있다. 바위틈으로 고인 물 속에 핀 이끼와 식물도 볼거리. 케이블카가 있지만 30~40분이면 걸어서 올라갈 수 있다. 스톤 마운틴 커다란 바위 벽에는 남북전쟁 당시 남부연방 대통령이었던 제퍼슨 데이비스, 총사령관 로버트 리, 스톤 월 잭슨 장군의 기마상이 얕은 돋을새김으로 새겨져 있다. 리 장군의 코 길이만 1.5m로 1970년 완성됐다. 1996년 애틀랜타 올림픽 당시 사이클과 양궁, 조정 경기장이 자리 잡았던 이곳은 총 면적이 3200에이커에 달한다. 주말 가족 여행지로 적당하다. 유람선이 다니는 호수와 기찻길, 36홀의 골프장, 산 정상까지 연결된 케이블카와 캠프장 등 레크리에이션 시설도 완비돼 있다. 한여름에 펼쳐지는 야외 레이저 쇼는 세계적으로 유명하다.

▶주소 : 1000 Robert E Lee Blvd, Stone Mountain, GA 30083

▶웹사이트 : www.stonemountainpark.com

(2) 락시티 & 루비폭포 (Rock City & Ruby Falls)

락시티는 조지아와 테네시 접경에 있는 룩아웃 마운틴 산자락에 있다. 애틀랜타에선 차로 2시간 남짓 거리다. 룩아웃 마운틴은 남부 앨라배마, 테네시, 조지아 3개주에 걸쳐있는 애팔라치 산맥과 평행을 이루고 있는데, 산지 모습은 평평하나 미국에서 가장 유명한 동굴지역을 이루고 있다.

락시티의 정식 명칭은 락시티가든(Rock City Gardens)이다. 테네시주 채터누가에 있는 것으로 알려졌지만 주소는 조지아다. 20세기 초 가넷 카터 부부의 땀과 노력으로 만들어진 인공 정원으로 1932년부터 개장됐다.

이곳은 각종 바위들이 모여서 지연적으로 형성된 곳으로 400여종이 넘는 자연 식물과 야생화 등을 감상할 수 있다. 산 정상에 서면 7개 주를 내려다 볼 수 있다.

락시티에서 약 3마일 거리에는 루비폭포((1720 Scenic Hwy, Chattanooga, TN 37409)가 있다. 이곳은 지하 1.5마일의 자연 동굴로 145피트 위에서 총천연색으로 쏟아지는 인공 폭포가 장관이다.

▶주소 : 1400 Patten Road, Lookout Mountain, GA 30750

▶문의 및 예약 : www.seerockcity.com

175 Steps
Difficulty: Strenuous

(3) 아미카롤라 폭포 주립공원 (Amicalola Falls State Park)

400번 하이웨이를 타고 북쪽으로 달리다 보면 달로네가라는 작은 도시를 만나게 된다. 달로네가에서 약 20분. 그 곳에 아미카롤라 폭포 주립공원이 있다. 2174마일의 애팔래치안 트레일이 시작되는 스프링거 마운틴 입구이다. 체로키 인디안 들이 "굴러 떨어져 내리는 물들"이라고 불렀던 아미카롤라 폭포. 미시시피 동쪽 끝에서 가장 높은 곳에 위치한 대형 폭포다. 경사면에 설치된 425개의 계단을 오르내리다 보면 729 피트 높이, 7개의 작은 폭포에서 떨어져 내리는 시원한 폭포수를 감상할 수 있다.

녹음이 울창하지 않은 봄이나 겨울이 폭포 감상에 제철이다. 채터후치 자연림 속에 자리잡은 이 공원에는 캠프장과 방갈로, 산장 및 피크닉 시설들이 잘 갖춰져 있어 분주한 일상을 접고 자연 속에서 재충전을 할 수도 있다. 트레일을 타거나 강에서 낚시를 할 수도 있다. 폭포와 산장 중간에 위치한 '최남단 (Southern Terminus) 트레일'은 애팔래치안 트레일의 시발점이자 이 코스의 최남단에 위치한 스프링거 마운틴으로 이어진다.

애틀랜타에서 한 시간 거리, 대략 65마일 정도. 조지아 하이웨이 183번에 사인이 있다. 금광의 도시 달로네가와 사과 따기로 유명한 엘리제이의 근처에 위치해있다.

▶주소: 280 Amicalola Falls State Park Road Dawsonville, GA 30534
▶문의: www.amicalolafalls.com

(4) 애나루비 폭포 (Anna Ruby Falls)

조지아 최대 관광지로 꼽히는 헬렌(Helen) 조지아 바로 인근에 있다. 둘루스 한인타운에선 75마일, 1시간 30분 정도 거리다.

헬렌은 유니코이 주립공원(Unicoi State Park)을 끼고 있는 유럽풍의 산간 마을로 독일, 네덜란드를 연상시키는 이색 건물과 이국적 풍물들이 가득하고 여름엔 레저 물놀이 시설도 많다. 조지아 북부 애팔래치안 산맥 끝자락 산악지대엔 수십 개의 폭포가 있다. 그중 가볼만 한 곳 추천에서 빠지지 않는 곳이 애나루비 폭포다. 애나루비 폭포로 가려면 헬렌에서 유니코이 주립공원을 거쳐 들어가야 한다. 폭포는 주립공원이 아닌 연방삼림청 관할 채터후치 국유림(Chattahoochee National Forest)에 속해 있기 때문이다. 방문자센터가 주차장에서 폭포까지 왕복 거리는 1마일이 채 안 된다. 올라가는 길은 약간의 경사가 있지만, 포장이 되어 있어 하이힐 신은 아가씨도, 슬리퍼 질질 끄는 청년도 어슬렁어슬렁 갈 수 있다.

애나 루비 폭포는 두 개의 물줄기가 합쳐지는 곳에 생겨난 쌍폭포다. 왼쪽은 커티스 크리크(Curtis Creek)에서 떨어지는 153피트(47m)짜리, 오른쪽은 요크 크리크(York Creek)에서 흘러내리는 50피트(15m) 높이의 폭포다. 이곳에서 합쳐진 물은 스미스 크리크(Smith Creek)로 이름을 바꿔 유니코이 호수로 내려간 뒤 다시 채터후치강으로 흘러 들어간다. 남북전쟁 때 남부 연합군 대령이었던 '캡틴' 제임스 H 니컬스라는 이 폭포를 발견하고 애지중지하는 자신의 딸 이름을 따서 애나루비 폭포라고 이름 붙였다고 한다.

▶주소 : 3455 Anna Ruby Falls Rd, Helen, GA 30545
▶문의 : www.helenga.org/anna-ruby-falls-visitor-center

(5) 달로네가 (Dahlonega)

금광의 도시로 불린다. 애틀랜타에서 1시간 반 거리, GA 400번을 타고 북쪽으로 가면 만나게 된다. 달로네가는 체로키 인디언 말로 노랗다는 뜻이다. 달로네가 근처에 똑같은 이름의 동네가 있다. 인근 체로키 인디언들 당시 마을의 이름도 달로네가.

체스타티 강의 황토를 가리킨 말이다. 금광이 개발되면서 널리 쓰이게 된 지명 달로네가 대신, 이전엔 릭록(Licklog)으로 불렸었다. '사슴이 와서 물을 마시던 곳'이란 뜻이다.

달로네가에서 처음으로 금을 발견한 사람에 대해 여러 의견이 분분하지만 젊은 사슴 사냥꾼, 벤자민 팍스의 일화도 유명하다. 1828년 체스타티강 서편에서 사냥을 하다 바위에 걸려 넘어진 후 무심코 바위를 조사해보니 금 덩어리였다고 한다. 그러나 이전부터 체로키 인디언들은 이 지역에서 상당량의 사금을 채취하곤 했었다고 한다.

스페인의 탐험가, 헤르난도 데 소토 역시 이미 1540년대 초반에 금을 찾기 위해 조지아 북부지역을 방문했었다. 금광개발이 본격화되면서 지역을 관통하는 마차길(Unicoi Turnpike) 닦는 일이 승인되고, 이후 백인들이 몰려든다.

최초의 골드러시에 대한 영원한 상징, 금 박물관

'컨설러데이티드 금광'이나 '크리슨 금광' 같이 복구된 금광이 있다. 옛 골드러시를 체험하면서 운이 좋으면 여행 기념으로 금 조각을 몇 개 건져 올 수도 있지 않을까? 달로네가 금 박물관에선 이 지역만의 독특한 광산에 대한 역사도 접할 수 있다.

1805년에서 1832년까지 조지아 주 정부는 체로키와 크릭 인디안의 땅을 강제 탈취, 백인들에게 추첨으로 분배한다. 고향을 지키고자 했던 체로키 인디언들은 결국 1838년에서 1839년 살을 에는 추위 속에서 현재의 오클라호마까지 군인들에 의해 내쫓긴다.

현재 하이웨이 17번과 75번으로 바뀐 곳이 바로 이 눈물의 길(Trail of Tears)이다. 4천여 체로키 인디안 중 5분의 1이 추위와 굶주림에 목숨을 잃었다.

미국 골드 러시 최초의 진원지와 달로네가 조폐소

달로네가는 미시시피 강 동쪽 최대 금광의 고향과도 같은 곳이다. 1829년 이 곳에서 최초로 골드 러시가 일어났다. 캘리포니아 보다도 20년 앞선다. 1년도 안 돼 미국 각지에서 1만 5천여 광부가 몰려 들었다. 연방 의회는 1838년, 달로네가에 조폐소 브랜치를 개설한다. 개설 첫 해에 10만 달러에 상당하는 금으로 화폐를 찍어낸다. 1861년 문을 닫을 때까지 실제 액면가 6백만 불에 달하는 150만 불 상당의 금화를 찍어 냈다. 조폐소는 남북전쟁 발발 전에 북부연방에 의해 폐쇄됐다. 현재의 노스 조지아칼리지의 일부인 이 곳에는 프라이스 기념관이 세워졌는데 17온스의 달로네가 금이 사용됐다고 한다. 애틀랜타의 상징인 주 의사당의 황금 돔, 1889년에 지어진 이 건물은 1958년 달로네가 시민들이 기증한 금으로 지붕 부분이 도금됐다.

(6) 헬렌 조지아 (Helen Georgia)

18세기까지 헬렌 조지아 지역은 체로키 인디언 문화 중심지였다. 나쿠치 (Nacoochee) 계곡과 지금의 헬렌 계곡으로 알려진 지역에 체로키 인디언들의 부락이 산재해 있었다. 하지만 1813년에 체로키 인디언들은 이 지역을 관통하는 마차길(Unicoi Turnpike), 즉 도로 건설을 허락한 이후 백인들이 물밀듯이 들어오게 되었다.

현재의 17번과 75번 도로인 이 길은 마지막 나쿠치 인디언들이 눈물을 머금고 이 길을 따라 떠나게 되었다. 사람들은 이 길을 '눈물의 길(Trail of Tears)'이라고 부르고 있다.

인디언들이 떠난 이 지역은 1828년 나쿠치 계곡의 듀크강(Dukes Creek)에서 금이 발견된 이후 조지아의 골드러시가 시작됐고, 수십 년 동안 수천 명의 금광업자들이 몰려들어 엄청난 양의 금을 캐 갔다. 그리고 19세기 말까지 금광의 물결이 한바탕 휩쓸고 간 후 울창한 산림에 눈독을 들여오던 벌목업자들이 금광업자들이 떠난 자리를 차지했다. 당시 'Matthews Lumber Company'라는 토목 회사를 중심으로 시작된 벌목 바람은 산속에서 벌목한 목재 운반을 위해 노스 캐롤라이나까지 임시 철도를 연결해야 할 정도로 번창했었다.

지금의 '헬렌(Helen)'이라는 지명은 1913년 당시 이 지역 철도 감시관의 딸의 이름을 따서 불려지기 시작했다. 그렇게 번성하던 헬렌 조지아 지역은 1931년 목재 수요의 급감으로 벌목 회사들이 하나둘 철수하면서 호황을 누리던 철도도 폐쇄되고 헬렌은 사람들의 기억 속에서 사라져가게 되었다. 그 후 1950년대를 지나면서 헬렌 조지아 인근에 유니코이(Unicoi) 주립공원이 지정되고, 주류 판매를 허용하면서 헬렌의 경제가 살아나게 됐다. 1960년대까지 남부 조지아 산골의 한가한 시골 마을에 불과했으나 1969년 Pete Hodkinson와 John Kollock 등 지역 상인들이 헬렌을 유럽식 마을로 새 단장을 하자는 제의를 내놓고 그 제안이 받아들여져 헬렌 조지아는 대대적인 개조 작업을 시작하게 된다.

남부의 중심 지역인 조지아 주는 북부 지역의 아름다운 자연환경에도 불구하고 애팔래치안 산맥을 찾는 산악인과 관광객들의 발길을 잡을 만한 관광 자원이 부족했었다. 헬렌 조지아는 지역 개발에 팔을 걷어부친 일부 뜻 있는 주민들의 노력으로 현재 조지아 주뿐만 아니라 남부의 명소로 거듭나게 되었다. 현재의 헬렌 조지아는 유럽의 이국적인 문화를 만나려는 미국인들의 발길로 분주하다.

▶주소 : 726 Bruckenstrasse Helen, GA 30545　▶웹사이트 : www.helenga.org

헬렌 조지아 100배 즐기기

'헬렌 조지아에 들어서면 가장 먼저 눈에 띄는 것이 유럽식 빨간 세모 지붕으로 이뤄진 모텔들이다. 조금 더 북쪽으로 올라가다 보면 네덜란드 사람들이 만들었다는 풍차도 돌아가고 여기저기 산재해있는 유럽풍 식당과 선물코너 등이 도시생활에 지친 방문자들의 시선을 끈다. 헬렌 전체를 돌아 볼 수 있는 관광마차도 운행되고 있다. 헬렌 조지아 지역에는 수많은 식당이 있는데, 계곡을 끼고 흐르는 강 주변의 식당들이 인기가 좋다. 여름이 비교적 긴 남부 기후 때문에 여름시즌은 헬렌 조지아 계곡은 레프팅을 즐기는 사람들의 오색 튜브로 물결을 이룬다. 강가의 레스토랑에서는 레프팅을 즐기는 사람들을 바라보며 독일식 스테이크나 생선요리를 맛볼 수 있다. 또 유럽식 소시지를 맛볼 수도 있고 2층 발코니에서 알프스 소녀 하이디의 복장을 한 종업원이 따라주는 커피를 즐길 수 있다.

(7) 엘리제이 (Ellijay)

조지아 주는 복숭아가 상징이지만 가을에는 달콤하고 싱싱한 사과도 유명하다. 특히 조지아 북부의 길머카운티의 중심 엘리제이 시는 '세계 사과의 수도'라 불릴 만큼 사과 과수원들이 많다. 이곳 사과 농장을 방문하면 늦은 여름부터 늦가을까지 사과 따기는 물론 다양한 농장 체험 프로그램도 함께 즐길 수 있다. 매년 10월 중순쯤 엘리제이 다운타운에서 수십 년째 개최되는 화려한 사과축제도 가볼 만하다. 사과 농장 애플피킹은 보통 8월 하순부터 11월 초순까지 진행되며, 시간은 오전 9시부터 오후 6시까지다. 과수원마다 소정의 입장료가 있다.

주요 과수원으로는 ▲힐 크레스트 과수원(Hillcrest Orchards, 주소: 9696 Highway 52 East, Ellijay) ▲레드 애플 반(Red Apple Barn, 주소: 3379 Tails Creek Road, Ellijay) ▲BJ 리스 과수원(B.J. Reece Orchards, 주소 : 131 Highway 52 East, Ellijay) 등이 유명하다.

(8) 식스 플래그 화이트 워터 (Six Flags White Water)

캅 카운티에 위치한 대형 물놀이 시설이다. 69에이커의 공원 내에 수영장과 파도 풀장 그리고 각종 스릴 넘치는 슬라이드가 다양하게 구비되어 있다. 어린이들을 위한 시설도 갖춰져 있어 가족 단위 방문객들에게도 좋다. 연간 50여만 명의 인파가 몰린다.

▶주소 : 250 Cobb Pkwy N #100, Marietta, GA 30062

▶웹사이트 : www.sixflags.com/whitewater

▶개장시간 : 오전 10시 30분부터 오후 6시 또는 7시까지이다. 식스 플래그 화이트 워터는 여름인 5월부터 7월까지는 매일 오픈, 8월과 9월은 선택된 날짜에만 오픈한다. 우천시 상황에 따라서 일부 놀이기구만 움직인다.

(9) 레이크 레이니어 (Lake Lanier)

노스 조지아 마운틴 인근에서 해안을 찾지 못한다면 차선책은 레이크 레이니어다. 블루리지 마운틴 속에 자리 잡은 레이니어 호수의 그림 같은 호안선이야말로 조지아 주에서 손꼽히는 절경이다. 애틀랜타 북쪽으로 30여 분, 38,000에이커의 레이크 레이니어는 분주한 도심을 탈출, 자연의 즐거움을 만끽하기에 더할 나위 없는 곳이다. 보트, 하이킹, 골프까지 다양한 활동을 즐길 수 있다. 레이크 레이니어의 리조트는 호화롭기로 소문나 있다. 총 216개의 객실을 갖춘 에메럴드 포인트 리조트에는 스파시설과 30채의 뉴잉글랜드 스타일의 레이크 하우스, 빌라, 하우스 보트가 딸려 있다. 18홀을 갖춘 골프 코스에서는 PGA가 공인한 프로들에게 언제든지 골프 레슨을 받을 수 있다. 한여름 가족들이 함께 더위를 식히며 즐길 수 있는 모래사장이 딸린 비치, 어린이들을 위한 워터 파크 시설은 특히 가족들의 유원지로 안성맞춤. 만약 좀 더 모험을 원한다면 레이크 레이니어 올림픽 센터를 방문하시길. 1996년 애틀랜타 올림픽 당시 카누, 조정, 카약 경기가 모두 이곳에서 개최됐었다. 올림픽 센터는 보트 애호가들을 위한 다양한 프로그램들을 개인별 수준에 맞춰 제공한다. 카누나 카약을 빌려 올림픽 금메달을 향한 선수처럼 페달을 밟아보는 것도 레이크 레이니어에서만 즐길 수 있는 일이다. 모든 종류의 보트가 구비되어 있어 보트를 대여할 수도 있고, VIP를 위한 유람선도 빌릴 수 있다. 크리스마스 장식도 환상적이다. 차 안에서 6~7마일에 달하는 도로 양 옆에 수백만 개의 전등으로 만들어진 크리스마스 장식을 보는 것도 겨울철 레이크 레이니어에서만 경험할 수 있는 장관이다. 레이크 레이니어 호수를 만든 뷰포드댐 주변 공원도 들러볼 만하다. I-85도로를 타고 북상하다 I-985로 나와 1번이나 2번 출구를 따라 가면 된다.

▶ 웹사이트 : www.lakelanier.com/lake-lanier-visitors-guide

(10) 웨스트포인트 기아 조지아 (Kia Georgia, Inc)

조지아 주를 관통하는 I-85고속도로를 타고 앨라배마 쪽으로 가다 보면 2번 출구 인근에 기아자동차 생산 공장이 한눈에 들어온다.

2007년 11월 웨스트포인트 시에 완공된 기아차 조지아 공장은 12억 달러를 들여 연간 34만대 생산 규모를 갖췄다. 2021년 현재 텔룰라이드, 쏘렌토, K5 등 3개 차종을 생산하고 있으며, 2019년 9월에 누적생산 300만 대를 돌파했다. 2021년 기아차 로고 변경과 함께 기존 '기아차 조지아 공장(KMMG)'이라는 이름도 기아 조지아로 바꿨다.

▶주소: 7777 Kia Pkwy, West Point, GA 31833

(11) 플레인스 지미 카터 고향
(The Jimmy Carter National Historical Park)

플레인스(Plains)는 지미 카터 전 대통령의 고향이다. 애틀랜타 도심에서 남쪽으로 160마일 정도, 둘루스 한인타운에선 3시간이 조금 넘게 걸린다.

조지아 남부의 한적한 시골 마을인 이곳이 유명해진 것은 전적으로 카터 대통령 덕분이다. 무명의 땅콩 농장주가 일약 민주당 대선 후보가 되고, 이곳을 선거운동 거점으로 삼아 당선되면서 대통령을 배출한 마을이 됐기 때문이다. 카터 전 대통령은 대학(해군사관학교)과 군대 생활, 조지아 주지사 시절, 대통령 재임 기간을 제외하곤 평생을 이곳에서 살았다. 1924년생인 카터 전 대통령이 2023년 초부터 암 투병에 따른 모든 연명 치료를 중단하고 마지막 시간을 보내고 있는 곳도 이곳이다.

현재 플레인스 일대는 국립역사공원(National Historical Park)으로 연방 차원에서 관리되고 있다. 공원으로 지정된 곳은 카터 전 대통령이 어린 시절을 보냈던 옛집과 농장, 카터 부부가 졸업한 플레인스고등학교, 대통령 후보 당시 선거운동 본부로 사용된 철로 옆 건물, 그리고 현재 대통령 부부와 가족이 사는 집 등이다.

카터 대통령은 현직일 땐 별로 인기가 없었다. 하지만 퇴임 후 누구보다 미국인의 사랑을 많이 받았다. 한 인간으로서 그의 최대 미덕이라면 평생이 한결같았다는 점이다. 평화, 인권, 신앙 등에 대한 신념도 그랬지만, 90대 중반 나이까지 빠지지 않았던 주일학교 봉사나 77년간 해로했던 끝없는 아내 사랑등 실천의 삶 또한 그랬다. 눈앞의 이해득실에 따라 평생 걸어온 자신의 과거를 헌신짝처럼 내팽겨쳐 버리는 이들이 너무 많은 요즘 세태에 우직했던 그의 삶이 더욱 돋보이는 이유다.

지금도 그 먼 시골 플레인스까지 방문객의 발길이 꾸준히 이어지고 있는 이유 역시 이것일 것이다. 대단한 볼거리는 없지만 조지아에 살면서 평생 선한영향력을 끼친 지미 카터 전 대통령의 발자취를 더듬어본다고 생각하면 한번은 가 볼만한 곳이다.

▶ 플레인스 방문자센터 주소 : 300 N Bond St. Plains, GA 31780
▶ 플레인스 디포 주소 : 107 Main St. Plains
▶ 유년 시절 집과 농장 주소 : 402 Old Plains Hwy. Plains
▶ 마라나타 침례교회 주소 : 148 GA-45, Plains, GA 31780
▶ 웹사이트 : www.nps.gov/jica/index.htm

(12) 캘러웨이 가든 (Callaway Resort & Gardens)

캘러웨이 가든은 정원이라기보다 종합 휴양지에 가깝다. 조지아 제2의 도시 콜럼버스 동북쪽, 파인마운틴(Pine Mountain) 서쪽 기슭에 자리 잡고 있는 이곳은 조지아, 앨라배마 일대에선 가장 볼 것 많고 즐길 것 많은 위락지로 꼽힌다. 애틀랜타 공항에선 1시간 남짓 거리, 둘루스 한인타운에선 두 시간이면 넉넉하다.

1952년에 문을 연 이곳은 전체 면적이 2500에이커나 된다. 여의도의 3배가 넘는 크기다. 크고 작은 호수도 10개가 넘는다. 자전거 길은 물론 산길, 숲길 등 하이킹 트레일도 구석구석 뻗어 있다.

호수에선 낚시와 보트를 즐길 수 있고 넓은 백사장이 있어 물놀이도 가능하다. 골프장도, 승마장도 있다. 물론 숙박시설, 식당도 두루 갖춰져 있다. 계절마다 다양한 꽃잔치가 펼쳐진다.

특히 4월 초중순까지 펼쳐지는 수천 그루 철쭉 축제가 장관이다. 조지아주 생태계 자료가 잘 전시된 디스커버리 센터(Discovery Center), 미국에서 가장 큰 나비박물관으로 꼽히는 버터플라이 센터(Cecil B. Day Butterfly Center), 숲속 작은 호수가의 그림같은 예배당 메모리얼 채플(Ida Cason Callaway Gardens Memorial Chapel) 등도 볼거리다.

▶주소 : 17617 US-27. Pine Mountain, GA 31822.
▶웹사이트 : www.Callawaygardens.com

(13) 깁스가든 (Gibbs Garden)

조지아 북쪽, 체로키 카운티에 있는 깁스가든은 개인 기업이 운영하는 사설 위락지다. 설립자는 짐 깁스(Jim Gibbs)라는 사람. 유명 조경 회사 전직 대표 이자 애틀랜타 식물원(Atlanta Botanical Gardens) 창립 멤버다. 그가 세계 곳곳 좋다는 정원은 다 둘러보고 수십 년 공들여 가꾼 곳이 이곳이다.

전체 면적은 336에이커. 평수로 환산하면 약 41만평, 축구장 200개 정도 크기다. 언덕과 계곡이 있는 야산을 통째로 사서 길 내고, 연못 만들고, 꽃과 나무를 심어 미국 최대 주거용 정원으로 키웠다.

주제별로 모두 16개의 정원이 있고 그 안에 32개 다리, 24개 연못, 19개 폭포를 넣어 꾸몄다고 한다.

대충 봐도 두어 시간, 찬찬히 둘러보려면 서너 시간이 걸린다. 모네의 수련 가든(Monet Waterlily Gardens), 최고의 단풍 명소 일본 정원(Japanese Gardens), 중세 유럽 영주의 집처럼 꾸며진 매너 하우스 가든(Manor House Gardens), 명상과 사색의 길 인스퍼레이션 가든(Inspiration Gardens), 이른 봄철 온통 노란 수선화로 뒤덮이는 대포딜 가든(Daffodil Gardens) 등 자연과 인공이 세련되게 어우러진 여러 주제별 코스가 볼만하다.

오전 9시부터 오후 4시까지 개장하며 월요일은 휴무다. 여름(7월 5일~10월 2일)과 겨울(11월 15~12월4일)엔 월, 화를 뺀 주 4일만 문을 연다.

▶주소 : 1987 Gibbs Drive, Ball Ground, GA 30107
▶웹사이트 : www.gibbsgarden.com

(14) 프로비던스 캐년 (Providence Canyon State Park)

조지아주에선 '리틀 그랜드캐년'으로 불리는 명소다. 조지아주의 7대 경이로운 자연 명소(The Seven Natural Wonders of Georgia)로도 꼽힌다.

7대 명소는 프로비던스 캐년 외에 아미카롤라 폭포, 스톤마운틴, 탈룰라 협곡(Tallulah Gorge)과 플로리다 접경의 오키페노키 습지(Okefenokee Swamp), 남쪽 소도시 알바니 외곽의 라듐 스프링스(Radium Springs), 남쪽 파인마운틴 자락에 있는 웜 스프링스(Warm Springs)라고 한다.

프로비던스 캐년은 조지아 제2의 도시인 콜럼버스에서 남쪽으로 차로 50분쯤 거리에 있다. 둘루스 한인타운 H마트 기준으로 172마일, 약 세 시간 거리다. 캐년 구석구석 트레일이 잘 정비되어 있고 쉬운 길, 힘든 길 난이도에 따라 골라 걸을 수도 있다.

캐년은 1번부터 9번까지 번호가 매겨져 있어 하나하나 들어가 봐야 한다. 비슷한 듯 다르고 다른 듯 다양한 모양과 색깔의 봉우리들이 신기하다.

둘루스 한인타운에선 제법 먼 거리지만 전국적 명성을 가진 특별한 볼거리가 없는 조지아주에서는 그래도 긴 나들이 삼아 한 번쯤 다녀올 만한 곳이다.

▶주소 : 8930 Canyon Rd, Lumpkin, GA 31815.

▶웹사이트 : www.gastateparks.org/providencecanyon

(15) 컴벌랜드 아일랜드 (Cumberland Island)

조지아 최남단에 있는 섬, 배를 타고 들어가지만 배 놓치면 나올 수 없는 섬, 거북이 알을 낳고, 야생마가 돌아다닌다는, 극히 일부 사람들에게만 알려진 조지아의 숨은 보석이다.

컴벌랜드 아일랜드는 조지아 가장 큰 섬이다. 섬 바로 건너편은 플로리다 땅이다. 일종의 삼각주(delta)이자 사구(砂丘)로 숲과 모래, 습지와 자연이 야생 자연 그대로 남아 있는 국립해안공원(National Seashore)이다.

조지아 동남쪽 땅끝마을 세인트 메리스(St. Marys)에서 섬을 오가는 연락선이 하루 두 번 있다. 항해 거리는 7마일, 배 타는 시간은 45분이다. 섬 안에 호텔도 있긴 하지만 예약은 하늘의 별 따기다. 가격도 가격이지만 객실 수가 15개밖에 없기 때문이다. 캠프 사이트는 여러 곳 있지만 일찌감치 예약해야 자리를 맡을 수 있다.

섬 안에는 화장실 외에 아무런 시설이 없다. 가게도 없고 물도 없다. 필요한 것은 모두 가지고 가야 한다. 당연히 아무것도 남겨 놓고 나와서도 안 된다. 한마디로 무공해 청정지역이다. 그래도 섬에 들어가면 자전거를 빌려 탈 수 있고 밴을 타고 둘러보면서 설명까지 듣는 가이드 투어도 예약하면 이용할 수 있다. 아이스하우스 뮤지엄과 1880년대 철강왕 카네기의 동생 토마스 모리슨 카네기(1843~1886) 가족이 겨울 휴양지로 사용하던 호화 집터와 생활 공간들이 남아있다. 섬 북쪽 끝에는 흑인 교회(The First African Baptist Church) 자취도 있다. 존 F. 케네디 대통령 아들이 1996년 9월에 가까운 지인들만 불러 이곳에서 조촐한 결혼식을 올렸다는 곳이다.

▶주소 : 113 St. Marys Street W, St. Marys, GA 31558

▶웹사이트 : www.cumberlandisland.com

3. 등산·하이킹 명소

(1) 브래스타운 볼드 (Brasstown Bald)

브래스타운 볼드(Brasstown Bald)는 해발 4784피트(1458m)로 조지아에서 가장 높은 산이다. 브래스타운은 지명이고 '볼드'는 360도 시야를 방해하는 것이 아무것도 없는 탁 트인 산꼭대기를 말한다. 전망대까지 길이 잘 나 있어서 차로 정상까지 올라갈 수 있다. 정상 주차장에서 전망대까지는 15인승쯤 되는 작은 셔틀버스가 수시로 다닌다. 전망대는 조지아 최고봉답게 사방팔방 막힘이 없다.

애팔래치안 산맥 너머 멀리 북쪽, 동쪽으로 테네시, 노스캐롤라이나, 사우스캐롤라이나 주가 한눈에 들어온다. 가까이는 하이아와시(Haiawassee) 채투지 호수(Chatuge Lake)가 만들어 내는 경치가 한 폭의 그림이다. 방문자센터 전시관엔 지역 향토사를 설명해 놓은 작은 뮤지엄이 있어 체로키 부족의 역사와 생활, 야생동물 박제, 19세기 벌목 현장을 누비던 기관차 등이 볼 만하다. 브래스타운 볼드에서 북쪽으로 30마일 정도 가면 노스캐롤라이나 주가 나오고 유명한 블루리지파크웨이(Blue Ridge Pkwy)도 만날 수 있다.

▶비지터센터 주소 : 2941 GA-180 Spur, Hiawassee, GA 30546

▶웹사이트 : www.fs.usda.gov/recarea/conf/recarea/?recid=10542

(2) 케네소마운틴
(Kennesaw Mountain National Battlefield Park)

케네소마운틴 주변은 1935년부터 연방공원국이 관리하는 국립 전장 공원 (Kennesaw Mountain National Battlefield Park)으로 지정됐다. 총면적은 2965 에이커. 이곳은 1864년 남북전쟁 당시 가장 치열했던 격전지 중의 하나 다. 셔만 장군이 이끈 북군이 남군의 요새인 애틀랜타를 공략하기 위해 테네 시주에서부터 10만 대군을 이끌고 내려와 이곳에서 존슨 장군이 이끈 남부군 과 격렬한 전투를 벌였다.

11마일에 달하는 방어용 흙 담이 보존되어 있고 산꼭대기에서는 애틀랜타를 한눈에 내려다 볼 수 있는 전망대와 하이킹 트레일이 있다.

▶주소: 900 Kennesaw Mountain Dr, Kennesaw, GA 30188

▶웹사이트 : www.nps.gov/kemo/index.htm

(3) 애팔래치안 트레일 (Appalachian Trail)

미국 지도를 펼쳐 놓고 보면 남북으로 3개의 큰 산줄기가 뻗어있다. 동부 대서양쪽은 애팔래치아 산맥, 서부 태평양쪽은 시에라 네바다 산맥, 그리고 중서부의 로키산맥이다.

이들 산맥을 따라 남북으로 이어지는 하이킹 트레일이 있다. 미국의 3대 장거리 트레일로 불리는 애팔래치안 트레일(Appalachian Trail, 2190마일), 퍼시픽 크레스트 트레일(Pacific Crest Trail, 2650마일), 콘티넨탈 디바이드 트레일(Continental Divide Trail, 3028마일)이 그것이다.

3개 트레일 중 한 곳이 조지아에 있다. 아미카롤라 폭포 인근 스프링어 마운틴(Springer Mountain)에서 시작되는 애팔래치안 트레일(AT)이 그것이다. 조지아에서 출발한 AT는 노스캐롤라이나, 테네시, 버지니아를 거쳐 버몬트, 뉴햄프셔를 지나 미국 최북단 메인주 마운트 캐터딘(Mount Catahdin)까지 이어진다. 애팔래치안 트레일의 조지아 구간은 약 78마일이다.

애팔래치안 트레일 걷기는 보통 아미카롤라 폭포에서 시작하지만 여기가 공식 출발지점은 아니다. 진짜 트레일 시작점은 스프링어 마운틴 정상으로 해발 3782피트 높이의 블루리지 산맥의 일부다. 아미카롤라 폭포에서 스프링어 마운틴까지 가는 길은 애팔래치안 트레일이 아니라 '애팔래치안 어프로치 트레일(Appalachian Approach Trail)'이다.

스프링어 마운틴 시작점까지 가는 길은 여러 경로가 있다. 아미카롤라 폭포에서는 왕복 거리가 16마일이나 되어 당일로 다녀오기엔 무리다.

좀 더 쉽게 가는 방법은 달로네가를 거쳐 스프링어 마운틴 트레일헤드까지 차로 가서 올라가는 것이다. 그곳에선 남쪽으로 왕복 2마일 밖에 되지 않기 때문에 누구든 가볍게 애팔래치안 트레일을 맛볼 수 있다. 대신 트레일헤드 주차장까지 울퉁불퉁 꼬불꼬불 비포장 흙길을 1시간 정도 차로 올라가야 한다. 애팔래치안 트레일은 일정 거리마다 하얀색 표시가 되어 있다.

화이트 블레이즈(White Blazes)라 부르는 이 표시는 가로 5cm, 세로 15cm 크기로 나무나 바위 등 트레일 곳곳에 칠해져 있어 이 표시만 잘 따라가도 길 잃을 염려는 없다.

간혹 파란색 표시(Blue Blaze)가 된 샛길도 나오는데 이는 정식 트레일에서 벗어난 우회로이거나 셸터(Shelter), 혹은 물이 있는 샘터, 경치 좋은 전망대 등으로 잠시 빠지는 길에 붙어 있는 표시다.

트레일 중간중간엔 통나무 오두막집 셸터가 있다. 곰이 훔쳐 먹지 못하도록 음식을 지켜주는 철제 박스, 야외 화장실, 졸졸졸 개울이 흐르는 작은 샘터도 있는데, 장거리 하이커들이 하룻밤씩 묵을 수 있는 이런 셸터가 애팔래치안 트레일 전 구간에 260여개나 있다고 한다.

스프링어 마운틴 정상엔 애팔래치안 트레일 남쪽 종점(Southern Terminus)이라고 씌어 있는 동판이 있고, 조지아 애팔래치안 클럽에서 만들어 놓은 기념 동판도 있다.

▶ 주소 : Lookout Mountain Scenic Hwy, Hiawassee, GA 30546
▶ 웹사이트 : www.fs.usda.gov/recarea/conf/recarea/?recid=62815

(4) 소니마운틴 (Sawnee Mountain)

소니마운틴은 포사이스 카운티의 중심 도시 커밍(Cumming) 북쪽에 있는 산이다. 산이라는 이름은 붙었지만 뚜렷이 높은 봉우리 없이 5마일에 펼쳐져 있는 완만한 구릉에 가깝다.

가장 높은 곳이라 해봤자 해발 1946피트(593m)다. 그래도 애틀랜타 북쪽 근교에선 꽤 높은 축에 속한다. 케네소마운틴 (1808피트, 551m), 스톤마운틴 (1686피트, 513m)보다 높다.

풀턴카운티 존스크릭, 귀넷카운티 스와니에서 멀지 않아 한인들도 많이 찾는다. 이 일대 정식 이름은 소니마운틴 보존지구(The Sawnee Mountain Pre-serve)다.

963에이커에 달하는 자연 보호구역으로 포사이스 카운티가 애지중지 관리한다. 커밍을 중심으로 한 포사이스 카운티는 요즘 조지아에서 가장 뜨는 지역에 속한다.

소니(Sawnee)는 19세기 개척시대 백인 이주민들의 정착을 적극 도왔던 체로키 부족 지도자 이름이다. 소니마운틴 하이킹 코스는 크게 2개가 있다. 인디언 시트 트레일과 마운틴사이드 트레일이다.

인디언 시트 트레일(Indian Seats Trail)은 등산로가 잘 정비돼 있고 정상 전망이 탁월해 인기가 높다. 걸어 올라가는 높이(Elevation gain)는 500피트가 채 되지 않는다. 등산로 전체 길이는 3.5마일이 조금 넘고 1시간 30분 정도면 한 바퀴 돌아올 수 있다.

하이킹 출발점은 스팟로드에 위치한 방문자센터(4075 Spot Rd. Cumming, GA 30040)다. 정상 경치만 간단히 보고 내려오려면 방문자센터 대신 베티스 트리블 갭 로드(2500 Bettis Tribble Gap Rd. Cumming, GA 30040)쪽 주차장에 차를 대고 올라가면 된다.

또 다른 코스 하나는 마운틴사이드 트레일이다. 인디언 시트 트레일보다 조금 더 길고 경사도 살짝 있어 동네 산 치고는 제법 등산하는 맛을 느낄 수 있다. 이곳 출발점도 베티스 트리블 갭 로드(2505 Bettis Tribble Gap Rd. Cumming, GA 30040)에 있다.

등산로는 힐탑(1.4마일)−마운틴사이드(3.2마일)−리지라인(1마일)으로 이어지는 순환 루프로 한 바퀴 다 돌면 모두 5.6마일이다. 2시간 정도 걸으면 된다.

▶주소 : 4075 Spot Rd, Cumming, GA 30040

▶웹사이트 : www.alltrails.com/parks/us/georgia/sawnee-mountain-preserve

(5) 요나마운틴 (Yonah Mountain)

애틀랜타 한인들 많이 사는 동네 가까운 곳엔 높은 산이 별로 없다. 스톤마운틴이나 케네소마운틴이 그나마 조금 높지만 어디든 30분이면 정상에 닿는다. 산 오르기 좋아하는 사람은 뭔가 아쉬움이 남는다. 그럴 때 한 번 가봄직 한 산이 요나마운틴이다.

요나마운틴은 조지아 북부 소도시 클리블랜드와 헬렌 사이에 있다. 등산로 입구까지는 둘루스 H마트서 65마일(104km), 1시간 20분 정도 거리다. 해발 고도는 3166피트(965m). 주차장에서 정상까지 편도 2마일, 1시간 30분 정도 땀흘려 올라야 한다. 등반 고도(Elevation gain)는 1518피트(462m)다. 요나마운틴의 요나(Yonah)는 '곰'을 뜻하는 체로키 인디언 단어였다고 한다. 한인들은 보통 요나마운틴이라 부르지만 정식 이름은 마운트 요나(Mt. Yonah)다. 정상 부근엔 수직 절벽이 있어 조심해야 한다.

주차장서 요나마운틴 정상까지는 왕복 4.5마일, 2시간 반에서 3시간 정도면 다녀올 수 있다. 챔버스 로드(Chambers Rd.)에서 주차장까지 드나드는 길은 심히 울퉁불퉁한 비포장도로다. 주차장은 50~60대 정도 주차 공간이 있다. 입장료는 없다.

한인들은 보통 요나마운틴이라 부르지만 정식 이름은 마운트 요나(Mt. Yonah)다. 구글 지도 검색할 때 'Mt. Yonah Trailhead'라고 입력해야 한다.

▶주소 : GA-75, Cleveland, GA 30528
▶웹사이트 : www.alltrails.com/trail/us/georgia/mount-yonah-trail

(6) 탈룰라 협곡 (Tallulah Gorge State Park)

빼어난 계곡 경치와 전망, 하이킹 코스를 두루 갖춘, 조지아주에서 가장 붐비는 주립공원이다. 늦가을 조지아 최고의 단풍 명소로도 유명하다. 조지아 동북쪽 레이번카운티 초입, 탈룰라폴스(Tallulah Falls, GA)라는 동네에 있다. 협곡은 영어로 고지(Gorge)라고 하는데는 캐년(Canyon)과 비슷하지만 조금 뉘앙스가 다르다. 둘 다 협곡으로 번역되지만 고지는 캐년보다는 좁고 규모도 작다. 탈룰라 고지는 깊은 곳이 1000피트(300m)에 이른다. 바닥으로는 강이 흐른다. 수십만 년, 수백만 년 바위를 쓸고 깎아내며 협곡을 만들어 낸 탈룰라강(Tallulah River)이다.

탈룰라는 '튀어 오르는 물(leaping water)'이라는 뜻의 원주민 단어다. 이곳 댐은 1년에 몇 차례 수문을 열어 물을 흘려보낸다.

매년 4월, 첫 두 주 주말과 11월 첫 세 주 주말 동안이다. 이때는 전국에서 찾아오는 카약, 래프팅 애호가들로 문전성시를 이룬다.

제인 허트 얀 인터프리티브 센터(Jane Hurt Yarn Interpretive Center)라는 긴 이름의 방문자센터엔 협곡의 역사와 댐 건설 과정, 주립공원 내 야생 생태와 동식물 박제 등이 정성스럽게 전시되어 있다.

▶주소 : 338 Jane Hurt Yarn Rd, Tallulah Falls, GA 30573
▶웹사이트 : www.gastateparks.org/TallulahGorge

(7) 블랙락마운틴 (Black Rock Mountain)

조지아에서 가장 높은 곳에 있는 주립공원이다. 해발 높이는 3640피트(1109m)다. 산 전체가 주립공원인 이 곳은 조지아주 북동쪽 끝자락 레이번 카운티(Rabun County)에 있다.

레이번 카운티는 블루리지 산맥 자락의 전형적인 산악지대다. 4000피트(1200m)가 넘는 봉우리가 8개나 있고 3000~4000피트 봉우리도 60개가 넘는다. 블랙 락 마운틴이라는 이름은 정상 부근 흑운모(biotite) 바위 절벽의 검은 색에서 유래했다. 이 산이 조지아 명산이 된 이유, 첫째는 탁월한 전망이다. 방문자 센터에서 내려다보는 경치부터 장난이 아니다.

기념품 가게를 겸한 방문자 센터는 거의 산 정상 지점에 있다. 차로도 올라갈 수 있어 몇 걸음 걷지 않고도 멋진 풍광을 즐길 수 있다.

이 산이 동부 대륙 분기점(Eastern Continental Divide)이라는 것도 흥미롭다. 대륙 분기점이란 빗물 흘러가는 방향이 완전히 바뀌는 지점을 말한다. 이곳을 기준으로 동쪽에 내린 비는 버지니아나 캐롤라이나를 거쳐 대서양으로 흘러

가고, 서쪽에 내린 빗물은 서남쪽으로 흘러 멕시코만으로 들어간다.

방문자센터 앞으로 이어진 길을 따라 차로 조금 더 들어가면 분기점 팻말을 볼 수 있다. 그러나 뭐니 뭐니 해도 블랙 락 마운틴을 가장 유명하게 만든 것은 빼어난 하이킹 트레일이다. 대표적 하이킹 코스는 제임스 E. 에드먼드 트레일과 테네시 락 트레일 두 곳이다. 제임스 E. 에드먼드 트레일은 7.2마일 순환코스로 3시간 반~4시간 정도 길이다.

2.2마일 순환 트레일인 테네시 락 트레일(Tennessee Rock Trail)은 조지아에서 가장 아름다운 트레일로 꼽힌다. 넉넉잡아 1시간 반이면 한 바퀴 돌 수 있다. 좀 더 가볍게 걸을 수 있는 트레일도 몇 개 있다. 그 중 애다-하이 폭포(Ada-hi Falls)는 한 시간 안쪽으로 다녀올 수 있는 코스다. 블랙 락 호수(Black Rock Lake)를 한 바퀴 도는 코스도 있다. 둘루스 H마트 기준으로 약 90마일, 1시간 40분 정도 거리다.

▶ 주소 : 3085 Black Rock Mountain Parkway, Mountain City, GA 30562

▶ 웹사이트 : www.gastateparks.org/BlackRockMountain

(8) 클라우드랜드 캐년 (Cloudland Canyon State Park)

조지아 북서쪽 룩아웃마운틴 서쪽 끝에 위치해 있으며 조지아 주립공원 중 가장 크고 산세가 아름다운 곳으로 꼽힌다.

전체 면적이 3538 에이커에 이른다. 1000피트 깊이의 깊은 계곡과 사암 절벽, 자연 동굴, 폭포가 울창한 삼림과 어우러져 풍부한 야외 레저 스포츠의 최적지로 꼽힌다.

하이킹 코스는 오버룩 트레일(Overlook Trail)과 웨스트림 루프 트레일(West Rim Loop Trail), 워터폴스 트레일(Waterfalls Trail)이 인기다. 오버룩 트레일은 왕복 1마일 짧은 코스로 울창한 삼림과 험준한 계곡을 전망할 수 있다. 웨스트림 루프 트레일은 왕복 5마일 코스로 백페커 매거진(Backpacker Magazine) 선정 미국 최고 하이킹 코스 톱10에 들 정도로 전망과 경치가 좋다. 험준한 바위가 많다. 난이도는 중간 정도. 미 동부 최고 명산이라는 스모키마운틴의 축소판 같다는 의미에서 '리틀 스모키'라는 별명도 있다. 그만큼 가을 단풍 명소라는 말이다. 이왕 갔다면 체로키폭포와 헴락폭포도 놓치지 말아야 한다. 애틀랜타에서 75번 고속도로를 타고 올라가다 레사카(Resaca) 부근 320번 출구에서 빠져 GA-136번 West로 45마일, 1시간가량 가면 공원 입구가 나온다. 둘루스에서는 2시간 반 정도 걸린다.

▶ 주소 : 122 Cloudland Canyon Pk Rd., Rising Fawn, GA 30738 (Dade County)
▶ 웹사이트 : www.gastateparks.org/CloudlandCanyon

(9) 리틀 멀베리 파크 (Little Mulberry Park)

귀넷 카운티의 북동쪽 끝 대큘라(Dacula)와 어번(Auburn)에 걸쳐 있는 카운티 공원이다. 전체 크기가 892에이커에 이른다. 카운티공원으로는 귀넷카운티 두 번째다. 연못과 호수, 드넓게 펼쳐진 목초지와 울창한 숲, 잘 포장된 트레일이 자랑이다.

공원 출입구는 여러 곳인데 하이킹이 주 목적이라면 펜스로드 출입구(3855 Fence Road, Auburn)가 좋다. 귀넷카운티에서 제일 높은 지점인 목초지 정상까지 올라갔다가 계속해서 산속, 숲속 길을 걸을 수 있다. 중간 중간 개울과 계곡도 만난다.

호수를 구경하면서 가볍게 걷고 싶다면 호그 마운틴 로드 입구(3900 Hog Mountain Road, Dacula)로 들어가면 된다. 밀러 레이크를 중심으로 한 약 200에이커의 카리나 밀러 자연보호구역(Karina Miller Nature Preserve)을 산책할 수 있다. 그밖에 디스크 골프장용 출입구(3800 Hog Mountain, Dacula)와 승마용 트레일러 주차장을 겸한 승마장 입구(1300 Mineral Springs Road, Dacula)가 따로 있다.

▶주소 : 3800 Hog Mountain Rd, Dacula, GA 30019
▶웹사이트 : www.alltrails.com/trail/us/georgia/little-mulberry-trail

(10) 애틀랜타 벨트라인 (Atlanta BeltLine)

애틀랜타 벨트라인은 현재진행형인 초대형 도심 재개발 프로젝트다. 2006년 7월 착공했다. 최종 완공까지는 25년 정도가 걸릴 것으로 예상한다. 완공 후엔 전체 22마일의 도심 순환 트레일이 생긴다. 주변 연결망까지 합치면 33마일에 이른다. 이미 반 이상이 완공됐다.

벨트라인은 시멘트 포장 산책로다. 일부 트레일은 아직 비포장이지만 걸을 수는 있다. 걷기뿐 아니라 자전거, 보드도 탈 수 있고 유모차나 휠체어를 밀고 걸을 수도 있다. 주변 공원과 상가 식당 등과도 연결된다. 주변엔 아파트나 주택 등 새로운 주거 공간도 들어선다. 벨트라인에 접근하기 쉽도록 경전철, 노면전차 등의 교통 연결편도 함께 추진된다. 벨트라인 구간 중 가장 사람이 많이 찾는 곳은 동쪽 구간인 이스트사이드 트레일이다. 옛 철길과 주변 부지를 재개발한 이곳은 미드타운 피드몬트 공원 공원(Piedmont Park) 끝에서 레이널스타운(Reynoldstown)까지 이어지는 약 3마일 구간으로 한해 이곳을 걷는 사람만 200만 명에 이른다.

예쁜 카페, 멋진 식당, 쾌적한 오피스 빌딩 사이로 이어지는 트레일 곳곳엔 멋진 벽화와 설치 미술 작품이 있어 눈 호강도 할 수 있다. 애틀랜타의 센트럴파크라 불리는 피드몬트 공원이 있어 함께 구경하면 좋다. 길거리 주차도 가능하지만 처음 방문자라면 안전하고 편한 피드몬드 공영 주차장(1320 Monroe Drive, Atlanta, GA 30306)을 이용하는 것도 방법이다.

공원 입장료는 없고 주차비만 내면 된다. 도심 재개발 의 성공 모델로 평가받는 쇼핑 명소 폰스시티마켓(675 Ponce De Leon Ave NE, Atlanta, GA 30308)도 이스트 트레일에서 바로 들어갈 수 있다. ➊

▶주소 : 100 Peachtree Street NW Suite 2300, Atlanta, GA 30308

▶웹사이트 : www.beltline.org

4. 조지아 48개 주립공원

조지아 주에는 총 48개의 주립공원(State Park)이 있다. 주에서 관리하는 사적지(State Historic Site) 15개까지 합치면 모두 63개가 된다. 이 중 5개 주립공원은 2008년 경제 위기 이후 플로리다에 기반을 둔 민간 리조트 회사(Coral Hospitality)에 위탁해 운영하고 있다. 5개는 아미카롤라 폭포, 유니코이, 리틀 오크멀기(Little Ocmulgee), 조지아 베테런스, 조지 T. 배그비(George T. Bagby) 주립공원이다.

가장 오래된 조지아 주립공원은 1931년 조지아 주립공원 시스템 출범과 함께 지정된 인디언 스프링스 주립공원과 보겔 주립공원이다. 가장 최근에 지정된 곳은 돈 카터 주립공원이다. 애틀랜타 다운타운 기준으로 보면 스윗워터 크리크, 레드톱 마운틴, 채터후치 벤드 주립공원은 모두 30~40분 거리에 있다. 한인들이 많이 사는 귀넷카운티 기준으로 보면 돈 카터, 포트 야고, 하드 레이버 크리크, 클라우드 랜드 캐년, 아미카롤라 폭포 주립공원 등도 한 시간 전후 운전으로 충분히 갈 수 있다.

주립공원 대부분은 호수나 강을 끼고 있어 하이킹과 캠핑은 물론 보트 타기, 낚시 등 수상 레저를 즐길 수 있다. 남쪽 강변이나 해안가로 가면 골프, 카누, 카약, 나무타기, 야간 하이킹 등이 가능한 곳도 많다. 클라우드 랜드 캐년이나 레드톱 마운틴, 하이폴스, 포트 야고, 타갈루, 스윗워터 크리크 주립공원에서는 가구와 전기 시설을 갖춘 유르트에서 글램핑을 즐길 수 있다. 글램핑은 글래머(Glamour)와 캠핑(Camping)의 합성어로 캠핑 시설과 장비가 미리 갖추어져 있는 곳을 이용하는 '럭셔리 캠핑'을 말한다. 2023년 조지아 주립공원 입장료(주차비, 승용차 1대 기준)는 5달러이며, 1년간 무제한 입장이 가능한 연간 이용권은 40달러다. 조지아 주 천연자원국(Georgia Department of Natural Resources) 관할 주립공원 48개의 기본 특징을 소개한다. ➊

GEORGIA
DEPARTMENT OF NATURAL RESOURCES

STATE PARKS & HISTORIC SITES

● PARK   ○ PARK & LODGE   ▲ HISTORIC AREA

⬠ HISTORIC SITE   ■ PARTNER ATTRACTIO

1 GOLF COURSE   ⓘ INFORMATION CENT

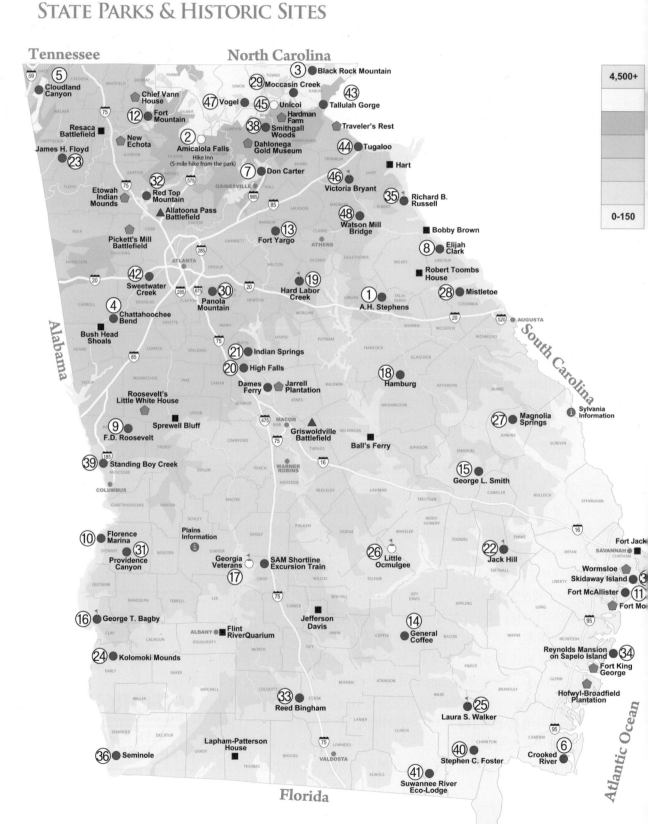

Tennessee

North Carolina

4,500+

0-150

(5) Cloudland Canyon

Chief Vann House

(47) Vogel

(29) Moccasin Creek

(3) Black Rock Mountain

(43) Tallulah Gorge

(45) Unicoi

(12) Fort Mountain

Resaca Battlefield

New Echota

(38) Smithgall Woods

Hardman Farm

Traveler's Rest

James H. Floyd

(2) Amicalola Falls
Hike Inn
(5-mile hike from the park)

Dahlonega Gold Museum

(44) Tugaloo

(23)

Etowah Indian Mounds

(32) Red Top Mountain

(7) Don Carter

(46) Victoria Bryant

Hart

(35) Richard B. Russell

Allatoona Pass Battlefield

GAINESVILLE

Pickett's Mill Battlefield

(13) Fort Yargo

(48) Watson Mill Bridge

Bobby Brown

ATHENS

(8) Elijah Clark

ATLANTA

(42) Sweetwater Creek

(30) Panola Mountain

(19) Hard Labor Creek

(1) A.H. Stephens

Robert Toombs House

(28) Mistletoe

(4) Chattahoochee Bend

Bush Head Shoals

AUGUSTA

South Carolina

(21) Indian Springs

(20) High Falls

Dames Ferry

Jarrell Plantation

(18) Hamburg

Sylvania Information

Roosevelt's Little White House

(27) Magnolia Springs

(9) F.D. Roosevelt

Sprewell Bluff

MACON

Griswoldville Battlefield

Ball's Ferry

(39) Standing Boy Creek

WARNER ROBINS

COLUMBUS

(15) George L. Smith

(10) Florence Marina

Plains Information

(31) Providence Canyon

Georgia Veterans

(17)

SAM Shortline Excursion Train

(26) Little Ocmulgee

(22) Jack Hill

Fort Jack

SAVANNAH

Wormsloe

Skidaway Island

Fort McAllister

(11)

Fort Mo

(16) George T. Bagby

Jefferson Davis

(14) General Coffee

Flint RiverQuarium

ALBANY

(24) Kolomoki Mounds

Reynolds Mansion on Sapelo Island

(34)

Fort King George

Hofwyl-Broadfield Plantation

(33) Reed Bingham

Lapham-Patterson House

(25) Laura S. Walker

(36) Seminole

VALDOSTA

(40) Stephen C. Foster

(6) Crooked River

(41) Suwannee River Eco-Lodge

Atlantic Ocean

Florida

Alabama

1. A.H. Stephens State Park

1,177 / 456 Alexander Street NW, Crawfordvill, GA 30631 (Taliaferro County) / 어거스타 서쪽에 있다. 남북전쟁 당시 남부연합 부통령이자 조지아 주지사의 이름을 딴 공원이다. 조지아에서 가장 훌륭한 남북전쟁 유물 컬렉션으로 유명한 남부연합 박물관이 있다.

2. Amicalola Falls State Park & Lodge *

829 / 418 Amicalola Falls Road Dawsonville, GA 30534 (Dawson County) / 미시시피강 동쪽에서 가장 높은 폭포인 아미카롤라폭포를 중심으로 한 주립공원이다. 애팔래치안 트레일 남쪽 종점인 스프링어 마운틴까지 이어지는 8.5마일 트레일이 유명하다.

3. Black Rock Mountain State Park *

1,743 / 3085 Black Rock Mountain Pkwy, Mountain City, GA 30562 (Rabun County) / 조지아에서 가장 높은 곳에 있는 주립공원이다. 블루리지 산맥에서 전망이 가장 뛰어나다.

4. Chattahoochee Bend State Park *

2,910 / 425 Bobwhite Way, Newnan, GA 30263 (Coweta County) / 조지아의 젖줄인 채터후치 강변의 대표적 주립공원이다. 숲과 강이 어우러진 하이킹 코스로 유명하다.

5. Cloudland Canyon State Park *

3,488 / 122 Cloudland Canyon Park Rd. Rising Fawn, GA 30738 (Dade County) / 조지아 북서쪽 끝, 룩아웃 마운틴 서쪽 깊은 협곡 위에 있다. 울창한 숲을 가로지르는 트레일과 폭포 경치가 빼어나다. 산악자전거 애호가를 위한 30마일 트레일이 최근 개장했다.

6. Crooked River State Park

500 / 6222 Charlie Smith Senior Highway, St. Marys, GA 31558 (Camden County) / 조지아 최남단 플로리다 접경 바닷가에 있다. 해안 생태계를 살필 수 있으며, 낚시도 인기다. 한적한 해변과 야생마로 유명한 컴벌랜드 아일랜드 국립해안(Cumberland Island National Sea - shore)으로 가는 페리 선착장이 가깝다.

7. Don Carter State Park *

1,316 / 5000 North Browning Bridge Rd. Gainesville, GA 30506 (Hall County) / 애틀랜타의 상수원이자 올림픽 조정 경기가 열렸던 38,000에이커 크기의 래니어 호수(Lake Lanier)에 있는 유일한 주립공원이다.

8. Elijah Clark State Park

447 / 2959 McCormick Hwy, Lincolnton, GA

30817 (Lincoln County) / 어거스타 북쪽, 사우스캐롤라이나와 경계를 이루는 미국 남동부에서 가장 큰 호수인 71,100에이커의 클락스 힐 호수(Clarks Hill Lake)가 서쪽에 있다. 일라이자 크라크(Elijah Clark)는 독립전쟁 때 활약한 조지아 전쟁 영웅이다. 이 공원에는 1780년대 그의 통나무집과 그의 아내 무덤이 있다.

9. F.D. Roosevelt State Park *

9,049 / 2970 Georgia Hwy 190, Pine Mountain, GA 31822 (Harris County) / 조지아 남쪽 파운틴 마운틴 산자락에 있는 조지아 최대 주립공원이다. 소아마비를 앓은 FD 루스벨트 대통령이 이 지역 온천에서 요양했으며, 그가 머물던 집인 '리틀 화이트 하우스'는 주립 사적지(Little White House State Historic Site)로 지정돼 있다.

10. Florence Marina State Park

173 / 218 Florence Rd. Omaha, GA 31821 (Stewart County) / 앨라배마 접경 채터후치 강과 월터F. 조지 호수가 만나는 지역에 있다. 탐조 여행의 명소이며 캠핑장으로도 유명하다. 조지아의 리틀 그랜드캐년으로 불리는 프로비던스 캐년 주립공원이 8마일 거리에 있다.(프로비던스 캐년 참고)

11. Fort McAllister State Park

1,725 / 3894 Fort McAllister Rd. Richmond Hill, GA 31324 (Bryan County) / 사바나 남쪽 I-95 고속도로 근처, 오기치 강(Ogeechee River) 유역에 있다.

남북전쟁 당시 남부연합의 요새의 모습을 볼 수 있다.

12. Fort Mountain State Park *

3,712 / 181 Fort Mountain Park Rd. Chatsworth, GA 30705 (Murray County) / 60마일에 이르는 하이킹 코스와 유서 깊은 소방탑이 있다. 명확한 기원이 알려지지 않은 855피트 길이의 신비한 돌벽도 있다. 빼어난 전망도 자랑거리다.

13. Fort Yargo State Park *

1,816 / 210 South Broad St. Winder, GA 30680 (Barrow County) / 둘루스, 스와니 등 한인 밀집 지역에서 비교적 가깝다. 물놀이, 하이킹 등이 가능하고 한인들 모임 장소로도 인기다. 18~19세기 정착민들의 교역 중심지였다. 1793년에 지은 통나무 벽돌집이 유명하다.

14. General Coffee State Park

1,511 / 46 John Coffee Rd. Nicholls, GA 31554 (Coffee County) / 남부 조지아의 전통 통나무집, 헛

간 등 농장 분위기를 엿볼 수 있다. 19세기 초 연방하원의원이자 원주민 부족과의 전쟁 당시 유명 지휘관이었던 존 커피(1772~1833) 장군의 이름을 따서 명명됐다. 조지아 외에도 앨리배마, 테네시에도 그의 이름에서 유래된 커피 카운티가 있다.

15. George L. Smith State Park

1,634 / 371 George L. Smith State Park Rd. Twin City, GA 30471 (Emanuel County) / 조지아 남동부에 있는 호수를 낀 공원이다. 카누나 패들 보트를 타고 이끼 덮인 사이프러스 나무 아래를 탐험하는 재미가 탁월하다. 왜가리, 따오기 등의 조류를 볼 수 있고 1880년에 건설된 제분소, 제재소와 지붕 덮인 다리도 사진을 찍으면 예쁘다.

16. George T. Bagby State Park

770 / 330 Bagby Pkwy. Fort Gaines, GA 39851 (Clay County) / 조지아 남서부 앨라배마 접경의 월터 F. 조지 호수(Lake Walter F. George = Lake Eufaula) 기슭에 있다. 수상 레저를 즐길 수 있고 메기나 배스 낚시가 유명하다.

17. Georgia Veterans State Park

1,308 / 2459-H US Hwy. 280 West, Cordele, GA 31015 (Crisp County) / 참전 용사를 기리기 위해 1946년 만들어졌다. 조지아 남쪽 I-75 인근 그림 같은 블랙시어 호수(Lake Blackshear)에 있다. 골프, 낚시, 보트 타기 등을 즐길 수 있다. 민간 업체(Coral Hospitality)에 위탁, 운영하는 5개 조지아 주립공원 중 하나다.

18. Hamburg State Park

741 / 6071 Hamburg State Park Rd. Mitchell, GA 30820 (Washington County) / 조지아 동쪽 어거스타 못미쳐 I-20 남쪽에 있다. 조지아 시골 분위기를 느낄 수 있으며, 1920년대 수력을 이용한 제분소가 남아 있다.

19. Hard Labor Creek State Park

5,804 / 5 Hard Labor Creek Rd. Rutledge, GA 30663 (Morgan County) / 코빙턴과 매디슨 중간 I-20 인근에 있다. 골프, 승마로 유명하다. 노예나 아메리칸 인디언 들이 건너기 힘든 개울이라는 데서 유래된 하드 레이버 크리크는 연방 사적지(the National Register of Historic Places)로 지정돼 있다.

20. High Falls State Park

1,050 / 76 High Falls Park Drive, Jackson, GA 30233 (Monroe County) / 애틀랜타 남쪽, 메이컨 북서쪽 I-75 고속도로 인근에 있다. 하이폴스는 토월리가 강(Towaliga River)에서 떨어지는 계단식 폭포 이름이다. 동남쪽으로 30분 거리에 하이폴스 주립공원이 관할하는 Dames Ferry Campground(9546 GA Hwy 87, Juliette, GA 31046)가 있다. Ocmulgee 강 인근 줄리엣 호수(Lake Juliette)를 낀 이곳은 멋진 호안 경치와 낚시터로 유명하다. 근처에 영화 '프라이드 그린 토마토'로 유명해진 작은 마을 줄리엣이 있다.

21. Indian Springs State Park

528 / 678 Lake Clark Rd. Flovilla, GA 30216

(Butts County) / 1825년부터 운영된 미국에서 가장 오래된 공원이다. 유황 냄새 가득한 온천은 미네랄이 풍부해 옛 원주민들도 치유력이 있다고 믿었다.

22. Jack Hill State Park

662 / 162 Park Lane Reidsville, GA 30453 (Tattnall County) / 조지아 남동부 시골 마을에 있는 휴양지다. 유명한 Brazell's Creek 골프장이 있고, 자전거나 낚시, 보트를 즐길 수 있다. Gordonia-Alatamaha 주립공원 이었으나 2020년에 지역 사회를 위해 많은 일을 한 잭힐 조지아 상원의원을 기려 이름을 바꿨다.

23. James H. 'Sloppy' Floyd State Park *

561 / 2800 Sloppy Floyd Lake Rd. Summerville, GA 30747 (Chattooga County) / 조지아 북서부 앨라배마 접경 채터후치 국유림 속의 조용한 공원이다. 2개의 호수를 끼고 있으며, 작은 폭포와 주변 트레일이 예쁘다. 공원 이름은 1953~74년 기간 동안 조지아 하원의원을 지낸 사람 이름 을 따서 지었다.

24. Kolomoki Mounds State Park

1,293 / 205 Indian Mounds Rd. Blakely, GA 39823 (Early County) / 조지아 남서부 앨라배마 접경 근처에 있다. 4~8세기 거주했던 아메리칸 인디언 유적과 고분이 남아 있다.

25. Laura S. Walker State Park

626 / 5653 Laura Walker Rd. Waycross, GA 31503 (Ware County) / 여성 이름을 딴 최초의 주립공원이다. 조지아 동남부 플로리다 가까운 Okefenokee 습지 북쪽 가장자리 근처에 있다. 공원 이름인 로라 워커는 자연보호를 위해 애쓴 작가이자 교사, 박물학자였다.

26. Little Ocmulgee State Park & Lodge

1,360 / 80 Live Oak Trail, McRae-Helena, GA 31037 / 메이컨과 사바나 중간 I-16 고속도로 아래쪽에 있다. 오크멀기 강을 끼고 있는 조용한 주립공원으로 늪지대 동식물을 볼 수 있다. 민간 위탁으로 운영되어 숙박과 골프, 웨딩 등 레저 및 편의 시설이 잘 구비되어 있다.

27. Magnolia Springs State Park

1,070 / 1053 Magnolia Springs Dr. Millen, GA 30442 (Jenkins County) / 오거스타 남쪽 있는 주립공원으로 매일 700만 갤런의 물이 솟아나는 샘으로 유명하다. 악어, 거북 등 습지 야생 동식물의 서식지다. 남북전쟁 당시 세계 최대 감옥이었던 캠프 로턴 (Camp Lawton)의 흔적이 남아 있다.

28. Mistletoe State Park

1,920 / 3725 Mistletoe Rd. Appling, GA 30802 (Columbia County) / 사우스 캐롤라이나와 경계를 이루는 동남부 최대 호수인 클락스 힐 호숫가에 있다. 오거스타 북쪽이며 미국 최고의 배스 낚시 명소다. 별탐사 이벤트나 콘서트, 자연 산책과 같은 많은 프로그램이 연중 개최된다.

29. Moccasin Creek State Park

32 / 3655 Hwy 197, Clarkesville, GA 30523 (Habersham County) / 채터후치 국유림 내 버턴 호수(Lake Burton) 연안에 있다. 다양한 수상 스포츠와 송어 낚시, 하이킹을 즐길 수 있다.

30. Panola Mountain State Park

1,635 / 2620 Hwy 155 SW. Stockbridge, GA 30281 (Henry & Rockdale Counties) / 애틀랜타 도심에서 15분 남짓 남쪽에 있다. 스톤마운틴과 같은 형식의 화강암이 노출되어 있으며 암반 위의 희귀 생태계를 구경할 수 있다. 인근 아라비아 마운틴과 함께 국립 유산지구(National Heritage Areas)로 지정돼 있으며, 국립 자연 랜드마크(National Natural Landmark)이기도 하다. (본문 중 아라비아 마운틴 참고)

31. Providence Canyon State Park *

1,003 / 8930 Canyon Rd. Lumpkin, GA 31815 (Stewart County) / 조지아의 '리틀 그랜드캐넌'으로 불린다. 조지아 남서부, 콜럼버스 남쪽에 있다. 다양

한 지층의 협곡 전망을 즐길 수 있다. 인근에 플로렌스 마리나 주립공원도 있다.

32. Red Top Mountain State Park *

1,776 / 50 Lodge Rd. SE, Acworth, GA 30102 (Bartow County) / 마리에타에서 I-75 따라 조금 더 올라가면 나온다. 앨라투나(Allatoona) 호수를 끼고 있다. 호안을 따라 이어진 트레일이 훌륭하고 자전거 타기도 좋다.

33. Reed Bingham State Park

1,613 / 542 Reed Bingham Rd. Adel, GA 31620 (Cook County) / 조지아 남쪽 I-75 6마일 거리에 있다. 플로리다 주 경계와도 가깝다. 악어, 거북, 뱀, 검독수리 등 중요한 야생동물 서식지이며 낚시, 카누, 카약, 보트 탐험 등을 즐길 수 있다.

34. Reynold's Mansion on Sapelo Island

6,110 / Sapelo Island Visitor Center 주소 : Route 1, Box 1500, Darien, GA 31305 (McIntosh County), 페리 타는 곳 주소 : 1766 Landing Rd, Sapelo Island, GA 31327 / 사필로 아일랜드는 사바나 남쪽 대서양 연안의 섬으로 조지아에서 네 번째로 큰 사구로 된 섬이다. 해안 생태계가 잘 보존돼 있다. 페리를 타고 들어가야 한다. 캠핑장도 있고 1820년대 등대가 있다. 레이널즈 맨션은 200년 된 저택으로 25명까지 숙박할 수 있다. 사전 예약(Tel. 912-485-2299) 필수.

35. Richard B. Russell State Park

2,508 / 2650 Russell State Park Dr. Elberton, GA

30635 (Elbert County) / 애슨스(Athens) 동쪽 사우스캐롤라이나 접경 사바나 강가에 있다. 낚시, 보트타기, 골프장이 훌륭하고 디스크 골프 시설이 탁월하다.

36. Seminole State Park 604 / 7870 State Park Dr. Donalsonville, GA 39845 (Seminole County) / 조지아 남서쪽 끝 플로리다와 접경을 이루는 세미놀 호숫가에 있다. 탐조, 낚시, 수상 레저를 즐길 수 있고 악어, 물수리, 거북 등 야생동물도 많다. 오리와 사슴 사냥터도 인근에 있다.

37. Skidaway Island State Park

588 / 52 Diamond Causeway, Savannah, GA 31411 (Chatham County) / 조지아 남쪽 사바나 도심 남쪽 가까이 있다. 해안 산책 및 전망이 좋고 캠핑 시설도 훌륭하다. 유명한 휴양지 타이비 섬(Tybee Island)도 한 시간 이내에 있다.

38. Smithgall Woods State Park *

5,664 / 61 Tsalaki Trail, Helen, GA 30545 (White County) / 조지아 북부 휴양도시 헬렌 인근에 있다. 공원 내 듀크 크릭(Dukes Creek)을 따라 이어지는 트레일과 폭포가 훌륭하다. 최고의 송어 낚시터로도 유명하다.

39. Standing Boy Creek State Park

1,580 / 1701 Old River Rd. Columbus, GA 31904 (Muscogee County) / 조지아 주 남서부 도시 콜럼버스 바로 북쪽에 있다. 야생동물 관찰과 사슴, 칠면조, 물새 등의 사냥터로 유명하다.

40. Stephen C. Foster State Park

120 / 17515 Hwy 177, Fargo, GA 31631 (Charlton County) / 조지아 남쪽 플로리다 잭슨빌 가는 길목에 있다. 조지아의 7대 자연 경관 중 하나인 Okefenokee 습지로 가는 관문이다. 악어와 곰, 여우, 올빼미, 개구리, 황새, 따오기 등의 야생동물 서식지가 있다. 밤하늘 별보기에 좋은 공원으로도 국제적 명성을 얻고 있다. 국립 야생 보호구역(National Wildlife Refuge) 내에 있어 오후 10시에 폐쇄된다.

41. Suwannee River Eco-Lodge

위에서 언급한 Stephen C. Foster 주립공원에서 18마일 거리에 있으며 관리도 같이 한다. 아름다운 오키페노키 습지(Okefenokee Swamp)와 스와니 강(Suwannee River) 근처에 있으며 10개의 렌탈 오두막집과 회의실 등의 시설을 갖췄다. 이벤트 모임이나 비즈니스 회의 장소로 특별한 경험을 누릴 수 있다. 에코 라지 전화 912-637-5274, 예약 전화 800-864-7275.

42. Sweetwater Creek State Park *

2,549 / 1750 Mount Vernon Rd. Lithia Springs, GA 30122 (Douglas County) / 애틀랜타에서 가장 가까운 주립공원이다. 급류가 흐르는 개울 따라 남북전쟁 당시 불탄 방직공장 잔해가 있다. 방문자센터 전시도 훌륭하다.

43. Tallulah Gorge State Park *

2,739 / 338 Jane Hurt Yam Rd. Tallulah Falls, GA 30573 / 조지아의 북동쪽 끝에 있는, 미 동부에서 가

장 아름다운 협곡이다. 길이는 2마일, 깊이는 1,000 피트에 이르며, 폭포, 급류, 트레일 등이 유명하다. 협곡 사이를 잇는 출렁다리도 명물이다.

44. Tugaloo State Park

393 / 1763 Tugaloo State Park Rd. Lavonia, GA 30553 (Franklin County) / I-85 고속도로 북쪽, 사우스캐롤라이나 접경을 이루고 있는 하트웰 호수 (Lake Hartwell)를 끼고 있는 주립공원이다. 다양한 수상 레저를 즐길 수 있다. '투갈루(Tugaloo)'라는 이름은 하트 웰 댐이 건설되기 전 이곳에 흐르던 강의 원주민 이름이다.

45. Unicoi State Park & Lodge *

1,050 / 1788 GA-356, Helen, GA 30545(White County) / 헬렌 북동쪽 2마일 거리의 산악 휴양지다. 채터후치 국유림 내 유니코이 호수를 중심으로 하이킹 트레일이 있고, 유명한 애나 루비 폭포(Anna Ruby Falls)도 인접해 있다. 민간 위탁 공원으로 캠핑, 뱃놀이, 집라인, 양궁, 낚시 등 다양한 레저 활동을 즐길 수 있다.

46. Victoria Bryant State Park

502 / 1105 Bryant Park Rd. Royston, GA 30662 (Franklin County) / I-85 고속도로 남쪽, 사우스캐롤라이나 넘어가기 전에 있는 주립공원이다. 골프장을 끼고 있으며 공원 안을 흐르는 라이스 크리크 (Rice Creek) 따라 피크닉, 하이킹, 낚시 등을 즐길 수 있다.

47. Vogel State Park

233 / 405 Vogel State Park Rd. Blairsville, GA 30512 (Union County) / 1931년에 주립공원으로 지정된, 조지아에서 두번째로 오래된 주립공원이다. 애팔래치안 트레일에서 가장 높은 산인 블러드 마운틴(Blood Mountain) 기슭에 있다. 조지아 최고봉 브래스타운볼드(Brasstown Bald)도 가깝다.

48. Watson Mill Bridge State Park *

1,118 / 650 Watson Mill Rd. Comer, GA 30629 (Madison County) / 애슨스(Athens) 동쪽, 사우스 포크 강(South Fork River) 유역에 있다. 조지아 주에서 가장 긴 지붕 다리(229피트, 1895년 완공)가 명물이다. 한때 조지아에는 200개 이상의 지붕 있는 다리가 있었지만, 지금은 20개가 채 안 된다

5. 연방정부 관할 공원·명소

조지아주에는 주립공원, 카운티공원, 시립공원 등 수많은 공원이 있지만 연방 정부에서 관리하는 공원도 많다. 연방공원국(NPS)이 관장하는 곳은 모두 국립 또는 연방(National)이라는 말이 앞에 붙는다. 현재 연방공원국 산하에 있는 전국 공원은 460개가 넘는다. 이들은 크게 자연지역과 역사유적지, 레크레이션 지역 등으로 크게 나뉜다. 자연지역은 규모나 중요도, 관심도 등에 따라 국립공원(National park), 준국립공원(National Monument), 국립보존지(National Preserve), 국립해안(National Seashore), 국립트레일(National Trail) 등으로 구분된다. 역사유적은 연방사적지(National Historic Site)와 국립역사공원(National Historical Park), 국립전장(National Battlefield), 국립기념물(National Memorial) 등이 있다. 그밖에 국립휴양지(National Recreational Area)가 있다.

2024년 현재 미국의 국립공원은 모두 63개다. 준국립공원은 84곳, 국립역사공원은 63개다. 연방사적지는 74개이며 국립 전장은 11곳, 국립전쟁공원도 4개다. 국립휴양지는 18곳이 있다. 조지아주에는 국립공원은 하나도 없다. 그래도 준국립공원, 국립역사공원, 국립휴양지등 국립이 붙은 곳은 제법 있다. 아래에 대략적인 정보를 소개한다. 조지아 주민이라면 모두 한번쯤 가볼 만한 곳이다. 좀 더 자세한 정보는 연방공원국 웹사이트(https://www.nps.gov/state/ga/index.htm) 참고하면 된다.

(1) 준국립공원 (National Monument)

■ 포트 풀라스키 (Fort Pulaski)
조지아 남단 항구도시 사바나 근교, 휴양지 타이비 아일랜드로 건너가는 길목에 있다. 식민지 시대 초기부터 150년 이상 사바나강 하구를 지키던 요새로 대포와 성벽, 남북전쟁 당시의 전황이 잘 전시되어 있다. 이곳은 과거 전쟁 장비로는 어느 누구도 뚫을 수 없는 견고한 요새였지만, 남북전쟁 때는 북군이 이곳을 포위, 강선 대포를 이용한 원거리 함포사격으로 함락시킴으로서 전쟁사를 새로 쓰게 됐다.

▶주소 : 101 Fort Pulaski Rd. Savannah, GA 31410

■ 포트 프레데리카 (Fort Frederica)
대서양 연안의 조지아주 대표적 휴양지 제킬 아일랜드와 씨아일랜드 근처에 있다. 영국이 북미 대륙 식민지 막바지 개척 시기였던 1742년 세인트시몬스 섬 이곳 요새에 진을 친 영국군이 스페인군을 격파함으로 조지아주를 13번째 식민지로 결정지었다.

▶주소 : 6515 Frederica Rd.St. Simons Island, GA 31522

(2) 국립역사공원 (National Historical Park)

■ 마틴 루터 킹 목사 생가·묘소

미국 민권 운동의 상징이자 인종 화합의 기수였던 마틴 루터 킹 목사가 태어난 생가와 사후 유해가 안치된 묘소가 있는 곳이다. 킹 목사의 기념관 외에 그가 생전에 목회했던 에벤에셀 침례교회도 바로 인근에 있다. 매년 100만 명 이상이 찾는 애틀랜타 시내의 중요한 관광 명소다.

▶주소 : 450 Auburn Ave NE, Atlanta, GA 30312

■ 지미 카터 고향 플레인스

애틀랜타에서 2시간 반쯤 떨어진 조지아 서남부 시골 마을이다. 애틀랜타에 있는 카터 기념관이 대통령으로서 백악관 재임 시절에 관한 기록들이 전시돼 있는 데 비해 이곳은 그 이전과 이후의 삶을 엿볼 수 있는 곳이다. 카터 전 대통령이 어린 시절을 보냈던 옛집과 농장, 카터 부부가 졸업한 플레인스고등학교, 대통령 후보 당시 선거운동 본부로 사용된 철로 옆 플레인스 디포 건물, 그리고 현재 대통령 부부와 가족이 사는 집과 향후 묻힐 묘지 등을 볼 수 있다.

▶플레인스고등학교 주소 : 300 N Bond St. Plains, GA 31780
▶플레인스 디포 주소 : 107 Main St. Plains, GA 31780
▶유년 시절 집과 농장 주소 : 402 Old Plains Hwy. Plains, GA 31780

■ 오크멀기 마운드 (Ocmulgee Mounds)

조지아주의 정중앙 메이컨 시에 있다. 다운타운에서 5분 정도 거리. 오크멀기 마운드는 오랫동안 이 지역에 살았던 원주민 유적지다. 마운드란 봉분처럼 봉긋 솟은 흙더미를 말한다. 현재 확인된 마운드는 크고 작은 것 합쳐 모두 8개다. 19세기 초 메이컨-사바나를 연결하는 철도가 통과하면서 마구잡이로 파헤쳐지고 방치됐다가 1934년부터 연방 차원의 보호 구역이 됐다.

▶주소 : 1207 Emery Hwy. Macon GA 31217

(3) 연방사적지 (National Historic Site)

■ 앤더슨빌 (Andersonville)

남북전쟁 때의 격전지로 참전했던 병사들의 묘지로 거의 13,000명이 이곳에 잠들어 있다. 현재 국립묘지로 남북전쟁 이후에도 퇴역 군인들이 계속해서 묻히고 있다. 또 국립전쟁포로 박물관(National Prisoner of War Museum)도 함께 있다. 이곳은 남북전쟁 당시 북군 포로들을 수용했던 남부연합 최대의 포로수용소였다. 남북전쟁 말기 14개월 동안 운영되었는데 4만5000여명의 북군 포로들이 이곳에 수용됐다고 한다. 지금은 국내외 전쟁에 참전했던 모든 미국 전쟁 포로를 기리고 있다. 조지아주 남부 도시 아메리커스(Americus)에서 북쪽으로 약 12마일 거리에 있다.

▶주소 : 760 POW Rd., Andersonville, GA 31711

(4) 국립휴양지 (National Recreation Area)

■ 채터후치강 (Chattahoochee River)

채터후치강은 조지아에서 가장 긴 강이다. 북쪽 애팔래치안 산맥 기슭에서 발원하여 애틀랜타를 지나 앨라배마주와 경계를 이루며 멕시코만까지 흘러간다. 애틀랜타 도심 주변 강을 따라 잘 조성된 공원은 하이킹, 뱃놀이, 낚시 등 조지아 주민들의 휴식처가 되고 있다. 접근할 수 있는 지역이 많지만 방문자센터, 관리본부 등 핵심 시설이 있있는 곳은 샌디스프링스 아일랜드 포드 지역이다.

▶주소 : 8800 Roberts Dr., Sandy Springs, GA 30350

(5) 국립전장공원 (National Battlefield Park)

■ 케네소 마운틴 (Kennesaw Mountain)

남북전쟁 막바지였던 1864년 6월 19일부터 7월 4일까지 남군과 북군의 사활을 건 전투가 벌어진 곳이다. 당시 이곳에서 북군은 사망 1800명을 포함해 3000여명의 사상자를 냈다. 남군도 전사자 800명을 합쳐 1000여명이 죽거나 다쳤다. 케네소 마운틴 전투 두 달여 뒤인 9월 2일 애틀랜타는 북군에 의해 함락됐다. 산허리부터 산 정상까지 산재해 있는 대포들이 당시 처절했던 전투 상황을 말해준다. 방문자센터에서 멀지 않은 곳엔 남북전쟁 참전 조지아 군인 위령탑도 있다. 1935년부터 국립 전장 공원이 됐다. 총면적은 2965 에이커.

▶주소 : 900 Kennesaw Mountain Dr, Kennesaw, GA 30152

(6) 국립 군사공원 (National Military Park)

■ 치카마우가 & 채터누가 (Chickamauga & Chattanooga)

남북전쟁 당시 최대 격전지 중의 하나로 테네시주 남단 도시 채터누가와 인접한 조지아주 최북단에 있다. 이곳은 북군 입장에선 남부의 핵심지역(Deep South) 공략을 위한 관문이었고 남부 연합군 입장에선 절대 잃어선 안될 군사 요충지였다. 남군은 1863년 9월 이 지역 룩아웃 마운틴 치카마우가 전투에서 승리했지만, 얼마 뒤 11월 채터누가에서 재개된 전투에선 북군이 대승을 거두고 도시를 장악했다. 당시 치열했던 전투의 흔적을 살필 수 있다.

▶주소 : 3370 LaFayette Rd, Fort Oglethorpe, GA 30742

(7) 국립해안 (National Seashore)

■ 컴벌랜드 아일랜드 (Cumberland Island)

조지아주 최남단에 있는 섬이자 조지아 최대의 섬이다. 배를 타고 들어가지만 배 놓치면 나올 수 없는 섬, 거북이 알을 낳고, 야생마가 돌아다닌다는, 극히 일부 사람들에게만 알려진 조지아의 숨은 보석이다. 일종의 삼각주(delta)이자 사구(砂丘)로 숲과 모래, 습지와 자연이 야생 상태 그대로 남아 있다. 조지아 동남쪽 땅끝마을 세인트 메리스(St. Marys)에서 이 섬을 오가는 연락선이 하루 두 번 있다. 원주민과 선교사, 노예로 팔려온 흑인, 부유한 백인 사업가들의 이야기도 곳곳에 배어 있다.

▶ 방문자센터 및 정기 페리 선착장 주소 : 113 St. Marys St W, St. Marys, GA 31558

(8) 국립 경관 트레일 (National Scenic Trail)

■ 애팔래치안 트레일 (Appalachian Trail)

미국의 3대 장거리 하이킹 트레일 중 하나다. 1921년 입안되고 1937년에 완성됐다. 총길이 2190마일. 조지아에서 출발해 노스캐롤라이나, 테네시, 버지니아, 웨스트버지니아, 펜실베이니아, 뉴저지, 코네티컷, 매사추세츠, 버몬트, 뉴햄프셔를 지나 미국 최북단 메인주 마운트 캐터딘(Mount Catahdin)까지 이어진다. 조지아 구간은 약 78마일이다. 트레일이 시작되는 스프링어 마운틴 정상은 해발 3782피트로 블루리지 산맥의 일부다. 연방공원국 외에도 연방 산림청, 애팔래치안 트레일 보존협회 등 주요 기관과 수많은 자원봉사자들이 관리하고 있다. 남쪽 시작점이자 북에서 내려온 마지막 종점은 스프링어 마운틴(Springer Mountain)이지만 실질적인 출발점은 애팔래치안 트레일 기념물이 전시돼 있는 아미카롤라 폭포 방문자센터 부근이다.

▶ 아미카롤라 폭포 방문자센터 :

418 Amicalola Falls State Park Rd, Dawsonville, GA 30534

(9) 국립 역사 트레일 (National Historic Trail)

■ 눈물의 길 (Trail Of Tears)

조지아 북부 지역 대부분은 원래 원주민인 체로키 부족의 땅이었다. 이들은 조지아 북부를 중심으로 주변 테네시, 앨라배마, 노스&사우스 캐롤라이나에 광범위하게 퍼져 살았다. 하지만 1830년 7대 앤드루 잭슨 대통령 때 제정된 '인디언 이주법(Indian Removal Act)'에 따라 이들은 강제이주를 해야만 했다. 당시 동남부 일대에는 체로키 외에도 촉토(Choctaw), 세미놀(Seminole), 크리크(Creek), 치카소(Chicksaw) 부족도 있었다. 이들 원주민 6만여 명은 대대로 살던 땅에서 쫓겨나 멀리 오클라호마 '인디언 보호구역'으로 옮겨졌다. 당시 체로키 부족은 1838년에서 1839년에 걸친 4개월여 동안 1만7000명이 넘는 인원이 1만 2000마일의 거리를 걸어서 이동했다. 그 과정에서 질병과 추위, 굶주림으로 4000명 이상이 목숨을 잃었다. 그들이 걸어간 길은 지금 '눈물의 길(Trail of Tears)'이라고 해서 조지아, 앨라배마, 테네시 주 곳곳에 남아있으며 연방 정부차원에서 관리되고 있다.

▶ Fort Buffington 주소 : 4589 Cumming Hwy, Canton, GA 30115
▶ Green Meadows 주소 : 3780 Dallas Hwy, Marietta, GA 30064
▶ Cave Spring 주소 : 24 Broad St, Cave Spring, GA 30124

6. 한인 선호 퍼블릭 골프장

조지아에는 모두 437개의 골프코스가 있다 그중 퍼블릭 코스가 215개, 프라이빗 코스는 160개, 나머지 62개는 시립골프장이다. 한인들이 많이 사는 애틀랜타 이북에도 싸고 편리하게 골프를 즐길 수 있는 퍼블릭 코스가 150여 군데나 있다. 한인들이 즐겨 찾는 퍼블릭 골프장 몇 곳을 소개한다. ↻

■ 세인트 말로 컨트리 클럽 (St. Marlo Country Club)

맥기니스 페리 로드와 벨 로드가 만나는 지점, 1995년 개장했으며 건축가 데니스 그리피스가 디자인했다. 애틀랜타에서 가장 고급스러운 퍼블릭 골프장으로 꼽힌다. 아름다운 폭포와 기암석이 빚어낸 절경은 4계절 내내 골퍼들의 마음을 사로잡기에 충분하다. 골프장 안에는 920여 가구의 고급 주택들이 있으며 한인들도 많이 거주한다. 18홀, 72파.

▶ 주소 : 7755 Saint Marlo Country Club, Duluth, GA 30097
▶ 웹사이트 : www.stmarlo.com

■ 레이니어 아일랜드 리거시 골프코스

(Lanier Islands Legacy Golf Course)

조지아 북부 최대 호수인 레이크 레이니어를 끼고 있는 골프장이다. 뛰어난 경치와 잔디관리로 샤토 엘란과 함께 조지아 최고의 퍼블릭 골프장으로 꼽힌다. 보통 레이크 레이니어 골프장으로 불린다. 클럽하우스에서 무료로 간식을 즐길 수 있다. 18홀 72파.

▶ 주소 : 7000 Lanier Islands Pkwy, Buford, GA 30518
▶ 웹사이트 : www.lanierislandsgolf.com

■ 샤토 엘란 골프클럽 (Chateau Elan Golf Club)

브래즐턴에 있다. 와이너리가 위치한 아름다운 리조트를 겸비한, 애틀랜타 최고의 퍼블릭 골프장으로 인정받고 있다. 한인들에게도 매우 인기가 높다. 2개의 18홀 코스와 45홀의 토털 골프를 갖추고 있다. 36홀. 72파

▶주소 : 6060 Golf Club Dr., Braselton, GA 30517

▶웹사이트 : www.golf.chateauelan.com

■ 리버파인 골프 (RiverPines Golf)

존스크릭 지나 알파레타 초입에 있다. 채터후치 강변에 자리잡고 있으며 둘루스, 스와니, 존스크릭 등 한인 밀집지역과 가깝다는 것이 큰 장점이다. 코스가 비교적 평이하고 쉽다는 평을 듣는다. 연습장 시설이 잘 되어 있으며, 숏게임을 위한 9홀 파3 골프 코스도 있다. 18홀, 70파.

▶주소 : 4775 Old Alabama Rd, Alpharetta, GA 30022

▶웹사이트 : www.riverpinesgolf.com

■ 스톤마운틴 골프클럽 (Stone Mountain Golf Club)

애틀랜타 다운타운에서 20여분 거리. 애틀랜타 최고 명소 스톤마운틴 기슭에 있으며 호수를 끼고 있어 경관이 탁월하다. 2개의 코스 중 Stonemont 코스는 정확성과 전략적 코스 관리에 중점을 둔 고전적인 코스이며, Lakemont 코스는 다소 쉬운 코스지만 주변 호수의 전망을 더 즐길 수 있다. 36홀, 72파.

▶주소 : 1145 Stonewall Jackson Dr. Stone Mtn, GA

▶웹사이트 : www.stonemountaingolf.com

■ 리유니온 골프클럽 (Reunion Golf Club)

브래즐튼 인근에 있다. 노스 애틀랜타에서 가장 인기있는 퍼블릭 코스 중 하나다. 마이클 라일리가 디자인했다. 목가적인 환경, 다양한 난이도의 코스가 특징. 그림 같은 리유니온 홀을 중심으로 한 넓은 클럽은 단체 골프 대회 이벤트 장소로도 유명하다. 18홀, 72파.

▶주소 : 5609 Grand Reunion Dr, Hoschton, GA 30548
▶웹사이트 : www.reuniongolfclub.com

■ 헤리티지 골프 링크 (Heritage Golf Links)

애틀랜타 터커에 있는 27홀 골프장이다. 1996년 '골프다이제스트'의 최고의 골프코스로 선정된 적이 있다. 27홀 전체가 굴곡 있는 지형으로 그린 모양도 울퉁불퉁하고 그린은 경사가 심하다. 호수 주변으로 홀이 배치되어 있어 멋진 풍경을 감상하며 골프를 즐길 수 있을 만큼 레이아웃과 조경이 잘된 곳이다. 27홀.

▶주소 : 4445 Britt Rd. Tucker, GA 30084
▶웹사이트 : www.heritageglflinks.com

■ 치코피 우즈 골프 코스
(Chicopee Woods Golf Course)

조지아 북부 게인스빌의 산기슭에 있다. I-985에서 1마일 거리. 스와니나 뷰포드 쪽에서 비교적 가깝다. 27홀 71파.

▶주소 : 2515 Atlanta Hwy. Gainesville, GA. 30504
▶웹사이트 : www.ChicopeeWoodsGolfCourse.com

■ 에셜론 골프클럽 (Echelon Golf Club)

알파레타에 있다. 세미 프라이빗이지만 공개 플레이도 환영하며 일일 유료 골퍼에게는 훌륭한 경험이 될 수 있다. 리스 존스(Rees Jones)가 설계한 코스는 큰 고도 변화와 주변 600에이커 부지의 멋진 전망을 자랑한다. 18홀. 72파. 7,558 야드,

▶주소 : 511 Founders Dr. E, Alpharetta, GA 30004
▶웹사이트 : www.echelongolf.com

■ 로열 레이크 골프&컨트리 클럽
(Royal Lakes Golf & Country Club)

홀카운티 남부 플라워리 브랜치에 있다. 세미 프라이빗. 150에이커 규모로 19에이커가 넘는 아름다운 호수가 있다. 18홀, 72파.

▶주소 : 4700 Royal Lakes Dr, Flowery Branch, GA
▶웹사이트 : www.royallakesgolfcc.com

■ 침니 골프 코스 (The Chimneys Golf Course)

애틀랜타의 한적한 교외 지역인 와인더에 있다. 재활용수를 사용함으로써 사철 푸른 잔디를 유지하는 친환경 골프장이다. 2002년 개장했으며 2014년부터 와인더시에서 운영하고 있다. 18홀, 72파.

▶주소 : 338 Monroe Hwy, Winder, GA 30680
▶웹사이트 : www.chimneysgc.com

■ 슈가힐 골프클럽 (Sugar Hill Golf Club)

스와니와 뷰포드 사이 스와니댐 로드에 있다. 1992년 개장했다. 언덕과 경사가 있고 굴곡이 많아 한국 골프장과 비슷하다는 평을 듣는다. 이 골프장에서 주로 활동하는 한인 동호회도 있다. 18홀, 72파.

▶주소 : 6094 Suwanee Dam Rd, Sugar Hill, GA 30518

▶웹사이트 : www.sugarhillgolfclub.com

■ 아팔리치 트로피 클럽
(Trophy Club of Apalachee)

귀넷카운티 대큘라에 있다. 1994년에 개장한 세미 프라이빗 골프장이다. 울창한 숲과 구불구불한 지형을 깎아 만들었으며 아팔래치강을 끼고 있다. 18홀, 71파.

▶주소 : 1008 Dacula Rd, Dacula, GA 30019

▶웹사이트 : www.trophyclubapalachee.com

■ 더블 오크스 골프 클럽 (Double Oaks Golf Club)

탠저 아울렛 몰 근처 커머스에 있다. 더블 오크스라는 이름은 150년 이상 된 참나무 두 그루가 나란히 서 있다는 데서 유래했다. 골프장이 자리 잡기 이전엔 목장이 있었던 곳이라 광활한 대지 위의 시원스러운 전망이 훌륭하다. 18홀, 72파.

▶주소 : 3100 Ila Rd. Commerce, GA 30530

▶웹사이트 : www.doubleoaksgolfclub.net

■ 베어스 베스트 애틀랜타 (Bear's Best Atlanta)

스와니에 있다. 잭 니클라우스가 디자인한 골프 코스는 매 홀마다 전 세계 200여 곳의 유명 코스를 그대로 본 따 만들었다. 매 코스를 다채롭게 조성해 골퍼들의 호기심과 즐거움을 자극한다는 게 특징. 18홀. 72파. 6,857 야드.

▶ 주소 : 5342 Aldeburgh Dr., Suwanee, GA 30024
▶ 웹사이트 : www.bearsbest.com

■ 하이랜드 워크 골프코스
(Highland Walk Golf Course)

조지아 주립공원 직영 골프장이다. 조지아 북동쪽, 빅토리아 브라이언트 주립공원(Victoria Bryant State Park) 안에 있다. 커머스와 애슨스 인근, I-85에서 그리 멀지 않은 곳이며 둘루스에서 1시간 남짓 걸린다. 가파른 언덕 위에 만들어진 그린이 많은 만큼 경치가 좋다. 골프 패스(Golf Pass)나 그린패스(Greens Pass)를 사면 골프피 외에 주립공원 시설 이용에도 할인 혜택이 있다. 18홀, 72파. 6421야드.

▶ 주소 : 1415 Bryant Park Rd., Royston, GA 30662

■ 애로헤드 포인트 골프코스
(Arrowhead Pointe Golf Course)

조지아 주립공원 직영 골프장으로 입장료가 저렴하다. 사우스캐롤라이나 접경 레이크 리처드 B. 러셀 주립공원(Lake Richard B. Russell State Park)에 있다. 2001년 밥 워커가 디자인한 코스로 18홀 중 10홀이 호수를 따라 펼쳐지기 때문에 레이크 레이니어 골프장 못지 않은 경치를 자랑한다. 공원 내에 캠핑이나 낚시를 즐기면서 이용하기 좋다. 18홀, 72파. 6,800야드.

▶ 주소 : 2790 Olympic Rowing Dr. Elberton, GA 30635

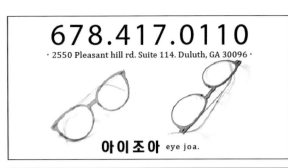

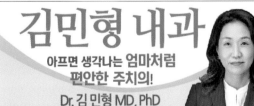

2024 Welcome To Georgia, USA

조지아 애틀랜타 백과

발행처   애틀랜타 중앙일보 (The Korea Daily, Atlanta)
2400 Pleasant Hill Road #210
Duluth, GA 30096
(770)242-0099
www.atljoongang.com

발행일   2024년 5월 30일

발행인·엮은이   이종호
편집디자인   김선희
광고디자인   백지영
광고영업   김영열·박수잔·전형미·정정미
진 행   마가렛 박

인 쇄   디앤피허브

한국 판매처   출판사 포북 (for book / Tel. 02-753-2700)

정 가   25,000원
ISBN 979-11-5900-136-9 (13940)